LA BELGIQUE

sous

GUILLAUME I, ROI DES PAYS-BAS

LA BELGIQUE

GUILLAUME I, ROI DES PAYS-BAS

par

L. Delplace S. J.

Louvain

AVANT-PROPOS.

Toute forme de gouvernement est sujette à des abus ; l'Eglise enseigné à les respecter toutes, et elle sait en corriger ou atténuer les côtés défectueux par l'influence de ses doctrines sur les mœurs.

Cette vérité, que nous énoncions dans l'avant-propos de notre étude historique sur *Joseph II et la révolution brabançonne* (1) se trouve confirmée par l'histoire de notre pays depuis le renversement de l'ancien régime ; en effet, comme nous l'avons vu, le peuple belge souffrit, sous le régime constitutionnel français, les maux de l'oppression religieuse et la perte des libertés les plus chères, et cependant son esprit catholique traditionnel le préserva en grande partie des influences pernicieuses de la domination étrangère : la chute de Napoléon le trouva encore fortement attaché à ses traditions nationales, attaché surtout à l'Eglise, à son enseignement et à ses droits divins.

Délivré du joug français, le peuple belge passa en 1814 sous le sceptre d'un souverain hollandais ; quinze longues années le séparaient encore de l'ère de la liberté. Suivons-le pendant cette période ; livré à un second essai du régime nouveau subira-t-il sans dommage pour sa foi les inconvénients d'une domination protestante ? C'est ce que nous entreprenons d'examiner.

L'histoire de ces quinze années n'a pas été suffisamment étudiée au point de vue religieux. Le baron de Gerlache a bien mérité du pays en écrivant son *Histoire du royaume des Pays-*

------

(1) 1890, p. 9.

Bas ; les souvenirs personnels dont il orne son récit, les détails qu'il donne sur la vie parlementaire et sur les finances de Guillaume I, le sentiment patriotique qui anime son style, rendent ce livre fort intéressant. Nous avons cru cependant rendre service à l'histoire nationale en examinant spécialement et de plus près la question religieuse : c'est là que se trouve la raison d'une rupture, que l'on peut regretter. La consolante perspective, que nous ouvrait l'union de 1814, ne devint une déception que par la faute d'un gouvernement, qui ne sut ni protéger, ni même respecter les droits religieux des deux tiers du royaume. Le gouvernement provisoire de 1814 avait mieux compris les intérêts de notre pays. Nos lecteurs nous sauront gré d'avoir étudié cette partie de notre histoire avec plus d'attention qu'on ne l'avait fait jusqu'ici.

Fidèles à la méthode, que nous avons suivie dans nos trois études précédentes (1), nous consulterons et laisserons parler, autant que possible, les contemporains ; ils nous reporteront en esprit dans le milieu où ils vécurent. Nous les trouverons dévoués en 1814 à des idées qui ne sont peut-être plus les nôtres ; nous les verrons eux-mêmes modifier leurs idées et après le court espace de quinze années réclamer des libertés qu'ils repoussaient d'abord : il est intéressant et utile d'étudier les causes de ce revirement, d'analyser ce mouvement de l'opinion. C'est par un examen attentif des documents de l'époque que nous espérons découvrir la vérité historique. Sans parti pris, sans aucune intention d'apologie, mais par le simple exposé des faits et des opinions, nous essayerons de mettre le lecteur à même de porter un jugement équitable sur notre union avec la Hollande et sur l'œuvre de 1830.

---

(1) Joseph II et la révolution brabançonne. — La Belgique sous la domination française, Tome I. La Belgique et la révolution française, Tome II. La Belgique sous Napoléon.

I. Guillaume, prince souverain des Pays-Bas. Constitution hollandaise. 1813-1814.

Guillaume-Frédéric, fils de Guillaume V le dernier *stathouder* des Pays-Bas, s'était distingué dans les armées des puissances alliées contre la république française : en 1794, à peine âgé de 22 ans, il avait pris une part glorieuse à la bataille de Fleurus ; après avoir repoussé Jourdan et ses troupes au-delà de la Sambre, il avait cédé malgré lui aux ordres de l'empereur d'Autriche et opéré sa retraite vers le Brabant hollandais. L'année suivante en janvier, la révolution triomphante l'avait contraint de s'exiler et de chercher un refuge en Angleterre ; mais bientôt il était entré au service de la Prusse, puis de l'Autriche, guerroyant toujours contre la France. Il était à Londres en novembre 1813, épiant les circonstances difficiles où se trouvait Napoléon, lorsque la Hollande, lasse du joug français, commença de coopérer au mouvement des alliés qui envahissaient ce pays.

A la nouvelle de la défaite de Napoléon à Leipzig, Amsterdam et La Haye levaient l'étendard de l'insurrection ; le 16 novembre, deux patriotes, les comtes van Hogendorp et Van der Duyn, acceptèrent au nom du prince d'Orange la souveraineté des anciens Etats-Unis. Le 30, le prince arriva sur un vaisseau anglais devant la plage de Scheveningen, à une lieue de La Haye ; et c'est aux cris enthousiastes de *Oranje boven !* que le descendant du célèbre Guillaume le taciturne rentra au milieu de son peuple.

Guillaume-Frédéric avait 41 ans : d'une taille élevée, il portait sur ses traits l'expression d'une volonté résolue et énergique ; digne, mais aimable et d'un accès facile, ferme, mais entêté dans ses desseins, il avait, dit un historien hollandais (1),

---

(1) Nuyens, *Algemeene geschiedenis*, t. 30, p. 117.

les défauts comme les qualités de son peuple : de là sa popularité ; elle fut à son apogée en ce jour d'enthousiasme : les masses couvraient la plage, et se précipitaient au-devant du prince, ne reculant, comme s'exprime un témoin (1), devant aucun obstacle pour obtenir un sourire du Bien-aimé (2). Il se rendit à La Haye dans la demeure princière de Limburg-Stirum ; le lendemain dans une habile proclamation, « Guillaume par la grâce de Dieu, prince d'Orange-Nassau », déclarait « se rendre au vœu unanime de ses compatriotes ; il espérait devenir l'instrument de leur indépendance : le prince régent d'Angleterre et un peuple puissant appuieraient ce glorieux dessein » (3). Le même jour, les troupes russes occupèrent Amsterdam : Guillaume y fit son entrée. La haine de l'administration française et les rapides succès de l'insurrection avaient à ce point exalté les esprits que les habitants de cette ville, quoique moins dévoués par tradition à la maison d'Orange, lui firent le meilleur accueil. « Votre affection, leur dit-il, met la souveraineté dans mes mains ! On me presse de toutes parts de l'accepter parce que la patrie et l'Europe l'exigent. Je veux sacrifier mes scrupules à vos désirs ; j'accepte ce que les Pays-Bas m'offrent ; mais je ne l'accepte que sous la condition d'une constitution sage, qui garantisse votre liberté et la mette à l'abri de toute atteinte ! »

Quels étaient les principes de gouvernement dont s'inspirerait le prince ? Il se déclarait déjà souverain ; cependant, disait-il quelques jours plus tard, « il me tarde infiniment de voir la souveraineté, dont je me vois investi, limitée par une constitution sage et libérale. Elevé, comme je l'ai été, dans des principes républicains et stathoudériens, je ne m'arrange pas d'un pouvoir absolu ; j'espère en partager la responsabilité avec les

---

(1) Van der Palm, *Gedenkschrift van Nederlands herstelling*, Amsterdam, 1816.

(2) Waar eene schaterende menigte geen plekje ledig liet, golvend zich voorstuwde en hoeven noch raderen ontzag voor een glimlach van den Geliefde.

(3) Schoell, Congrès de Vienne. *Recueil de pièces officielles*. IV. p. 271.

autres pouvoirs de l'Etat ». Se connaissait-il bien ? ou se mettait-il peut-être en garde contre des principes, qu'il jugeait ne plus cadrer avec la situation nouvelle ? L'avenir le dira. Sa tendance, dit le comte Van der Duyn (1), était celle d'un protestant hypocrite et d'un faux libéral (2). « Pourquoi accuse-t-on nos ministres ? dira-t-il en 1820. Que sont les ministres ? absolument rien. Je puis régner sans ministres ; et je puis nommer qui bon me semble, fût-ce un de mes palefreniers : c'est moi, moi seul qui gouverne, et moi seul qui suis responsable » (3).

Le comte Van Hogendorp fut chargé de rédiger un projet de constitution : la commission qui lui fut adjointe, se composait d'adhérents de l'ancienne oligarchie républicaine, et de partisans de la Révolution ; toutes les provinces y avaient des représentants ; mais sur les 14 membres, il n'y avait qu'un seul catholique : c'était peu rassurant pour les intérêts d'une partie importante de la population.

Jadis opprimés par le calvinisme d'état et exclus de tous leurs droits, les catholiques hollandais s'étaient toujours montrés sujets fidèles, citoyens paisibles, mais d'une fermeté à toute épreuve dans leur foi ; malgré deux siècles d'oppression, ils formaient encore à peu près un tiers de la population, lorsque en 1806 le frère de Napoléon, le « bon roi Louis », fidèle catholique lui-même, leur reconnut cette égalité de droits, qui pouvait maintenir une heureuse harmonie parmi les habitants de son royaume ; en effet la Hollande ne comptait pas seulement des calvinistes adhérents de l'Eglise d'Etat (4) ; elle comptait un grand nombre de sectes, et rien n'était plus

---

(1) *Gedenkschriften van den graaf Van der Duyn van Maasdam en van den baron van der Capellen...* door hunnen vriend baron C. F. Sirtema van Grovestins, Amsterdam, 1853, p. 42.

(2) Huichelende protestant en valsche liberaal.

(3) Ib. p. 190.

(4) Les statistiques établissaient en 1815 qu'en Hollande il y avait pour une population de 2,015,070 habitants, 1,204,025 réformés ou calvinistes et 678,107 catholiques. Le reste, 130,000 environ se composait de luthériens, juifs, jansénistes et six autres sectes diverses (*Catholique des Pays-Bas,* 18 fév. 1829).

sage, en présence des divisions religieuses, que de consacrer un système d'égalité.

Honorés, réhabilités dans l'opinion et admis à tous les emplois sous le règne réparateur de Louis Bonaparte, les catholiques purent croire en 1813 que ni la révolution, ni la royauté n'avaient réussi à faire sortir l'esprit hollandais de ses anciennes voies : l'intolérance (1) calviniste ne les exclurait-elle pas du droit commun ?

Le choix des quatorze membres de la commission ne leur laissait rien augurer de favorable.

Le 1er article du chapitre VIII de la constitution, concernant le culte et l'instruction, déterminait que « la religion réformée était celle du prince souverain ». Par cette déclaration on n'établissait pas formellement un culte d'Etat ; mais on donnait un grand prestige au calvinisme. Les articles suivants accordaient « protection égale à toutes les religions existantes », assuraient à l'Eglise réformée les traitements, pensions et revenus des biens ecclésiastiques et même, par continuation des faveurs du roi Louis, maintenaient « la jouissance de tous les subsides accordés dans les derniers temps aux autres communions religieuses » ; d'autre part cependant l'article 139 reconnaissait au souverain non-seulement « le droit et l'obligation d'exercer sur toutes les communions religieuses telle surveillance que sera trouvé utile aux intérêts de l'Etat » mais de plus « le droit de connaître et de régler les institutions de toutes celles qui jouiraient de quelque subside ». Cet article fit naître des inquiétudes.

C'était conformément à la théorie protestante la main-mise de l'Etat sur l'enseignement et sur la religion ; admissible pour l'Eglise calviniste, cette théorie, dit Thorbecke, écrivain protestant, ne l'était pas pour l'Eglise catholique. « Il n'y a qu'un seul pouvoir souverain dans l'Eglise de Jésus-Christ ; il a été établi par son divin fondateur et législateur, et seul il a juri-

---

(1) Voir l'adresse de Van Gils à Pie VII et au roi Louis dans le livre si érudit du P. H. Allard : *Antonius Van Gils*, 1876, p. 142, 144.

diction en tout ce qui concerne la foi, la liturgie, les sacrements, la hiérarchie et la discipline ». C'est ce que répondit
dans une courageuse protestation le président du séminaire de
Bois-le-duc (1).

Le clergé catholique de Hollande, plus soucieux de son
indépendance vis-à-vis de l'Etat que des intérêts temporels
attachés à sa soumission, jugea prudent de renoncer aux
subsides qui lui étaient offerts ; il espéra s'épargner ainsi les
inconvénients d'une ingérence officielle dans l'enseignement
religieux et dans le gouvernement de l'Eglise (2).

De la part de Guillaume, dit fort bien de Gerlache (3), la
constitution de 1814 était un acte d'adroite politique. Tout en
donnant au peuple proprement dit infiniment plus de garanties
qu'il n'en avait eu du temps des anciennes Provinces-Unies,
le prince se réservait à lui-même de plus hautes prérogatives
que n'en avaient jamais possédé les stathouders, quoiqu'ils
eussent toujours combattu pour se les arroger. Tout cela se fit
aux dépens de la vieille aristocratie municipale et provinciale,
dont on se partageait les dépouilles. Tout le pouvoir exécutif
était attribué au roi, avec une très forte part dans le pouvoir
législatif ; les communes et les provinces n'avaient plus que
l'administration de leurs intérêts particuliers. Les Etats-provinciaux étaient chargés de réprimer les empiétements des
communes ; ils élisaient les membres des Etats-généraux, sans
pouvoir ni dicter leurs votes, ni leur donner de mandats ni
d'instructions. L'assemblée des Etats-généraux consistait en
une seule chambre, composée de 55 députés. Il n'était question
ni du jury, ni de la responsabilité ministérielle, ni de la liberté
de la presse. L'instruction publique se trouvait exclusivement
concentrée dans les mains du gouvernement.

---

(1) H. Allard, op. cit. p. 237 : ib. la déclaration de Guillaume I, 16 mai 1814
et d'autres déclarations du secrétaire d'Etat, conçues dans un sens louche et
avec une intention malveillante, disait Van Gils : *vaferrimo consilio
conscripta.*

(2) H. Allard, op. cit. p. 240.

(3) *Histoire du royaume des Pays-Bas*, 2e édition, I, p. 279.

Dans tout ce système, dit un homme d'état hollandais (1), il n'y avait rien qui empéchât un gouvernement absolu ; héritier des principes du stathouder, son père, qui avait exercé un pouvoir presque illimité en dépit des Etats-provinciaux, Guillaume accordait ces anciennes institutions pour la forme seulement, sans compter avec les idées de liberté qui s'étaient développées depuis la révolution : les libéraux durent se résigner et se déclarer satisfaits.

« Cette loi fondamentale, disait Guillaume, a été rédigée par une assemblée d'hommes, dont le patriotisme et les lumières sont généralement reconnus... Une expérience de vingt années nous a convaincu que les votes individuels d'une nation sont illusoires : j'ai en conséquence expressément convoqué l'assemblée des notables pour lui soumettre cette question-ci : Y a-t-il dans la Loi fondamentale proposée, une garantie suffisante pour la prospérité et la sûreté du peuple ? »

600 notables furent désignés d'après les listes dressées par la commission de rédaction et par le gouvernement ; 474 vinrent à Amsterdam : « Quand nous nous trouvâmes réunis dans l'église (c'est un des principaux notables, le conseiller d'Etat Queysen, qui le racontait quelques mois plus tard), le comte van Hogendorp monta en chaire, il lut le projet de constitution ; je n'en compris pas un mot, et je ne pense pas qu'il y en ait beaucoup qui aient compris mieux que moi. Aussitôt la lecture faite, quelques voix d'approbation s'élevèrent : Vive le prince-souverain, s'écrièrent Scholten et Kemper, et l'assemblée suivit : » il y eut 26 votes négatifs. Selon l'expression d'un savant magistrat belge (2), cet acte, qui devait se conclure entre le Souverain et la nation avec la gravité que comporte un pacte constitutionnel, ne fut au fond qu'une jonglerie.

Deux jours plus tard, le 30 mars 1814, se faisait l'inauguration solennelle de Guillaume, prince-souverain des Pays-Bas.

---

(1) Van der Duyn van Maasdam, dans l'ouvrage cité *Gedenkschriften*, p. 91-94.

(2) Raepsaet, *Œuvres complètes*, VI. p. 65.

L'accueil reçu à Scheveningen et le dévouement dont la Hollande continuait de lui donner des preuves manifestes avaient exalté l'ambition de Guillaume ; il rêva de fortifier sa puissance et d'étendre ses états. Quinze ans auparavant, pendant la *guerre des paysans*, il avait essayé de créer en Belgique un mouvement en faveur d'une république fédérative des anciennes dix-sept provinces, et malgré l'Autriche ses émissaires avaient travaillé dans ce sens les membres du clergé et des états, avec assez peu de succès d'ailleurs (1). Puis les victoires de Bonaparte avaient ruiné pour longtemps ces beaux rêves. Aujourd'hui la situation avait changé. Les Français reculaient partout devant les armées alliées et tout présageait que nos provinces seraient délivrées de leur joug.

Guillaume revint à son projet d'autrefois ; il voulut d'abord sonder l'opinion des belges et se la rendre favorable, la disposer peut-être à réclamer la reconstitution des anciennes dix-sept provinces. Le 11 janvier 1813, alors que les autorités françaises se maintenaient encore dans tout le pays, il nomma le baron Hugues van Zuylen van Nyevelt son « commissaire diplomatique auprès des généraux-commandants des troupes alliées, avec mission d'encourager et de promouvoir les bonnes dispositions des habitants de la Belgique ». Le diplomate était mal choisi ; il ne cachait guère les fils de son intrigue : plus zélé que discret, il attira l'attention et éveilla la susceptibilité de personnages puissants, moins intéressés au succès de la diplomatie du prince. Au commencement de février, à mesure que les troupes françaises évacuaient les petites villes des départements de la Dyle et des Deux-Nèthes, un comité hollandais commença de distribuer des cocardes orange.

« Quoique personne pour ainsi dire ne soit porté pour la maison d'Orange, écrivait le général russe Wollzogen (2), le baron Van Zuylen déploie tous ses efforts pour se créer un

---

(1) Piot. *Les agissements de la politique étrangère en Belgique vers la fin du 18ᵉ siècle* ; bull. de la comm. d'hist. IV. 4. p. 34.

(2) *Mémoires des Generals Wollzogen*, Leipzig, 1851. p. 247,

parti ». Presque au lendemain de l'entrée des troupes alliées à Bruxelles, le baron de Feltz, agent de l'Autriche, écrivait à Metternich ce qui s'était passé le 9 février au théâtre : « La ville avait fait décorer et illuminer une loge qui semblait destinée au duc de Saxe-Weimar et à ses officiers-généraux. Le duc n'y resta qu'un moment ; mais le duc de Clarence, (frère du roi George IV. d'Angleterre) et le jeune prince d'Orange (qui la veille était entré à Bruxelles avec les troupes alliées) parurent bientôt après, et l'orchestre ayant entonné l'hymne *God save the King*, les applaudissements éclatèrent ; or, le duc de Clarence se retirant au fond de la loge, laissa en avant le prince d'Orange, qui fut extrêmement applaudi ; il y eut des *vivat* ; on distribua des cocardes orange ; le jeune prince remercia par des salutations. Cet incident fut relaté le lendemain dans les deux journaux de Bruxelles, dont les articles étaient évidemment forgés par les partisans de la maison d'Orange pour provoquer un vœu en faveur de la réunion ». Le duc de Weimar, averti par le comte de Grünne, jugea fort légèrement l'incident : il se contenta de dire que le duc de Clarence avait bu un coup de trop, mais il promit de prendre ses dispositions pour que de pareilles scènes ne se produisissent plus (1). « La scène du théâtre, écrivait encore Felzt, dénotait assez qu'on avait des vues pour la maison d'Orange ; le duc de Saxe-Weimar s'en déclare fort fâché : quant au prince, m'a-t-il dit, il suivra le mouvement des armées ; pour M. van Zuylen, il sera renvoyé en Hollande (2) ». Deux mois auparavant, Clancarty avait signalé au vicomte Castlereagh les visées de Guillaume : « Il est aisé de constater, écrivait-il de La Haye (3), que le prince aimerait mieux voir les Pays-Bas autrichiens annexés à ses domaines que de voir une tierce puissance placée entre la France et lui. Son ambition me paraît

---

(1) Pr. Poullet. *Les premières années du royaume des Pays-Bas*. 1896 p. 16.

(2) Ib. p. 17.

(3) 14 déc. 1813. *Correspondence of Lord Castlereagh*, London. p. 100.

égarer son jugement. L'annexion serait très impopulaire à Amsterdam, dont la ruine serait inévitable, à cause des avantages naturels que possède Anvers comme entrepôt commercial ».

Le baron van Zuylen était de retour à La Haye vers le milieu de février ; ce n'est que deux mois plus tard que son successeur sera nommé ; ce sera un personnage de valeur, le baron van der Capellen, ministre d'Etat de Guillaume pour le commerce et les colonies. En attendant son entrée en scène, cherchons à nous éclairer sur l'opinion des belges et sur la conduite du gouvernement provisoire.

II. La Belgique indépendante. Gouvernement provisoire. 1814.

« Le despotisme a fini de régner ; l'ordre va renaître ». C'est en ces termes que, le 4 février 1814, Charles-Auguste, duc de Saxe-Weimar, annonçait aux belges leur prochaine délivrance.

Deux jours auparavant, les troupes françaises avaient évacué Bruxelles, et aussitôt le peuple, se portant vers la place royale, avait abattu l'arbre de la liberté ; ce vain symbole disparu, il espérait jouir enfin, après vingt longues années de domination étrangère, de ses droits nationaux et de la liberté véritable.

« L'indépendance de votre patrie n'est plus douteuse, ajoutait le duc : mais sachez la mériter par la conservation de l'ordre intérieur et par l'organisation de levées militaires, qui combattront pour la liberté et pour l'honneur (1) »..

Cette indépendance, le peuple belge la méritait, il avait le droit de la recouvrer et dès lors il montra qu'il en était digne ; car, dans une situation hérissée de difficultés, les gardes bourgeoises maintinrent l'ordre et, eu égard au grand nombre de jeunes gens qui servaient à l'étranger dans les armées de Napoléon, les nouvelles levées militaires s'organisèrent avec un succès remarquable.

Plus ou moins assurés d'échapper au despotisme français, les belges pourraient-ils régler leur sort politique, ou du moins le verraient-ils réglé par les alliés d'une manière conforme à leurs intérêts ? C'est l'intéressant problème qu'il s'agissait de résoudre.

Les éléments du problème étaient multiples. Nos provinces avaient été cédées à la France par le traité de Campo-formio (2) ;

----

(1) *Bull. de la comm. d'hist.* I, 12, p. 133.
(2) 17 octobre 1797.

dans plusieurs traités subséquents, l'Autriche avait confirmé cette cession ; elle avait d'ailleurs reçu en échange Venise et les provinces de Lombardie. D'autre part, l'équilibre européen, rompu par les conquêtes successives de Napoléon, demandait à être rétabli ; il ne pouvait donc être question de nous rendre à la France. Notre indépendance et le droit de régler nous-mêmes notre destinée politique, telle était la solution qui se présentait d'elle-même à l'esprit. Cependant, parmi les incertitudes de la guerre, alors que les villes d'Anvers, de Gand, de Bruges et d'Ostende étaient encore aux mains des Français, il était impossible d'effectuer cette solution, aussi simple en théorie que conforme au droit. Le duc de Saxe-Weimar s'arrêta au seul parti possible : il chercha le moyen d'établir un gouvernement provisoire, en attendant que les puissances alliées se fussent concertées sur le sort de nos provinces. Pour lui, « il croyait que, après la chute de Napoléon, chacune de ces puissances reprendrait ce qu'elle avait perdu : tel est, disait-il, le principe général de l'alliance ; les événements s'étant précipités contre toute attente, il lui paraissait urgent que des députés de la Belgique allassent solliciter une décision au quartier-général des armées alliées (1) ». D'accord avec Bulow, il chargea les généraux Wolzogen et Boyen de concerter la nomination d'un gouverneur-général ; ils consultèrent le baron de Feltz, luxembourgeois qui sous Joseph II avait occupé de hauts emplois en Belgique (2). Le choix tomba sur le comte de Beaufort ; ce choix dut satisfaire l'Autriche.

Né à Namur en 1751, Frédéric-Alexandre, duc de Beaufort-Spontin, avait résidé à la cour du prince Charles de Lorraine, notre gouverneur-général sous Marie-Thérèse ; à l'époque de la révolution brabançonne il s'était tenu à l'écart ; lors de la restauration autrichienne, il avait été maréchal de la cour et

____

(1) Lettre de Feltz du 11 février à Metternich à la suite d'un souper chez le comte Ch. de Grunne. Poullet, *Les premières années du royaume des Pays-Bas*, p. 15.

(2) Ib. p. 17.

président du tribunal aulique auprès de l'archiduc Charles-Louis. Pendant la domination française, il avait été porté sur la liste des émigrés ; puis, résistant aux offres comme aux menaces de Napoléon, il était demeuré inviolablement fidèle à la maison d'Autriche (1). Le duc ne pouvait que servir les intérêts de l'empereur. Et « certes, écrivait le baron de Feltz (2), un pays qui produisait à la France de 150 à 160 millions de francs par an, mérite bien quelque sérieuse attention, dût-on en rabattre plus du tiers dans un système plus modéré et moins vexatoire que celui de la France ; sous l'ancien gouvernement autrichien, les Pays-Bas ne rendaient pas plus de 20 millions de francs, et certes c'était trop peu. On sent si bien la différence, que les trois quarts de la nation désirent sincèrement de repasser sous ce gouvernement tutélaire. Il se pourrait, ajoutait-il, que personne n'agissant pour faire proclamer ce vœu, l'argent et les intrigues en fissent proclamer un autre ». Il faisait allusion aux intrigues hollandaises.

Le général prussien de Borstel faisait de sa part entendre clairement dans les salons de Bruxelles que nos provinces retourneraient sous la domination autrichienne, au moins à titre de suzeraineté, c'est-à-dire qu'elles passeraient, selon son expression, en propriété à l'archiduc Charles.

C'eût été là, nous semble-t-il, un parti assez sage : ainsi autrefois avions-nous passé, du consentement de Philippe II, sous le sceptre d'Albert et d'Isabelle et il n'avait manqué à ces princes que le bonheur de nous laisser des héritiers de leur règne.

Conformément aux vues du duc de Weimar, une députation se rendit à Chaumont auprès de l'empereur d'Autriche ; le duc de Beaufort, notre gouverneur-général, voulut en faire partie et délégua des pouvoirs intérimaires au comte Eugène de Robiano-Borsbeek (3). Du 23 février au 12 mai, celui-ci

---

(1) *Biographie nationale* II. 42 : van Hasselt.

(2) Poullet, art. cités, p. 18.

(3) Il était né à Bruxelles, le 7 mars 1783, puiné des comtes François et Louis.

présida le conseil administratif général de la Belgique (1).

Les commissaires-généraux des puissances-alliées, comte de Lottum et Delius, avaient constaté dans une instruction du 15 février (2) l'excellent accueil que les belges faisaient aux armées : « L'esprit public si bien prononcé donne une belle garantie de tranquillité : la Belgique est un pays riche, elle pourvoira aux besoins de l'armée. Le courage des habitants est connu et même célèbre ; il faudra réveiller l'esprit militaire et lui donner ce ressort dont un peuple est capable quand il s'agit de défendre sa propre patrie. » Deux jours auparavant le Te Deum avait été chanté à Ste Gudule pour célébrer l'indépendance de la Belgique : « Les bruxellois, disait le journal *l'Oracle,* ont cru voir luire dans cette journée le retour de ces temps heureux, dont ils ont joui sous le règne de l'impératrice Marie Thérèse ».

Un mémoire parvint en ces jours au Conseil général, établissant par diverses preuves que l'intérêt de la Belgique était d'avoir un prince catholique, de conserver ses anciennes constitutions et d'être formée en une souveraineté indépendante, assez considérable pour se faire respecter (3). Dans sa situation essentiellement provisoire, le Conseil se trouva embarrassé par une dépêche de Beaucarne, intendant de l'Escaut (25 février) : il annonçait que le prince d'Orange avait fait prendre possession de la ville de Terneûzen et de toute la Flandre zélandaise. On dut se contenter d'en référer aux commissaires-généraux des armées-alliées ; et leur réponse fut favorable au prince : cette enclave, prise jadis sur la Flandre en vue d'assurer à la Hollande la navigation exclusive de l'Escaut, ne pouvait, sans

---

(1) Les membres de ce C. A. G. furent de Limpens, ancien chancelier de Brabant, de le Vielleuse et de l'Ortye, secrétaire. Ils s'adjoignirent depuis la mi-mars le baron de Schele, de Werder ; de plus, après le 7 avril, de Marnix, Viron ; depuis le 14 avril, de Rasse, de Jonghe ; depuis le 6 mai, de Crumbrugghe, Lippens ; depuis le 2 juin, de Cauwer. Voir *Protocoles des délibérations du C. A. G.* tomes I à VII, aux archives du royaume.

(2) Protocoles t. I, p. 3.

(3) C. G. A. *Registre des exhibitions....* t. I. février-avril 1814.

intervention d'un nouveau traité, nous être rendue ; mais l'empressement de Guillaume décelait ses vues ambitieuses sur la Belgique.

L'acte le plus important de notre gouvernement provisoire fut la déclaration adressée le 7 mars à l'évêque de Namur et aux vicaires-généraux des autres diocèses. Elle portait la signature du comte Eugène de Robiano, gouverneur par intérim en l'absence du duc de Beaufort ; les commissaires-généraux comte de Lottum et Delius la certifièrent « tout à fait conforme aux vues bienfaisantes des hautes puissances-alliées (1) », et assurément elle répondit aux vœux du pays. Elle était conçue en ces termes :

« Les victoires éclatantes, que les armées de Leurs Hautes Puissances-Alliées ont remportées par le secours de Dieu, ayant affranchi le clergé de la Belgique de toutes les entraves mises à l'exercice de la Religion catholique, apostolique et romaine, le Gouvernement, conformément aux intentions de Leurs Hautes Puissances-Alliées, maintiendra inviolablement la puissance spirituelle et la puissance civile dans leurs bornes respectives, ainsi qu'elles sont fixées par les lois canoniques de l'Eglise et par les anciennes lois constitutionnelles du pays. En conséquence, les affaires ecclésiastiques resteront aux mains des autorités spirituelles, qui soigneront et surveilleront en tout les intérêts de l'Eglise. C'est donc aux autorités ecclésiastiques que l'on devra s'adresser pour tout ce qui concerne la religion (2) ».

Cet arrêté reçut dans tout le pays le meilleur accueil. Les vicaires-généraux de Malines répondirent le 11 mars qu'ils ne pouvaient assez témoigner leur reconnaissance « pour le bienfait inappréciable, qui remettait le clergé et le peuple dans le libre exercice de la religion de ses pères, conformément aux lois canoniques de l'Eglise ; celle-ci avait été malheureusement

---

(1) Protocoles des délibérations, t. I, p. 186.

(2) Kersten. Journal historique, 1836, p. 119 : Une notice sur Ryckewaèrt, président du séminaire de Gand, lui attribue une part dans ce décret.

trop longtemps gênée par les entraves du gouvernement français. » Dans le diocèse de Namur, d'après les vœux du gouvernement provisoire, l'évêque leva les censures ecclésiastiques, dont Portalis avait fait frapper les prêtres, hostiles aux articles organiques.

Parmi les lois anticatholiques de Napoléon, il en était une, particulièrement impopulaire, celle qui obligeait les fidèles à un prétendu mariage civil avant de pouvoir s'unir légitimement devant le prêtre ; elle avait été subie à regret dans les villes ; à la campagne, on l'avait éludée le plus souvent. Dès que l'arrêté du 7 mars eut été rendu public, écrivait-on du diocèse de Namur (1), « les formalités prescrites par le code Napoléon ne furent plus ouvertement remplies qu'après la célébration du mariage devant l'Eglise. » Ce retour aux usages anciens était souverainement désirable dans un pays unanimement catholique ; c'était reconnaître le caractère exclusivement religieux du mariage chrétien ; l'accomplissement des formalités civiles, subséquemment au contrat matrimonial, sauvegardait les droits de l'Etat. Cependant la législation de Napoléon demeurait debout et par décision des puissances-alliées les lois existantes devaient être provisoirement maintenues (2) ; à ce point de vue le procédé des curés de Namur était illégal. Nous n'avons pas découvert qu'il ait suscité des conflits entre les deux pouvoirs.

Le comte de Robiano prit d'autres mesures, réclamées par la justice. Vingt-trois personnes étaient arbitrairement détenues dans la prison de Vilvorde : plusieurs avaient été acquittées par les tribunaux, d'autres avaient été enfermées par mesure de haute police, quelques-unes subissaient la réclusion par ordre du préfet et pour des motifs tout à fait inconnus. Un

____

(1) *Réclamation des curés de Namur à S. A. R. le prince d'Orange-Nassau, prince souverain des Pays-Bas unis*. 30 décembre 1814. Document msc. bibl. des PP. bollandistes 121. X. a, n° 13.

(2) Réponse du C. A. G. aux bateliers de Gand (22 avril) qui voulaient rentrer en possession de leur privilége de faire rompre charge aux bateaux traversant la ville.

2

second arrêté du 7 mars leur rendit la liberté. Le 19 février précédent, le duc de Beaufort avait déjà donné ordre à l'avocat-général Vanderfosse de « dresser la liste de tous les individus emprisonnés pour leur peu d'attachement au gouvernement français, pour des délits en matière de conscription et pour des contraventions relatives au blocus continental et à la perception des douanes et droits réunis ».

Le gouvernement provisoire fut réparateur et pacifique : la longue série des requêtes, que nous trouvons analysées dans le *Registre des exhibitions* de l'époque (1), montre qu'il jouissait de la confiance publique. Depuis le départ des français bien des places étaient vacantes ; d'anciens employés du gouvernement autrichien, quelques rares français, un des principaux chefs de la *guerre des paysans*, le fameux Rollier de Willebroeck, de plus humbles serviteurs de la patrie, s'adressaient au Conseil-général-administratif pour obtenir quelque faveur ou un emploi. Le plus souvent celui-ci en référait aux intendants départementaux. En vertu d'un arrêté du 22 février, l'on exigea de tous les fonctionnaires promesse de fidélité et d'obéissance aux puissances-alliées.

Les vicaires-généraux de Gand demandèrent la restitution de l'ancien couvent des Augustins de Roulers : cette maison acquise par Fallot de Beaumont, des deniers du diocèse, avait été changée par lui en petit-séminaire ; plus tard elle avait été évacuée par ordre dé Napoléon. Le 4 mai, la demande fut accordée, et deux cents jeunes gens, dont la plupart se destinaient à l'état ecclésiastique, rentrèrent dans cet établissement.

De pauvres religieuses jadis expulsées, les annonciades et les clarisses de Louvain, les sœurs de Tersieken de Malines sollicitaient le paiement de la pension, qui leur était due sur leurs anciens couvents (2). Les apostolines de Bruges, les béguines d'Anvers demandaient à être réintégrées dans leur propriété (3).

---

(1) Nous en comptons 8471, depuis février jusqu'au 13 août.
(2) Protocole des délibérations t. II, p. 17.
(3) Exhibitions t. B, nn. 5536, 5537.

Les récollets de Diest réclamaient les bâtiments qui avaient fait partie de leur cloître et qui n'avaient pas été aliénés (1). Evidemment, se disait-on, c'est l'aurore de jours meilleurs qui luit sur notre patrie.

Le duc de Saxe-Weimar, qui nous avait dotés de ce gouvernement, tenait son quartier-général à Tournai ; c'est de là que le 16 mars 1814, il adressa au comte de Robiano une lettre, étrange, inattendue : « Le baron de Stein, autorisé (2) par les Hautes Puissances-Alliées à ordonner l'organisation des pays occupés par les troupes alliées, venait de nommer le conseiller baron de Horst gouverneur-général de la Belgique ». Le duc de Beaufort se trouvait encore à Chaumont avec le marquis de Chasteler et les autres députés ; ils durent être déconcertés en apprenant cette nomination d'un général prussien. Celui-ci fut installé le 20 mars, et ce même jour les pouvoirs des commissaires-généraux de Lottum et Délius prirent fin.

Dans une proclamation aux belges (23 mars), le nouveau gouverneur-général « se félicitait d'une nomination qui le mettait en rapports avec un peuple célèbre dans l'histoire par sa valeur et son amour de la patrie, et qui dans les conjonctures présentes ne tarderait pas, sans doute, à donner un nouveau lustre à son ancienne renommée. Soupirant depuis vingt ans sous un joug étranger, l'heureux moment est enfin arrivé, ajoutait-il, où les peuples de la Belgique peuvent concourir aux efforts glorieux des Hautes Puissances-Alliées, qui n'ont d'autre but que de rendre à chaque nation une existence politique, indépendante des lois arbitraires d'un tyran, qui foula à ses pieds le bonheur des nations et de l'Europe entière pour satisfaire son ambition démesurée. »

En ce moment, Napoléon, défait par Blücher à Laon (10 mars), faisait agir les généraux Maison et Carnot pour opérer leur jonction en Flandre et se porter sur les derrières de l'armée prussienne. La crainte de ce mouvement préoccupait de Horst ;

---

(1) Protocole t. IV 1 juin.
(2) Depuis le 23 octobre 1813 (Schœl, III, 340).

quelques jours plus tard, cette tentative avait échoué ; le 31, les alliés occupaient Paris, et le 4 avril Napoléon abdiquait.

Au milieu de ces grands événements, l'empereur d'Autriche par un décret du 29 mars, contresigné par Metternich, et neuf jours seulement après la nomination du général de Horst, nommait un autre gouverneur-général, le baron de Vincent. Y avait-il désaccord entre l'empereur et le duc de Saxe-Weimar ? On ne s'en aperçut pas ; le changement de gouverneur ne s'effectua pas avant le 5 mai.

Il nous faut, avant de continuer l'histoire de notre gouvernement provisoire, tâcher de connaître les plans que formait au sujet de nos provinces la diplomatie des Hautes Puissances-Alliées.

III. La question politique.
Réunion de la Belgique à la Hollande.

« La réunion de la Belgique et de la Hollande, écrivait
M. Prosper Poullet, et la constitution d'un royaume indépendant au nord de la France répondaient à un vœu déjà ancien de
la politique anglaise. Au cours des guerres de la Révolution, le
cabinet britannique avait, à plusieurs reprises, exposé ses vues
à ce sujet aux grandes puissances du continent (1) ». Dans la
pensée de l'Angleterre l'équilibre européen demandait la reconstitution des anciennes dix-sept provinces en un seul état, assez
puissant pour contenir l'humeur belliqueuse de la nation française. Il faut en convenir, la scission que la réforme protestante
et l'ambition de Guillaume le taciturne avaient opérée à la fin
du 16me siècle entre les provinces septentrionales et les provinces méridionales des Pays-Bas, avait eu des conséquences
déplorables au point de vue politique. L'Angleterre, arbitre de
l'Europe, voulait y remédier.

Tandis que les chefs des armées alliées et les belges surtout
caressaient le rêve de l'indépendance de notre patrie, la diplomatie anglaise préparait la réalisation de ses desseins. La
correspondance du vicomte Castlereagh, secrétaire d'Etat de
S. M. Britannique, et de lord Clancarty, ambassadeur à La
Haye, nous a permis de constater plus haut que les vues ambitieuses du prince d'Orange n'étaient pas un mystère pour le
cabinet anglais.

Le 1er février, Clancarty mandait de Langres : « J'ai appelé
l'attention des alliés sur la situation des départements limi-
trophes aux Pays-Bas ; considérant que les trois puissances au
moment d'envahir la France avaient partagé ces départements

---

(1) Les premières années du royaume des Pays-Bas, p. 14.

entre leurs armées, j'ai cru ne pouvoir faire de proposition plus
favorable au prince d'Orange que de lui attribuer une part convenable des provinces qu'il s'agit d'occuper. Le baron de Stein,
qui est à la tête de l'administration centrale, est entré dans mes
vues, et dans une note privée, dont je vous donne copie, il pro-
pose les départements que Son Altesse Royale pourrait déjà
occuper. Vous pourriez encourager le prince à faire valoir ses
intérêts et à envoyer des commissaires pour travailler le peuple
belge. » Deux semaines plus tard, l'Autriche et la Prusse
avaient agréé en principe l'idée des hommes d'Etat anglais :
« Metternich et Hardenberg, — ainsi l'écrivait Clancarty, —
sont favorables à l'idée d'une extension de territoire. Nessel-
rode n'a pas encore donné de réponse officielle ; mais je suppose qu'il accédera au projet. » (1)

Nous avons dit plus haut l'opinion du duc de Saxe-Weimar
et du baron de Feltz, au sujet de notre avenir politique ; leur
illusion dura plusieurs mois. Il est vrai que le prince d'Orange,
qui inspirait la diplomatie anglaise, avait été peu habile, et
que le duc de Saxe-Weimar n'avait pu prendre au sérieux les
démarches de ses agents. Le 1er mars, lord Clancarty écrivait à
Castlereagh : « Notre agent Johnson se plaint, dans une lettre
du 25 février, des procédés maladroits du gouvernement hollandais pour préparer l'opinion des belges à une réunion. La
grande majorité de la noblesse, qui n'eût pas manqué de saluer
le soleil levant si l'avènement du prince avait été proclamé,
a été amenée à faire des déclarations très défavorables à son
Altesse Royale ; et comme elle ne manque pas de fierté, elle
continuera probablement son opposition. Le duc d'Aremberg,
qui s'était signalé comme partisan des français, et le duc d'Ursel,
le récent maire de Bruxelles, qui a été arrêté il y a peu de
jours par l'ordre du duc de Weimar, sont les seuls gentils-
hommes, à ma connaissance, qui se soient déclarés pour le
prince d'Orange » (2).

---

(1) Correspondence, tome cité, pp. 223 et 273.
(2) Correspondence, tome cité, p. 306 ; le duc d'Ursel fut remplacé comme
maire par le baron Vanderlinden d'Hoogvorst.

Cependant le duc de Beaufort arriva à Chaumont avec la députation belge au commencement du mois de mars ; le 14, Castlereagh mandait à lord Clancarty que « la députation avait été fort honorablement reçue. L'empereur avait été très flatté des témoignages de fidélité des flamands ; mais il ne croyait pas pouvoir s'engager à garantir et défendre contre la France l'indépendance de provinces si éloignées du centre de l'empire. Les députés ayant exprimé en second lieu le désir d'être constitués en souveraineté indépendante sous un prince autrichien, tous, ajoutait l'homme d'Etat, nous, avons combattu ce projet, comme également incompatible avec le maintien de l'indépendance. Nous leur avons persuadé que pour, être libres, ils, doivent être forts, et que pour être forts, ils doivent se laisser incorporer à un grand système. S'ils ne sont pas réclamés par l'Autriche, le seul système possible est celui d'une réunion avec la Hollande.... La nomination d'un gouverneur-général autrichien ne préjuge rien pour l'avenir. »

La députation s'était donné la mission de faire prévaloir les vœux du pays : elle ne manqua pas à son devoir et insista vivement auprès de François I. Le 18 mars, elle était encore à Chaumont : « Si je vous plaçais sous l'autorité d'un archiduc, disait l'empereur, vos vœux seraient comblés ; mais je ne pourrais garantir votre maintien ; car je ne puis me jeter pour vous dans les risques d'une guerre. Il faut vous résigner et vous préparer à une réunion avec la Hollande. » Les députés firent des objections ; François 1 tâcha de les rassurer : « Vous aurez, leur dit-il, des garanties pour votre religion et pour votre commerce, et la dette hollandaise ne doit pas vous inquiéter davantage. » Castlereagh, en mandant ces détails à lord Clancarty, ajoutait : « Je leur ai persuadé la même chose ; une incorporation, avec des arrangements convenables (*with proper regulations*) est la seule combinaison pratique. Ils commencent à se résigner à cette éventualité ; mais il n'est pas opportun de provoquer trop tôt des discussions sur ce sujet au milieu d'un peuple fier et irascible » (1).

----

(1) Correspondence, tome cité pp. 365, 366.

Lorsque le duc de Beaufort rentra à Bruxelles avec les marquis d'Asche et de Chasteler, un troisième gouverneur-général, le baron de Vincent, avait pris l'autorité provisoire en mains.

Le baron de Horst ne fut pas regretté. « Impossible, écrivait Castlereagh, d'imaginer genre d'extravagance capricieuse ou de violence, que les officiers des alliés ne se permettent aux dépens des malheureux belges, qui ont déjà tant souffert du séjour prolongé des troupes prussiennes et saxonnes ; hier, 19 avril, les officiers de l'armée suédoise ont requis 15000 yards (540000 mètres) de drap. Dimanche dernier, le baron Horst, ayant su qu'il n'était plus gouverneur-général, a levé sur ces provinces une contribution de 10,800,000 francs, à payer immédiatement sous peine d'exécution militaire ; il refuse de se démettre » (1).

Nommé le 29 mars, ce n'est que le 5 mai que le baron de Vincent entra en charge.

Le nouveau gouverneur général était au service de l'Autriche ; mais il appartenait à la Belgique par tous les souvenirs de sa jeunesse. Né en Lorraine vers 1775, il avait été l'un des signataires du traité de Campo-formio : ce n'était pas là ce qui devait le rendre impopulaire ; car si l'Autriche ne désirait pas reprendre les Pays-Bas, et qu'elle se contentât de nous placer sous un prince autrichien, les vœux des belges étaient abondamment satisfaits. Dans sa proclamation du 5 mai (2), le gouverneur-général ne trahissait rien des pensées de l'empereur.

Peuples de la Belgique,

Vos provinces, après avoir pendant vingt ans partagé les malheurs de la France, touchent enfin au moment de voir fixer leur existence politique. Elles seront désormais séparées de la France.

---

(1) Correspondence, tome cité p. 503.

(2) Proclamation de S. Ex. le Bⁿ de Vincent aux Peuples de la Belgique. Extrait d'un registre conservé aux archives générales du Royaume à Bruxelles, et intitulé au dos : n° II. Protocole des Délibérations du Conseil Administratif Général de la Belgique. 1814, page 254.

Belges, soyez dignes de vous et des grands souvenirs qui s'attachent à votre patrie. Le joug qui pesait sur vous est brisé, la Providence a couronné les efforts de tant de princes et de nations réunis, qui n'ont combattu que pour leur indépendance.

L'Empereur François m'envoie vers vous. Reconnaissez dans la nomination d'un Gouverneur Autrichien pour les Provinces Belgiques, une preuve de sa sollicitude pour vous, et de l'indissoluble union des Puissances-Alliées pour le salut de l'Europe.

Vos intérêts sont présents à la pensée des souverains alliés ; ils seront assis sur les bases les plus solides : votre religion, votre sûreté, votre commerce seront garantis par ce qu'il y a de plus puissant. Les beaux jours de la Belgique renaîtront.

Bruxelles, le 5 mai 1814.

Signé le Baron de Vincent.

En même temps que le baron de Vincent, le duc de Beaufort rentra à Bruxelles et reprit la présidence du Conseil. Son retour et la nomination du nouveau gouverneur réveillèrent les espérances des partisans de l'Autriche. Le conseil communal de Herve demandait, le 8 mai, qu'on rendît incessamment les belges à leurs anciens souverains. Le conseil-général de l'intendance de l'Escaut (1) exprimait le même désir. Les conseils d'arrondissement d'Audenarde et d'Eccloo se joignirent, dans les termes les plus formels, aux vœux des gantois. Il semblait qu'il y eût là une protestation contre les intrigues de la Hollande. Le 18 mai, le gouverneur général répondit à l'intendant de l'Escaut : « Nous avons reçu les différentes adresses des conseils de département, transmises par votre lettre du 14 courant : nous vous engageons à insinuer à vos administrés de ne pas provoquer une question qui tient aux arrangements généraux de la paix de l'Europe » (2).

---

(1) Depuis le mois de mars, le comte d'Hane de Steenhuyse avait remplacé Beaucarne, fort attaché au régime français.

(2) Protocole, n° III,

Cependant, la Hollande ne restait pas inactive. Le prince d'Orange envoyait le baron Van der Cappellen avec le titre officiel de commissaire, mais en réalité comme ministre du futur souverain (1). En même temps, il soudoyait des écrivains.

Une première brochure avait déjà paru : *La réunion de la Belgique à la Hollande serait-elle avantageuse ou désavantageuse à la Belgique ?* (2) C'était un factum mal écrit et qui témoignait d'une grande ignorance en matière d'histoire et de droit constitutionnel ; l'écrivain vilipendait nos anciennes constitutions, calomniait la noblesse et le clergé; et affichait l'indifférence religieuse : « Toute religion, disait-il, a pour principe l'amélioration et le bonheur temporel et spirituel de l'homme. Dès lors toutes les religions fondées sur ce principe sont bonnes ; elles peuvent différer plus ou moins dans leurs dogmes ou leurs cérémonies ; mais elles ne diffèrent en rien pour le fond » (3) ; le calvinisme hollandais n'était pas un obstacle à la réunion : la tolérance formerait le principe du gouvernement. L'auteur traitait avec la même légèreté d'autres questions, l'énorme dette de la Hollande, les taxes, la concurrence commerciale, etc. Il avouait que la grande majorité du pays se prononçait pour le retour à l'Autriche (4).

Dès le mois d'avril, puis en juin et en juillet, on réfuta ce partisan maladroit de Guillaume ; on dévoilait ses principes anticatholiques (5) ; on montrait son ignorance en matière de droit. Henri Van der Noot parut à son tour, et, oubliant ou se faisant pardonner son passé, prôna généreusement la fidélité à François II, « auquel les belges, ajoutait-il, ont déjà fait parvenir leurs vœux » (6).

Un jurisconsulte nommé Van Wamel, dans une œuvre de

---

(1) *Gedenkschriften* cités plus haut, p. 469.

(2) L'auteur était J. J. van Boeckhout, chef de division à l'administration départementale de Bruxelles et directeur des prisons de ce ressort.

(3) App. bibl. n° 1 p. 49.

(4) ib. p. 37.

(5) *Bouclier opposé aux traits...* 18 avril, app. bibl. n° 2.

(6) App. bibl. n° 4 p. 40.

valeur, détruisit point par point les assertions de l'auteur de
la brochure (1) ; se souvenant avec amertume de l'oppression
tyrannique des français : « C'est le bonheur dont nous avons
joui sous l'ancien ordre de choses, disait-il, qui nous fait sou-
pirer après son retour ; nous étions gouvernés d'après nos lois
constitutionnelles ; point de conscription militaire ; les enfants
n'étaient point enlevés du sein de leur famille, ni leurs parents
poursuivis pour des délits qui leur étaient étrangers ; point
d'inquisition douanière ; point de maltôte ; nos propriétés
étaient respectées ; la liberté personnelle était assurée ; personne ne pouvait être traduit devant un juge autre que son
juge naturel : les contributions et les impôts que nous payions
étaient l'ouvrage de notre propre volonté : preuve qu'ils étaient
modérés ». La Belgique n'a point été écrasée par ses souverains, sous le poids des impôts. La Hollande au contraire,
a une dette immense, encore que Napoléon l'ait déclarée
réduite au tiers ; et c'est peut-être pour l'éteindre qu'on désire
tant la réunion des deux pays (2). A la Belgique s'étendrait de
plus « le criminel trafic, connu en Hollande sous le nom de
ziel-verkoopery et qui n'est qu'un commerce d'hommes sous le
nom de recrutement de soldats pour les colonies » (3).

Attaqué de divers côtés, et solidement réfuté sur la plupart
des points, l'écrivain orangiste se défendit et, toujours sous le
voile de l'anonyme, il publia un opuscule intitulé : *De la confédération des belges et des bataves* (4). « Si le sort de notre patrie
est encore un secret de la politique, disait-il, s'il n'est point
permis de porter un œil indiscret sous ses voiles mystérieux,
il doit être licite d'examiner une hypothèse et d'exprimer des
vœux pour les avantages, qui résulteraient de sa réalisation. »
L'auteur pesait les « inappréciables avantages de l'union » : il

---

(1) App. bibl. no 3 p. 10.
(2) p. 19.
(3) p. 39.
(4) Cet opuscule de XXIV pages est rare ; nous en avons pu consulter un
exemplaire à la bibliothèque royale de Bruxelles, grâce aux bienveillantes
recherches de M. Gossart, préposé à la section des imprimés.

révélait même quelque chose des espérances trop ambitieuses de Guillaume : « Identité d'origine, conformité de mœurs et de langage, contiguité de territoire, réciprocité d'intérêts, tout appelle les belges et les bataves à renouer leurs antiques liens de famille, en fondant un état puissant, qui s'étendant sur le cours du Rhin, comprendrait le Palatinat et aurait pour limites au midi l'Alsace, la Lorraine et la Champagne.... Osons dire toute la vérité, quelque pénible qu'elle soit ; la sûreté de l'Europe, celle de la France même, exige qu'elle soit désarmée, affaiblie. » C'était bien là une des préoccupations de la politique ; mais c'était mal interpréter les intérêts de l'équilibre européen que de forger une puissance aussi étendue pour la maison d'Orange. Le publiciste n'était pas plus près de la vérité lorsqu'il ajoutait : « Le cri du cœur s'est échappé pendant le séjour du jeune prince d'Orange parmi nous ; le descendant de Guillaume-le-grand a entendu les vœux du peuple belge, qui élèvent sur le trône son illustre famille ; il a été convaincu, par l'enthousiasme de la joie que sa présence a inspirée, que les belges vénèrent la mémoire de ces héros de sa race, qui défendirent avec tant de gloire l'indépendance de la Belgique ». Bien au contraire, c'était l'ambition de Guillaume le taciturne et de ses successeurs qui avait consommé la rupture des anciennes provinces des Pays-Bas, et fait souffrir à nos provinces demeurées catholiques tous les maux d'une longue guerre et plus tard les tristes effets de la paix de Westphalie.

L'auteur, analysant d'une façon bien superficielle la constitution récemment votée en Hollande, la mettait au-dessus de l'ancien régime constitutionnel de nos provinces : « Les belges, il l'assurait, cesseront de regretter leurs vieilles chartes, leur Joyeuse-entrée toujours réclamée et toujours violée parce qu'elle était sans garantie. D'autre part, ajoutait-il, combien les dispositions légales et positives de la constitution hollandaise sont supérieures à ces abstractions métaphysiques sur les Droits de l'homme, qui jamais n'ont empêché leur violation, toutes les fois que la tyrannie républicaine ou impériale l'a crue utile à ses intérêts ! » Il vantait la « tolérance philoso-

phique et la protection égale assurée à toutes les religions
existantes » et montrait le Prince Souverain, « choisissant
parmi les catholiques plusieurs de ses chambellans, le bourgue-
maître d'Amsterdam et quelques commissaires près des admi-
nistrations provinciales ».

IV. La réunion, question de politique intérieure.

« Il faut vous résigner et vous préparer à une réunion avec la Hollande ». Cette parole de l'empereur d'Autriche au duc de Beaufort caractérise la situation de la Belgique pendant la période provisoire que nous étudions. La politique anglaise nous imposait la réunion ; le traité de Paris (30 mai 1814) portait : « La Hollande, placée sous la souveraineté de la maison d'Orange, recevra un *accroissement de territoire* » (article VI). Un article secret ajoutait : « L'établissement d'un juste équilibre en Europe exigeant que la Hollande soit mise dans des proportions qui la mettent à même de soutenir son indépendance par ses propres moyens, les pays — compris entre la mer, les frontières de la France, telles qu'elles se trouvent réglées par le présent traité, et la Meuse, — seront réunis à perpétuité à la Hollande. »

Deux ans plus tard un diplomate écrivait(1) : « Lord Clancarty, l'un des principaux organisateurs du royaume des Pays-Bas, peu au fait des intérêts du continent, comme la plupart de ses compatriotes, a à peu près envisagé la réunion de la Belgique à la Hollande comme celle de l'Irlande à la Grande Bretagne. » La comparaison est assez juste. L'équilibre européen se trouvait plus ou moins assuré par ce projet de réunion ; encore fallait-il pourvoir à l'équilibre intérieur du futur royaume. A l'Irlande, si différente par ses mœurs et sa religion, l'Angleterre avait enlevé toute autonomie politique ; elle l'avait assujettie, elle la pressurait dans son intérêt. Mais unir les belges aux hollandais, un peuple catholique et d'allure libre à un peuple, en majorité protestant et habitué à la domination des factions, c'était,

---

(1) Binder, ministre d'Autriche à Bruxelles, 20 janvier 1817, lettre publiée par M. Pr. Poullet, art. cités, p. 69.

à moins de fortes garanties et d'une grande sagesse chez le futur souverain, créer une situation violente et peu stable.

Parmi tant de négociations diplomatiques, continuons d'étudier les mouvements de l'opinion en Belgique. La question de notre avenir demeurait ouverte ; le parti conservateur se plaisait à préconiser le retour à l'Autriche, ou du moins l'indépendance sous un prince autrichien et le maintien de nos anciennes constitutions.

Le 6 juin, l'imprimeur Weissenbruch fut autorisé à publier dans le bulletin officiel, le traité de paix conclu six jours auparavant entre la France et les alliés. Il était assez clair que *l'accroissement de territoire* promis par ce traité à la maison d'Orange était l'annexion de la Belgique à la Hollande. Cependant notre gouvernement provisoire, fidèle à sa mission, ne favorisa ni orangistes, ni autrichiens ; il voulait, semble-t-il, que le pays se contentât de provisoire. Certaines décisions des mois de juin et juillet furent dictées par ce principe de conduite.

Comme le gouvernement de Louis XVIII avait, sans aucune hésitation ni retard, établi sur les toiles de Flandre des droits exorbitants, équivalents à une prohibition, l'intendant de la Lys (1) sollicita par représailles des droits considérables sur les produits français. Le 31 mai, le Conseil-général-administratif répondit qu'il allait rétablir la douane sur la frontière française et provisoirement les tarifs autrichiens de 1792 (2).

On souleva la question du pavillon pour les navires de commerce belges : « Ce n'est pas le moment d'innover, fut-il répondu (3) : la Belgique est sous l'autorité provisoire des quatre grandes puissances. » Les bateliers de Bruxelles, obligés de payer sur les canaux de la Hollande des droits assez élevés (*lastgeld*), demandèrent que le gouvernement usât de représailles contre les bateaux hollandais. Le baron Vander

------

(1) Le vicomte de Nieuport avait remplacé Van Severen, depuis le 25 mars.
(2) Protocole, tome III, 31 mai.
(3) 16 juin 1814. Protocole tome IV.

Cappellen, agent de Guillaume, prévint le gouverneur-général
que le droit de tonnage cesserait d'être exigé de nos bateliers (1).
Cette mesure, on n'en doute pas, les disposa favorablement à
l'annexion.

Au mois d'avril, le comte de Robiano avait demandé au
commissaire-général de la justice de S. A. R. le prince d'Orange
qu'il voulût faire payer les journées des prisonniers du département de l'Over-Yssel, détenus à Vilvorde pendant l'année
précédente et pendant le premier trimestre de l'exercice 1813.
Le baron de Vincent rappela à Van Maanen cet arriéré de
paiement. (2).

Le 6 juin, Vande Velde et Van Burode, anciens professeurs
de Louvain, firent en faveur du rétablissement de la célèbre
université une démarche, qui n'eut pas de suite.

Le gouvernement provisoire se laissa guider par des sentiments de bienveillance mais aussi de grande prudence parmi
les difficultés, qui avaient surgi dans le diocèse de Gand. Mon-
seigneur de Broglie était rentré de son exil le 14 juin et avait
été accueilli en triomphe ; sa résistance à Napoléon, la résistance non moins glorieuse de son clergé furent justement glori-
fiées ; mais une trentaine de prêtres, qui avaient failli à leur
devoir, pouvaient trouver leur situation fort pénible en face des
onze cents autres, demeurés fidèles à de Broglie. Un récit (3)
des persécutions et une liste des séminaristes exilés à Wesel
parurent en juin ; l'intendant de l'Escaut signala ces publications comme « ne pouvant tendre qu'à perpétuer des reproches
et des discussions dans le clergé » et le baron de Vincent,
après avoir fait saisir les exemplaires, pria l'évêque « d'apporter
ses soins au rétablissement de la paix et de l'union » (4). L'abbé
Le Surre, quoique français, fut à la demande de l'évêque con-

---

(1) 6 juillet. Protocole tome V.
(2) 22 juin, tome IV.
(3) Cfr. La Belgique sous la domination française, t. II, appendice bibliographique, n° 362 et suivants.
(4) 25 juillet 1814.

tinué dans ses fonctions de grand-vicaire (1). L'évêque fit une
autre demande d'une portée plus délicate : il réclama les biens
et domaines de l'ancien évêché et en particulier les restes de
l'abbaye de Baudeloo, à l'effet de fonder un collège. Le gouverneur-général lui opposa le vœu du conseil municipal et de
l'intendance, défavorables à la cession de Baudeloo ; il fit observer que la bulle de Pie VII du 29 novembre 1801 avait supprimé et éteint à perpétuité l'ancien diocèse de Gand avec tous
ses droits, privilèges et prérogatives de quelque nature qu'ils
fussent. « Les droits du nouveau diocèse, répondait-il, diffèrent
absolument de ceux attachés à l'ancien ; au surplus il convient
de réserver au futur souverain de la Belgique la décision de
questions aussi importantes » (2).

Une pétition fut publiée par des religieux en vue d'obtenir
le rétablissement de leurs couvents (3) ; ils se prévalaient des
mêmes raisons que l'évêque de Gand et semblaient perdre de
vue le concordat, comme de Broglie perdait de vue la réorga-
nisation des diocèses.

De Broglie, très dévoué à ses diocésains, mais, depuis la
chute de Napoléon, plus que jamais dévoué aux Bourbons,
éprouvait un vif regret en voyant son diocèse séparé de la
France ; il sentait qu'en présence des flamands il convenait de
ne pas trop se livrer à ce sentiment fort excusable ; peut-être
éprouvait-il aussi de justes craintes pour l'avenir ; car en
juillet la perspective de la réunion sous un prince protestant
se dessinait déjà devant l'opinion publique. Quoi qu'il en soit,
tandis que l'intendant du département avait la plus grande
peine à faire respecter les employés français, maintenus par le

____

(1) 4 juillet.
(2) Protocole, tome V, 8 juillet.
(3) *Déduction du droit des abbayes et du clergé régulier.... de rentrer
immédiatement dans la jouissance de leurs droits... pour servir d'appui
aux remontrances faites à Leurs Hautes Puissances Alliées par les
principaux abbés, membres du premier des trois ordres des États des
provinces belges,* (Raepsaet, in-8, pp. 34. Bibl. des bollandistes, 121. IX j. n° 5.

gouvernement (1), de Broglie publia un mandement, qui déplut en haut lieu et qui eut un grand retentissement : « Il fut sans doute un temps, disait-il, où la séparation eût été un bienfait signalé de la Providence. Aujourd'hui tout a changé de face. L'aigle farouche et dévastateur ne fait plus de ce beau pays de France un lieu d'oppression, de désolation et de carnage. La tige auguste des lis vient de reparaître avec ce doux éclat, qui tempère la majesté du trône, lui concilie tous les cœurs, fait tarir la source de tant de larmes, rétablit les fondements de la prospérité publique. Mais ce qui doit surtout justifier nos espérances et faire pressentir à notre diocèse et à l'Europe entière les douceurs d'une longue paix, c'est que la religion de Jésus-Christ dirige les volontés d'un monarque, en qui la nature a réuni un jugement solide, une érudition immense, une admirable sagacité dans les affaires et toutes les grâces de l'esprit. »

Le prélat s'exagérait la valeur et les sentiments religieux de Louis XVIII, et certainement il commettait une imprudence en manifestant officiellement des regrets, que très peu de belges et moins encore de flamands partageaient avec lui. Le mandement fut signalé à Bruxelles, et sur l'enveloppe le gouverneur baron de Vincent écrivit : « A mettre aux actes, afin d'y recourir au besoin. »

Le parti français avait ses adhérents parmi les anciens soldats de Napoléon et parmi les employés de l'empire, demeurés en position. Le gouverneur-général n'avait pour eux aucune sympathie ; le 17 juillet il appela l'attention de l'intendant de l'Escaut sur une lettre de Leyde (2) qui venait de paraître dans la Gazette de Gand (3) et dont l'auteur donnait tous ses regrets au gouvernement français et critiquait la nouvelle constitution hollandaise.

Bien plus populaire était le parti autrichien ; mais depuis le traité de Paris, il se donnait moins de mouvement ; l'on com-

---

(1) Lettre de l'intendant, 11 juillet au Gouverneur-général.
(2) Du 14 juillet.
(3) n° 404.

mençait, semble-t-il, à se résigner à une réunion avec la
Hollande.

Une pétition remarquable, de la même époque, est celle des
syndics des métiers de Bruxelles. S'adressant au baron de
Vincent, ils rappellent que dès l'entrée des alliés ils ont fait
parvenir à l'empereur François II leurs vœux pour le rétablissement de l'ancien ordre de choses et l'anéantissement du
code Napoléon. Aucun des membres des neuf nations de Bruxelles, aucun des 145 doyens de métier n'avait voulu accepter
un emploi sous le régime révolutionnaire. Aujourd'hui ils rede-
mandaient leurs anciens tribunaux, leur magistrature, leurs
lois et institutions antiques. « Si les peuples de l'Allemagne
ont fait justice des lois françaises et rendu hommage à leur
langue nationale et à leur ancienne législation, n'était-il pas
juste, disaient ces conservateurs, de nous soustraire au joug de
la langue française et des institutions du régime Napoléon ?

Cette pétition fut mal accueillie. Assurément ce n'était pas
le gouvernement provisoire qui pouvait entreprendre de supprimer ou de modifier un régime qui avait été imposé d'abord par la
violence et ensuite pacifiquement organisé par l'empire français.
S'il y avait quelque espoir de revenir à un régime constitutionnel national, c'était la réunion des anciennes dix-sept
provinces unies, c'était un royaume des Pays-Bas avec un
souverain national, qui pouvait seul favoriser l'accomplissement
de pareils vœux. Le gouverneur-général usa de sévérité. Les
doyens des arts et des métiers d'Anvers ayant vers la même
époque envoyé une requête analogue, le procureur-général fut
prié d'exercer son ministère « contre les signataires de requêtes
non avouées » (1). Les syndics de Bruxelles, dont la pétition
avait été publié par la gazette flamande de Gand furent considérés « comme récalcitrants et perturbateurs du repos public » (2).
On décida de surveiller plus activement les mouvements de la
presse. On fit cependant droit à quelques justes demandes des

____

(1) 21 juin, Protocole tome IV.
(2) 24 juin, ib.

bruxellois : les notaires purent désormais rédiger leurs actes, comme avant la domination française, « soit en français, soit en flamand, à la volonté des parties » (1).

Une brochure parut au sujet des pétitions des partisans de l'ancien régime et de Van der Noot ; sans résoudre par des arguments sérieux les graves problèmes soulevés, l'auteur mettait de son côté les rieurs et les esprits superficiels : il livrait au ridicule les prétentions des rétrogrades. Qu'on nous permette d'analyser cette œuvre légère, mais piquante : elle est intitulée : *Le nouvel Epiménide en Brabant, son admission à la première séance des représentants uniques et légitimes de la province de Brabant, et son entretien avec Son Excellence H. C. N. Van der Noot, agent plénipotentiaire du peuple brabançon* (2).

Le nouvel Epiménide, endormi depuis 1790 dans le cabinet d'antiques de Van Boeckhaut, entre une momie égyptienne et une cuvette ovale d'un goût exquis, se réveille au bruit des vivats et des acclamations qui retentissent dans une assemblée de politiciens. Il se débarrasse d'un voile de gaz qui le protégeait contre les mouches, et se rend à la bruyante assemblée : ce sont les syndics des neuf nations de Bruxelles ; au milieu d'eux, Heyntje, « le Père de la patrie ». « Le règne de la tyrannie a cessé, leur dit l'ancien tribun des brabançons ; ce régime doit être remplacé par l'ancien régime constitutionnel : c'est vous, messieurs, plus vos collègues de Louvain et d'Anvers, *item* le large Conseil et le magistrat de Bruxelles, qui êtes les seuls, uniques et légitimes représentants de tout le peuple de Brabant ; quant aux six cents gueux, les plus imposés du département, les ducs d'Aremberg, d'Ursel, de Beaufort, les comtes de Lannoy, de Mérode, d'Overschie, d'Asche, de Trazegnies, les Plovits, les Meeus, se serait insulter à la nation que de les admettre à la représenter. » Il développe ce thème,

----

(1) 18 juillet.
(2) Bruxelles, Weissenbruch, 1814, in-8, pp. 36. Nous en avons trouvé un exemplaire à la bibliothèque royale.

et successivement les syndics acquiescent au projet de rétablissement de la Joyeuse-entrée : le syndic des cordonniers trouve que l'ancienne constitution est une chaussure faite au pied ; celui des tailleurs, que c'est un habit rapiécé, mais on peut le retourner ; il n'a pas besoin de galon ou de broderie, il a assez d'étoffe pour en faire un second habit pour la Hollande ; tous les syndics ont des arguments de leur métier en faveur du grand projet de Van der Noot. Un abbé, en costume de janséniste, et armé d'un *bouclier van Eupen*, s'est adjoint aux syndics et défie tous et chacun de trouver dans le discours politique de Van der Noot un des neuf genres de sophisme, qui pullulent dans les brochures des hommes de lettres. Un faiseur d'hémistiches (1), qui assiste à cette scène désopilante, demande que pour tout remettre sur le pied ancien, on rétablisse aussi les jésuites.

Quand Epiménide a joui de ce tournoi de discours réactionnaires, l'auteur le ramène chez lui et lui fait l'histoire des vingt-cinq dernières années : « Ces messieurs, lui dit-il, sont restés stationnaires au milieu du mouvement universel : depuis 1790 ils n'ont rien appris, rien oublié. » Pendant cet entretien, on annonce le « Père de la patrie. » Celui-ci reprend ses visées politiques : « Les nobles, dit-il, ont l'air de se moquer de moi ; mais si les pensées profondes, si les rapports éloignés échappent aux esprits vulgaires, les hommes de génie savent les saisir : au milieu du bouleversement général, en Belgique tout est demeuré immuable : il nous faut la Joyeuse-entrée. » Epiménide s'évertue à l'instruire, il met Van der Noot en contradiction avec ses idées révolutionnaires d'autrefois, enfin il l'engage à se présenter à son tour à l'empereur François : celui-ci a refusé de recevoir les belges comme sujets ; mais le grand homme, le « Père de la patrie, l'agent plénipotentiaire du peuple brabançon » saura fléchir le monarque, et forcer les puissances-alliées à ne plus regarder la Belgique comme une conquête mais comme un fidéi-commis incommutable de l'em-

---

(1) Le mayeur?

pire : « Vous reviendrez, ajoute-t-il, le front ceint de lauriers, et « les chevaliers du rivage » dételleront votre char comme en 1790. » De fait, Van der Noot part pour Vienne. « C'est en se rendant ridicule, dit Epiménide, que cet homme cessera d'être contagieux. »

On croira volontiers au succès de cette mordante raillerie : les *Observations historiques* de Van der Noot et tous ses projets furent relégués dans l'oubli. D'autres esprits mieux pondérés feront valoir quelques-unes de ses idées conservatrices ; parmi eux, nous verrons réapparaître dans la suite de cette étude, des écrivains plus habiles, des patriotes courageux de la famille de Robiano.

Vers l'époque où nous sommes arrivés, le comte Eugène se retira de la scène publique. Les événements de juillet, la nomination du prince d'Orange comme gouverneur-général, la prochaine formation d'un nouveau royaume, d'autres raisons peut-être, officiellement alléguées, le décidèrent à se démettre de ses fonctions au Conseil-administratif-général. La lettre suivante du baron de Vincent est un témoignage fort honorable rendu au comte Eugène de Robiano (1).

Le Gouverneur-Général etc.

A M^r le Comte Eugène de Robiano.

C'est à regret que j'ai vu par la Lettre que vous m'avez fait l'honneur de m'écrire hier, que l'état valétudinaire de votre santé vous obligeait à ne pas continuer vos fonctions au Conseil administratif provisoire. Le zèle qui vous a porté, M. le Comte, à consacrer vos Lumières et votre Expérience à l'Administration Générale à l'Epoque difficile du mois de février dernier, est sans doute digne de tout éloge. S'il vous a suffi de la récompense que vous avez trouvée dans l'Estime de vos

____

(1) Lettre du 22 juillet au comte Eugène de Robiano, relative à sa démission de membre du Conseil administratif Général. (Extrait du registre n° VI p. 114).

Concitoyens, je n'en suis pas moins persuadé que le Gouvernement Général cherchera l'occasion de reconnaître vos services dans des temps plus prospères. Je regarde comme un devoir de vous en donner, en attendant, le témoignage le plus entier et je vous prie d'agréer en même tems l'assurance de ma considération la plus distinguée.

V. Gouvernement provisoire de Guillaume d'Orange.

Le 31 juillet 1814, quand les puissances-alliées jugèrent les belges plus ou moins résignés à une annexion, le baron de Vincent remit l'administration suprême de notre pays entre les mains de Guillaume prince d'Orange-Nassau.

Bien contrairement aux promesses d'indépendance faites en février, les alliés avaient, par le traité de Paris (30 mai 1814), cédé la Belgique comme *accroissement de territoire* à la maison d'Orange. Guillaume avait lieu d'être satisfait ; mais il était aussi prévoyant qu'ambitieux et surtout il avait à son service un homme d'état fort habile : c'était Falck. Par ses opinions comme par sa naissance il appartenait à l'aristocratie des Pays-Bas. Pendant que les alliés réglaient l'équilibre européen, Guillaume et son ministre se trouvaient à Paris : « Quand, au mois de mai, écrivait plus tard Falck, je dressai la première ébauche des huit articles, je m'estimai le plus heureux des hommes. La réunion de la Belgique et de la Hollande allait être intime et complète, de façon que les deux pays ne formassent qu'un seul et même état, régi par la constitution déjà établie en Hollande et qui serait modifiée d'un commun accord, d'après les nouvelles circonstances » (1).

Quelle était la portée des huit articles, que le diplomate avait ébauchés à Paris et fait admettre et signer à Londres (2) ? Ils ne furent connus et publiés qu'un an plus tard ; la politique avait intérêt à les tenir secrets ; car, s'ils réalisaient les espérances des hollandais et du prince d'Orange, ils étaient de nature à soulever la répulsion des belges.

---

(1) *Historische Schetsen*, door Thorbeke, 1860, s'Gravenhage, p. 179 ; lettre du 16 août 1814 à Van Lennep.

(2) 20 juin 1814.

Notre patrie passait par une troisième phase diplomatique. Les alliés lui avaient d'abord annoncé l'indépendance ; c'était l'affranchissement de la domination française. Ce vœu commun étant satisfait, on avait espéré la constitution d'un état indépendant ; cependant, bientôt la Belgique avait été cédée à la maison d'Orange à titre d'accroissement de territoire : nous étions vendus, livrés malgré nous. Aujourd'hui la diplomatie posait dans la convention de Londres un principe nouveau, dont l'application allait ruiner l'œuvre même de la réunion. « Cette réunion, lisons-nous dans le protocole de cet acte célèbre, a été décidée en vertu des principes politiques adoptés pour l'établissement d'un état d'équilibre en Europe. Les Hautes-Puissances mettent ces principes à exécution en vertu de leur *droit de conquête* de la Belgique. Toutefois, animées d'un esprit de libéralité... elles désirent consulter les intérêts particuliers de la Hollande et de la Belgique, pour opérer l'*amalgame le plus parfait* entre les deux pays.... Le prince d'Orange sera invité à procéder dans les voies les plus libérales et dirigées dans un esprit de conciliation, pour préparer et opérer l'*amalgame des deux pays*, sur les bases adoptées par les puissances. »

D'après l'article 1ᵉʳ, la réunion devait être intime et complète, les deux pays ne devaient former qu'un seul et même état, régi par la Constitution déjà établie en Hollande ; mais celle-ci serait modifiée de commun accord d'après les nouvelles circonstances. Les articles suivants assuraient à tous les cultes une protection et une faveur égales, à tous les citoyens, sans distinction de culte, l'admissibilité aux emplois publics, aux provinces belges une représentation convenable dans les Etats-généraux, et la jouissance de tous les avantages commerciaux que présentaient les riches colonies hollandaises ; le 6ᵐᵉ article mettait à la charge du trésor comme communes à tout le pays les dettes énormes de la Hollande.

Nous avons vu plus haut Guillaume s'attribuer sur la Hollande, en vertu d'une délégation populaire fort discutable, des droits de souveraineté antérieurs à l'acceptation de la constitution ; aujourd'hui les puissances, à l'instigation du ministre Falck, lui donnaient la Belgique, en *vertu de leur droit de conquête*, et l'invitaient à opérer un *amalgame complet*. C'est au point de vue de la religion et au point de vue de la dette publique que cette combinaison soulevait les plus graves objections.

Quant aux huit articles, qui réglaient les conditions de l'*amalgame*, s'ils font honneur à la politique orangiste de Falck, ils constituent aussi un acte de malhonnêteté. C'est à Londres que le protocole en fut signé ; mais ce n'est qu'un an plus tard qu'ils seront sanctionnés par le Congrès de Vienne (9 juin 1815) et enfin communiqués aux belges (1), comme une stipulation imposée par les puissances alliées et qu'il fallait accepter sans discussion. Or, ces articles, comme Raepsaet l'écrivait déjà en 1817 (2), ne sont pas l'ouvrage du Congrès de Vienne, qui n'a fait que consentir à ce qu'ils *fussent annexés au traité et tenus pour insérés* ; ils étaient le résultat d'une convention particulière entre le prince d'Orange et l'Angleterre, et l'effet d'une faveur qu'il obtint du roi Georges III à l'occasion d'un projet de mariage qu'il négociait entre son fils et la princesse Charlotte de Galles, projet rompu plus tard. Les articles n'avaient pas été soumis aux plénipotentiaires des autres puissances ; le prince-souverain des Pays-Bas avait stipulé ces articles, comme partie contractante au nom de la Hollande ; mais était-il juste et honnête que la Belgique ne fût pas consultée et représentée pareillement comme partie contractante ? C'était donc un leurre de maladroite politique, d'appeler cette convention clandestine du nom de *Loi de l'Europe*, et c'était un odieux mensonge de vouloir persuader aux belges que Guillaume avait été forcé par le Congrès de Vienne d'accepter ces conditions. Il n'est homme de bon sens qui n'ait vu dans les huit articles de Londres, dès qu'ils furent rendus publics, une intrigue hollandaise non seule-

_____

(1) Proclamation royale du 18 juillet 1815.

(2) *Journal de la commission*, chargée de rédiger le Projet de Loi fondamentale, *Œuvres complètes*, t. VI, p. 179.

ment pour relever la Hollande de son écrasante dette, mais aussi pour lui donner la supériorité sur la Belgique. Quant à l'article de la religion, par lequel protection et faveur égales étaient accordées à tous les cultes, et qui suscitera tant de difficultés dans notre peuple catholique, cette conception, absolument neuve, ne pouvait être inspirée que par cet indifférentisme protestant, qui aboutissait au libéralisme religieux et qui ne voyait plus d'autre base religieuse possible au milieu des dissensions et de l'affaiblissement de la foi que la reconnaissance de toutes les sectes. Fruit naturel du protestantisme, ce principe nouveau sera rejeté, même par les catholiques hollandais, si longtemps persécutés au nom de la religion d'État ; encore qu'ils fussent désormais placés sur le même pied que les calvinistes, ils se déclareront hostiles à ce système, parce qu'il est basé sur un principe faux et qu'en dernier résultat il ne peut qu'être funeste.

C'est ainsi que s'exprimait en 1817 un magistrat, célèbre par son opposition à la politique de Joseph II (1).

Voyant ses vœux réalisés, Guillaume désira prendre sans retard l'autorité suprême sur les provinces réunies ; mais il n'obtint pas l'agrément des puissances ; elles revendiquaient cette autorité pour elles-mêmes, aussi longtemps que les négociations en vue de l'équilibre européen n'étaient pas terminées. Il dut se contenter du titre de gouverneur-général. Jugeant ce titre intérimaire au-dessous de sa dignité, il voulut en investir le baron Van der Cappellen ; l'Angleterre s'y opposa. Enfin il trancha la difficulté en acceptant le titre de Prince Souverain des provinces-unies des Pays-Bas (2).

En prenant possession de la Belgique, il lança une proclamation assez adroite (3) : elle fut publiée dans les deux langues : les flamands, longtemps méprisés, durent être flattés de cet

---

(1) Voir *Joseph II et la Révolution brabançonne* p. 92.

(2) *Gedenkschriften* de *Grovestins* p. 469.

(3) 1 août 1814 (*Journal officiel*, t. II, p. 450) ; désormais tous les documents sont publiés dans les deux langues.

acte de justice. Le prince annonçait le Congrès de Vienne ; là, disait Guillaume, « les souverains alliés se proposaient de consolider l'*agrandissement de la Belgique* dans notre intérêt, dans l'intérêt de la France et de l'Europe entière ». Pour ceux qui ignoraient les termes du traité de Paris accordant *une extension de territoire* à la maison d'Orange, cet *agrandissement de la patrie* était un heureux euphémisme.

Guillaume ajoutait : « C'est des plus éclairés et des plus considérés d'entre vous que je veux être environné dans l'honorable tâche, que m'impose la confiance des monarques alliés et dont je m'empresse de venir m'acquitter en personne, pour faire cesser les maux qui pèsent encore sur les belges. Honorer et protéger leur religion, entourer la noblesse de l'éclat dû à son ancienneté et à son mérite, encourager l'agriculture, le commerce et tous les genres d'industrie, tels sont mes devoirs les plus doux, et les soins qui m'occuperont sans cesse ». Les huit articles étaient, on le conçoit, passés sous silence.

Le prince passa quelques jours à Bruxelles, régla le gouvernement provisoire, et supprimant le Conseil administratif général, établit un Conseil privé sous la présidence du duc de Beaufort ; il nomma commissaires, au ministère de la justice le comte de Thiennes de Lombise, aux affaires intérieures le duc d'Ursel, aux finances Appelius, et au ministère de la guerre le général Tindal. Les membres du Conseil privé étaient le baron Van de Velde van Melroy, ancien évêque de Ruremonde, le comte de Mérode, les sieurs de Limpens, de le Vielleuse, De Jonghe, Holvoet et le comte Marnix.

Le comte Van der Cappellen, secrétaire d'Etat, était à la tête du cabinet, chargé du gouvernement provisoire de nos provinces. En janvier 1815, il se rendit à Vienne, afin de négocier la restitution à Guillaume de ses états héréditaires de Nassau ; mais ces négociations ne réussirent pas ; le prince reçut le duché de Luxembourg en dédommagement.

Les adresses offertes à Guillaume pendant son premier séjour à Bruxelles nous feraient croire, si nous ne connaissions la valeur de ces hommages officiels, que le pays se jetait avec enthousiasme dans les bras d'un libérateur. Les villes de Mons, de Lierre, de Gand, de Namur et de Nivelles, les magistrats de Namur et d'Ypres célébraient les immortels ancêtres du prince-souverain, et par dessus tous le premier prince d'Orange, « le fondateur de la glorieuse république des Etats-Unis. » Anvers et Alost protestèrent hautement en faveur de la religion catholique et des antiques droits constitutionnels. Des brochures politiques parurent encore : il convient d'en signaler quelques-unes.

En septembre, Van Beughem, secrétaire de feu le cardinal Franckenberg, leva de nouveau sa lourde massue contre l'insaisissable et spirituel auteur du *Réveil d'Epiménide* : il signalait cet « avant-coureur des ennemis de Jésus-Christ et de son Eglise » et réprouvait les impiétés dont il assaisonnait ses plaisanteries. Il eût fallu d'autres armes pour combattre l'écrivain orangiste. *L'Antidote contre le Somnambulisme* fut impuissant, inoffensif.

De Eckstein, chargé jadis de différentes missions par le comte de Lottum et Delius, composa un mémoire qu'il dédia plus tard à Sa Majesté le roi des Pays-Bas ; il préconisait l'ancien régime, les trois ordres des États-généraux et l'accord entre l'Église et l'État. « Si nous ne voulons pas regarder la religion comme base de l'Etat, disait-il, nous brouillons toutes les idées reçues depuis l'ère chrétienne ; rien ne peut s'élever du néant des idées cosmopolites » ainsi nommait-on les principes libéraux d'indifférence religieuse. Préoccupé de cette pensée, il saluait cependant l'union : La politique, dit-il, impose parfois des unions ; elles sont heureuses quand il s'agit de deux peuples longtemps séparés, mais qui, sortant d'une même souche, se rapprochent par les mœurs et en se réunissant deviennent complets. La Hollande fut malheusement séparée de la Belgique par les dissensions religieuses. La différence de religion est un grand malheur ; elle peut entraîner ou le fanatisme des sectes, ou l'indifférence envers toute religion. Mais elle existe et il faut empêcher les deux conséquences, faire en sorte, par une juste tolérance, que d'une part on ne propage pas la secte, et que de l'autre on n'efface pas le caractère sacré de la religion. C'est pourquoi le catholicisme en Belgique, et le protestantisme en Hollande, doivent être tenus debout inébranlablement l'un à côté de l'autre » (1). Il concluait : « C'est sous un prince d'Orange-Nassau, qui est belge d'origine et de la maison la plus populaire, que la Belgique doit refleurir... Lui seul saura recréer la patrie et lui donner une force morale telle qu'elle soit doublement garantie contre toute agression. »

Il est incontestable que la question religieuse préoccupait les esprits. Etait-il possible de résoudre la difficulté dans le sens indiqué par la brochure que nous venons de citer ? « On ne peut le dissimuler, écrivait-on en octobre (2), une assez longue expérience a prouvé combien les belges sont attachés à leur religion et en même temps très chatouilleux sur cet article. L'on peut dire hardiment que de tous les peuples de l'Europe, parmi lesquels une secte impie s'est efforcée depuis plus d'un demi siècle de propager le poison philosophique, il n'en est pas qui l'ait repoussé avec plus de constance et d'horreur. Ni Joseph II, ni plus tard Bonaparte ne parvinrent à subjuguer leurs esprits. La terreur de son nom et la multitude aguerrie de ses troupes maintinrent les belges dans la plus dure oppression ; mais il ne parvint jamais à leur faire recevoir les institutions impériales, celle de l'université, le catéchisme et même les quatre articles du clergé de France. Il est donc évident que les habitants de ces provinces, soumis à un prince réformé sans aucune garantie solennelle et en termes précis de l'exercice de leur religion et des droits qui en résultent, se regarderont toujours comme livrés pieds et poings liés à un souverain protestant et seront continuellement en alarmes sur cet objet... On ne peut nier que S. A. R. le prince d'Orange ne réunisse en sa personne toutes les qualités propres à lui concilier les cœurs de ses nouveaux sujets. Son extrême affabilité a charmé déjà tous les

___

(1) Appl. bibl. n° 8, p. 18, 50.
(2) *Mémoire adressé le 8 Octobre 1814 aux Hautes Puissances, assemblées dans le Congrès de Vienne* : app. bib. n° 11, p. 10.

belges, et tout annonce en ce prince une grande bonté de
cœur : heureux présages d'une administration toute paternelle.
Mais les qualités les plus distinguées et les plus aimables dans
un souverain ne sauraient être, pour le peuple qu'il doit gouverner, une garantie suffisante de la conservation de ses droits en
matière de religion... D'ailleurs les principaux dépositaires de
son autorité... ne peuvent-ils pas exercer sur l'esprit du prince
une influence très pernicieuse aux vrais intérêts de la religion
du pays ?... Des abus de ce genre sont d'autant plus à craindre
aujourd'hui que, grâce à la propagation des principes philosophiques, la plupart des hommes d'État n'attachent plus au
maintien de la religion la même importance qu'autrefois...
Le véritable intérêt de S. A. R. le prince d'Orange est donc
qu'un pacte inaugural assure aux peuples de la Belgique la
conservation de leur religion dans la même étendue que les
anciens pactes inauguraux, capitulations, chartes et constitutions la leur ont garantie depuis tant de siècles ».

Il viendra un temps où l'opinion prônera l'union des deux
pays sous le roi Guillaume, mais en même temps une séparation
administrative ; à celle-ci on pouvait voir de grands inconvénients ; il y en aurait eu moins à une séparation religieuse.
C'eût été combler les vœux du pays et du clergé, c'eût été faire
preuve de sagesse, de garantir chez nous l'unité catholique.
Assurément, il était avantageux aux catholiques hollandais,
qui formaient un tiers de la population de la Hollande, de voir
remplacer la religion d'État, le culte exclusif des calvinistes,
par la liberté des cultes. Comme le dira un an plus tard le
ministre de Guillaume près du Saint-Siège, « les principaux
avantages du nouveau régime en Hollande étaient pour le
culte catholique ; l'on retirait de l'oppression ou au moins de la
gêne six cent mille individus et l'on permettait au catholique
d'Amsterdam d'exercer aussi librement et aussi publiquement
sa religion que les catholiques de Bruxelles ou de Gand » (1).
Mais tout autre était la situation religieuse en Belgique.

____

(1) Articles cités de M. Pr. Poullet, p. 51.

L'Eglise catholique est la seule vraie Eglise, et là où elle est
reconnue par l'immense majorité, il est utile que la religion
catholique soit considérée comme l'unique religion de l'Etat, à
l'exclusion de tous les autres cultes ; en effet l'histoire le prou-
vera, la liberté civile de tous les cultes et le plein pouvoir laissé à
tous de manifester publiquement leurs opinions jettent aisément
les peuples dans la corruption des mœurs et de l'esprit et propagent la peste de l'indifférence. Ce sont ces dangers que redoutaient les catholiques belges ; on les eût évités en maintenant
d'une part pour la Hollande ce qui avait été accordé par la
constitution de 1814, et en conservant d'autre part en Belgique
ce que les anciennes constitutions avaient toujours inviolablement maintenu, le droit exclusif du culte public catholique, sauf
la tolérance du culte privé pour les rares dissidents. Il faut
l'avouer, ce régime était à peine compatible avec l'idée d'un
amalgame : il était difficile à réaliser dans un royaume formé
d'un tiers de calvinistes et de deux tiers de catholiques. C'est
peut-être ce qui prouve que la politique britannique faisait
fausse route en nous imposant l'*amalgame* au lieu de créer une
simple union ou fédération entre les provinces du nord et celles
du midi.

L'opinion de la majorité du peuple flamand trouva un organe
dans le vaillant *Spectateur belge*.

Un écrivain de mérite, l'abbé de Foere, profitant d'un arrêté
du prince d'Orange sur la liberté de la presse (23 sept. 1814)
commençait en janvier 1815 à publier cette revue périodique ;
il y énonçait ses vues sur l'organisation (1) qu'il convenait de
substituer à « l'oppression administrative, » provisoirement
maintenue depuis un an. Il souhaitait la réforme du Code
Napoléon : « Le code de procédure, écrivait de Foere, est
encombré de droits de greffe, d'enregistrement, de timbre ; le
code pénal est un code de terreur. La seule contribution
directe sous l'ancien régime était la foncière ; la prétendue

---

(1) pp. 232-250, 273-301.

liberté française nous a donné l'impôt de l'enregistrement, la
contribution mobiliaire, la contribution personnelle, celle sur
les patentes, sur les portes et fenêtres, sans compter les sub-
ventions de guerre. On ne connaissait pas jadis cette armée de
percepteurs, contrôleurs, inspecteurs. Un receveur par commune faisait la recette à un pour cent, et quatre directeurs pour
toute la Flandre faisaient tout l'ouvrage. » Le *Spectateur belge*
demandait le rétablissement des anciennes corporations, des
anciens comtés et duchés, les anciennes constitutions; il insistait
surtout sur l'unité religieuse. « Avant l'invasion des français,
disait-il, la religion catholique était la religion dominante;
cependant le gouvernement n'inquiétait personne pour différence de sentiments religieux, pourvu qu'il ne cherchât point à les
propager. » Rendant compte des *Réflexions* (1), que faisait
paraître dans le même sens Louis-François des comtes de
Robiano (2), l'abbé de Foere manifestait hardiment la crainte
qu'on ne touchât à cette arche sainte des institutions nationales.
Comparant avec celles-ci la constitution hollandaise de 1814,
qui reconnaissait à l'État le droit d'enseignement dans les
hautes, moyennes et basses écoles et le droit d'inspecter et de
régler les institutions de la religion catholique, il prédisait
qu'une pareille charte ne serait pas reçue par la nation belge.
Sur ce point il n'admettait aucune concession; quant au reste,
ajoutait-il, « la nation admettrait toutes les modifications acci-
dentelles que la situation de la Belgique peut commander. » (3).

D'autres écrivains, qui faisaient bon marché des anciennes
constitutions, admettaient cependant avec de Foere et de Robiano que la religion catholique était la seule dont le culte
public dût être autorisé dans nos provinces (4).

---

(1) *Réflexions sur la Constitution des Pays-Bas catholiques*, 1814. *Spectateur* t. II, p. 133.

(2) Le comte L. F. de Robiano-Borsbeek, né à Bruxelles le 10 mars 1781,
épousa en 1826 la comtesse de Stolberg-Stolberg; son fils Frédéric entra dans
la Compagnie de Jésus, Alfred dans l'Ordre de S. Dominique; sa fille Clotilde
épousa le comte Stolberg-Wernigerode.

(3) *Spectateur* t. II, p. 155.

(4) *Projet de constitution pour les provinces de la Belgique ci-devant
autrichienne*, par Veranneman-Watervliet, jurisconsulte à Bruges, 1815.
Voir le *Spectateur belge* II, p. 123.

VI. — Les cent-jours. Waterloo.

Lord Clancarty mandait de Bruxelles à Castlereagh (8 août 1814) : « Il y aura des difficultés avec le clergé et avec la noblesse. La noblesse jouissait de grands privilèges dans le système de la Joyeuse-entrée ; selon les vues des nobles, le prince d'Orange ne recevrait pas plus d'autorité que n'en avait l'empereur : c'était trop peu. Quant au clergé, il ne regrette pas la France, il est opposé à une réunion avec le peuple français... Le prince se dispose à relever les traitements. » Cette dernière mesure, annoncée par l'ambassadeur anglais, n'était pas de nature à déplaire au clergé ; de plus, elle était juste. Guillaume ne l'exécuta qu'en mars et juin de l'année suivante : il augmenta une première fois de trente pour cent le traitement de tous les ecclésiastiques en fonction ; la seconde fois, le 2 juin, il augmenta celui des desservants de cent francs.

D'autres mesures d'un intérêt majeur datent du mois d'octobre. Par un arrêté du 1er octobre, il défendait toute œuvre servile, toute vente publique, tout étalage de marchandises et tout divertissement public pendant les heures des offices, les dimanches et jours de fête : il voulait que, depuis la séparation d'avec la France, les anciens règlements fussent observés. Pour le mariage civil, il exigea qu'avant de le contracter, les catholiques se pourvussent d'une déclaration du curé attestant qu'il n'existait aucun empêchement canonique à l'union des futurs époux. Il finit plus tard par déclarer le mariage religieux indépendant du mariage civil (7 mars 1815). « Le prince, écrivait le vicaire-général capitulaire de Liège, nous garantit la jouissance et la conservation de la religion de nos pères. Bénissons le Seigneur de lui avoir inspiré des sentiments aussi nobles, aussi religieux, qui sont le garant de notre futur bonheur. » (1)

____

(1) 18 mars 1815. Daris, *Histoire... de Liège*, t. IV, p. 255.

Nous croyons, malgré ce qu'en disait l'ambassadeur anglais, qu'une partie du clergé tourna cependant les yeux vers la France, où la restauration venait de déclarer la religion catholique religion d'Etat : c'était une reconnaissance formelle de la vraie Eglise, et c'est ce qui pouvait faire préférer la situation religieuse de la France à celle que Guillaume ferait à l'Eglise catholique dans son nouveau royaume ; il est vrai que, par une contradiction grossière, l'article 22 de la Constitution française promettait la liberté et la protection aux autres cultes : « Il ne faut pas vous démontrer, écrivait le pape Léon XII à Louis XVIII, quelle blessure mortelle cet article porte à la religion catholique en France ; car dès que l'on affirme la liberté de tous les cultes sans distinction, l'on confond la vérité avec l'erreur, et l'on met sur la même ligne que les sectes hérétiques et la perfidie juive la sainte et immaculée Epouse du Christ, l'Eglise en dehors de laquelle il n'y a point de salut » (1).

A une petite partie du clergé, influencée peut-être par le mandement retentissant de Maurice de Broglie, se joignirent, par des vues différentes, un grand nombre de militaires et d'employés civils, qui rentraient de France et qui faisaient du prosélytisme en faveur de la « grande nation » (2).

En novembre parut une brochure, qui fit grande sensation et dont le gouvernement fit enlever à temps tous les exemplaires imprimés : c'était la *Lettre d'un Belge à S. M. Louis XVIII roi de France.* (3) « N'abandonnez point sans retour, écrivait ce prétendu belge, des peuples qui vingt ans appelèrent la France du doux nom de mère-patrie (4) ». Le chargé d'affaires d'Autriche, Provost, croyait à « l'existence d'un grand parti que la France encourageait ; il se prononçait parfois, dit-il, d'une

---

(1) 29 avril 1814, *Post iam diuturnas.*

(2) Dépêche du chargé d'affaires d'Autriche 1 déc. 1814. Pr. Poullet, p. 22.

(3) Paris. Signée J. V. Mille, attribuée par Quérard à Ferraris, ex-inspecteur des contributions directes. Le 6 novembre le comte de St-Genest la signalait comme ayant été publiée en Belgique. Pr. Poullet, op. cit. p. 22.

(4) *Revue des questions historiques* 1896. Octobre p. 591.

manière assez ouverte » (1). Il y avait dans ce rapport une part
d'exagération, et sur les vues de la monarchie française une
profonde erreur. Le roi Louis XVIII avait renoncé sincèrement à toutes les conquêtes de la Révolution et de l'Empire ;
il entendait gouverner l'héritage de ses pères.

Cependant le parti français devint plus inquiétant pour Guillaume, au printemps de 1815.

Le 14 février, le Congrès de Vienne avait terminé ses négociations relatives aux Pays-Bas. En dehors des provinces qu'il
administrait déjà, Guillaume reçut une nouvelle extension de
puissance, à savoir les territoires belges et liégeois situés sur
la rive droite de la Meuse. Nos destinées semblaient ainsi définitivement fixées, lorsque l'aventureuse entreprise de Napoléon I remit l'équilibre européen en question. Le 10 mars, la
nouvelle parvint à La Haye, que le souverain de l'île d'Elbe
avait débarqué en France ; en réalité il se trouvait alors déjà
sur le chemin de Paris, à la tête d'une armée qui oubliait tous
ses serments de fidélité à la restauration. Louis XVIII prenait
le chemin de l'exil et Napoléon s'installait le 20 mars aux
Tuileries. « Il est incroyable, écrivait-on de La Haye (2),
combien ici-même tous ces soldats et même encore plusieurs
officiers, qui avaient servi en dernier lieu dans les armées
françaises, regrettent l'ancien état des choses. L'on n'est pas
sans inquiétude sur l'esprit des militaires, qui composent les
régiments à peine formés de la Belgique, où le nombre de ces
soldats est infiniment plus considérable qu'à La Haye, et où il
est si aisé d'exercer une mauvaise influence sur les opinions ;
ceux qui commençaient à se rallier et à se prononcer favorablement, semblent depuis plusieurs jours vaciller de nouveau. L'on
espère que la présence de la Cour fera bon effet à Bruxelles ;
toutes les autorités la désirent instamment et dans ce moment
plus que jamais ; aussi partira-t-elle décidément après-demain,
dans l'intention de chercher à inspirer par tous les moyens

____

(1) Pr. Poullet op. cit. p. 22.
(2) Provost, chargé d'affaires de l'Autriche, 25 mars. Poullet op. cit. p. 25.

imaginables la confiance, l'union et la concorde. Mais on ne se
dissimule pas combien la tâche est difficile. »

Le principal moyen, imaginé par Guillaume, fut la proclamation de la royauté. La diplomatie européenne, préoccupée
des graves dangers du moment, ne pouvait s'alarmer de cet
acte, aussi politique que hardi. Le 14 mars, Guillaume s'adressait aux belges :

« Les vœux unanimes des puissances assemblées au Congrès
de Vienne s'étaient à peine prononcés pour la réunion de tous
les Pays-Bas sous une autorité commune, que les habitants
des provinces belgiques nous témoignèrent à l'envi de leur
joie sur cette importante mesure, et le désir de nous voir
étendre sur eux le pouvoir suprême que l'amour des Hollandais nous avait précédemment confié. Profondément touchés
de ces témoignages, nous avions cependant résolu de différer
tout changement dans les relations existantes, jusqu'à l'époque
où les délibérations du Congrès eussent été complétement
terminées et où ses décisions auraient pu être exécutées dans
leur ensemble. Mais les événements inattendus, qui ont lieu
dans un état voisin, nous engagent à nous départir de cette
résolution ; ils nous prescrivent de répondre au zèle de nos
sujets par un empressement analogue, et de ne laisser aucun
d'eux dans l'incertitude sur nos devoirs et sur nos intentions.
C'est lorsque de nouvelles difficultés semblent se présenter dans
le lointain, c'est au moment où renaît pour tant de peuples le
triste souvenir d'une domination étrangère, qu'il devient plus
urgent de constituer l'État, dont la politique de l'Europe entière
a considéré l'existence comme nécessaire à la tranquillité et à
la sûreté générales.... Et comme nous voulons que le nom
même du nouvel État offre un premier gage de l'union intime
et fraternelle qui doit régner entre tous nos sujets, nous avons
jugé à propos de déclarer, comme nous déclarons par les
présentes, que tous les pays y appartenant forment dès à
présent le royaume des Pays-Bas.... » L'héritier présomptif
du royaume recevait le titre de Prince d'Orange. Enfin le roi
annonçait que la Loi fondamentale, déjà obligatoire pour les

hollandais, subirait bientôt les modifications qui devaient la mettre en harmonie avec les intérêts et les vœux de tous. Les belges, ajoutait-il, y trouveront cette garantie de la religion, à laquelle tous les sujets attachent le plus haut prix.

Dans le discours qu'il prononça le même jour aux États-généraux de La Haye, le roi ne dissimulait guère la joie que lui causait l'agrandissement de territoire, accordé à l'État placé sous sa souveraineté. « Ce n'est pas une petite contrée, disait-il, ce ne sont pas quelques districts, qui sont ajoutés à notre patrie. Tout un peuple, un peuple déjà uni à nous par ses mœurs, son langage, son industrie et par ses souvenirs, vient au-devant de nous et témoigne son désir d'établir ces relations par le lien d'un gouvernement commun ». Après s'être félicité des *dispositions non équivoques* des belges, il ajoutait « Mon titre seul change ; mon cœur reste aussi paternel, aussi zélé que jamais pour le bien-être de mes sujets ».

Le 27 mars, il quitta La Haye et fit le lendemain son entrée à Anvers ; il voulut offrir ses hommages au Tout-puissant dans la cathédrale. Son entrée à Malines, à Vilvorde et surtout à Bruxelles provoquèrent les plus vives démonstrations de joie. Le 5 avril, le maire et le conseil de la capitale donnèrent en son honneur une fête magnifique dans les salons de l'hôtel de ville. Le duc de Wellington y assista : il venait prendre le commandement de la guerre déclarée par les Puissances-alliées à l'usurpateur corse.

Ces manifestations donnaient la mesure des bonnes dispositions du peuple envers son nouveau souverain, encore qu'elles fussent portées jusqu'à l'exaltation par la crainte d'une seconde domination française. Le 1er avril, le roi avait appelé 25 mille belges sous les armes. Indépendamment des corps formant la troupe de ligne, disait l'arrêté royal, il fallait, en face du danger dont était menacée notre indépendance, créer une armée nationale par voie d'engagements volontaires (1) ; à défaut d'in-

(1) La Dyle fournissait 4160 conscrits, Jemmapes, 4194, la Lys 4790, l'Escaut 5814, les deux-Nèthes 2842, la Meuse inférieure 1497, l'Ourthe 952, Sambre et Meuse 721 ; (5 Juin) la Meuse et Ourthe 3679, les Forêts 2321.

scriptions suffisantes au 20 avril, le tirage au sort compléterait le nombre. Le 13 avril, il décréta l'organisation des gardes bourgeoises (1).

Les dispositions de l'arrêté concernant la levée des milices nationales furent à peine connues que de toutes parts des volontaires offrirent leurs services pour le maintien de l'indépendance de la patrie (2). On forma de plus dans chaque département une ou plusieurs compagnies de volontaires d'élite, s'équipant à leurs frais. « Les armements, écrivait le baron de Binder à Metternich (3), ont le meilleur succès dans ce pays-ci. Les 25,000 hommes de milice que le gouvernement avait demandés ont été réunis dans l'espace d'un mois » (4).

Les autorités ecclésiastiques, se rendant au désir du roi, publièrent des lettres pastorales pour encourager l'enrôlement. « Toutes les puissances de l'Europe, écrivait de Broglie (5), dirigent leurs braves guerriers sur le même point, comme si elles n'étaient qu'un seul homme, n'ayant toutes qu'un même esprit et qu'une même résolution. » C'est en effet dans nos provinces, déjà si éprouvées par les guerres des deux années pré-

---

(1) Il exemptait les ministres du culte, les professeurs, et les séminaristes, qui se destinent à entrer dans les ordres.

(2) Arrêté du 16 avril. *Journal officiel*, t. 5. p. 119.

(3) 14 mai. Poullet op. cit. p. 28.

(4) En temps de paix, outre l'armée permanente de terre et de mer, formée de volontaires nationaux ou étrangers, une milice nationale se recrutait par enrôlements volontaires, et à défaut de ceux-ci, se complétait par la voie du sort. Depuis 18 ans accomplis au 1 janvier, on tirait au sort pendant cinq années consécutives. — Cette milice s'exerçait pendant un mois environ tous les ans ; le roi pouvait tenir réunis un quart des miliciens. Un cinquième était licencié tous les ans. A l'âge de 22 ans, un mauvais numéro astreignait encore à 5 années de service (art. 204-208 de la loi fondamentale). Dans les communes de plus de 2500 habitants, il y avait en outre le service de la garde communale (*schutterye*) (art. 213). — L'auteur des *Courtes dissertations sur quelques intérêts* ... (*Spectateur*, 1816, t. 5 p. 273) voyait dans le maintien de ces loteries, oppressives de l'indépendance individuelle, un juste sujet d'horreur pour les familles. Le roi en septembre 1815 avait donné des ordres stricts pour que les militaires s'acquittassent le dimanche de leurs devoirs religieux (*Spectateur* t. III, p. 135).

(5) Mandement du 15 mai 1815.

cédentes, que devait s'engager la lutte gigantesque de l'Europe contre l'ambition guerrière de Napoléon. Le conseil municipal de Bruxelles organisa des souscriptions (19 avril) en vue d'offrir des primes aux volontaires.

Depuis le mois de septembre, un grand nombre d'officiers des armées de Napoléon avaient repris service dans nos troupes (1). On pouvait craindre que l'enthousiasme excité dans l'armée française par le retour du grand guerrier ne se propageât chez nous. Au moins, le chargé d'affaires d'Autriche écrivait-il : « Comme on ne se fie pas trop aux bataillons belges, qui, ayant servi longtemps sous les drapeaux de Bonaparte, ne seraient peut-être pas éloignés, tant officiers que soldats, de partager la frénésie de l'armée française, il paraît que l'on va avoir soin d'entremêler ces bataillons avec les corps et régiments anglais et hanovriens. Il est certain qu'il règne parmi ces troupes un esprit assez équivoque. » — « On reproche au gouvernement, écrivait-il un mois plus tard, de pousser trop loin le désir d'amalgamer toutes les opinions, en conférant principalement les places d'administration et surtout les places militaires à des gens qui ont servi sous Bonaparte » (2).

C'est l'inquiétude sur les dispositions des anciens employés du gouvernement français qui inspira au roi son arrêté du 20 avril sur la presse. « Attendu que dans les circonstances actuelles il est urgent de surveiller tout ce qui pourrait troubler nos fidèles sujets dans les nobles efforts qu'ils mettent en œuvre pour le bien-être de la patrie, et comme il nous est démontré que les lois existantes et les institutions judiciaires ne sont pas telles qu'il le faudrait pour punir promptement les malveillans qui voudraient faire naître la défiance, le trouble et le désordre, avons arrêté et arrêtons ce qui suit... Tous ceux qui débiteront des bruits, annonces ou nouvelles qui tendraient à alarmer ou à troubler le public, tous ceux qui se signaleront comme

---

_{(1) *Journal officiel*, t. 3, pp. 167-225. Evers, Duchastel, Mercx, Deknyff, Deman, Plettinckx, Delobel etc.}
_{(2) 10 avril et 9 mai. Pr. Poullet, op. cit. p. 26.}

partisans ou instruments d'une puissance étrangère... seront
punis de l'exposition, de la marque, de l'emprisonnement ou
d'une amende de 100 à 10000 fr. » En cas de troubles, le
cas échéant, la peine capitale pourrait être décernée ; une cour
spéciale extraordinaire jugerait les coupables.

Cet arrêté draconien ne reçut pas d'exécution dans les
circonstances mêmes qui l'avaient dicté ; mais on en fera plus
tard, en pleine paix, l'abus le plus inique.

Wellington était arrivé à Bruxelles le 5 avril, pour organiser
la lutte de l'Europe contre Napoléon. Tandis que Schwarzen-
berg, à la tête des autrichiens et des allemands, et Barclay à la
tête de 150 mille russes se préparaient à envahir la France du
côté de l'Est, Blücher avec ses 125 mille prussiens et Wellington avec 95000 anglais et hollando-belges devaient entrer en
France par le Nord.

Le jeune prince d'Orange, qui commandait le premier corps
de la quatrième armée, avait son quartier général à Braine-
le-comte. C'est au centre même des opérations qu'il allait se
trouver engagé ; car contrairement aux prévisions de Wellington, qui se proposait d'attendre le 1er juillet pour se porter en
avant avec l'appui des russes et des prussiens, Bonaparte dès
la mi-juin se porta sur Bruxelles et vint offrir la bataille avec
une armée de 220,000 hommes : il lui importait de prévenir la
jonction des troupes de Blücher avec celles de Wellington.

Dans la nuit du 15 au 16 juin, le général anglais se trouvait
à Bruxelles, au bal de la duchesse de Richmond, avec le prince
d'Orange ; dans la journée il avait été successivement informé
que les français avaient passé la Sambre et qu'ils étaient aux
prises avec les prussiens au-dessous de Charleroi. Pendant
le bal, vers onze heures, il apprit toute la gravité des évène-
ments de la journée : les français, après avoir fait reculer
l'armée de Blücher, occupaient Villers-Pervin et Fleurus.
« Dans la nuit, dit un chroniqueur de Bruxelles (1), on sonna

---

(1) *Chronique* du P. Smet, éditée par Galesloot.

l'alarme, et toutes les troupes anglaises et écossaises reçurent ordre de marche »

« Le vendredi 16, dans la matinée, la population de la capitale apprit les événements, et hors des portes on entendit une vive canonnade ». C'était une bataille plus sérieuse engagée à Ligny, où onze mille français, six mille prussiens succombaient, tandis qu'aux Quatre-bras une partie de l'armée anglo-néerlandaise contenait le maréchal Ney : le 7e de ligne et les dragons belges s'y distinguaient sous le prince d'Orange. La perte de quatre à cinq mille braves de part et d'autre, et la perspective d'une action plus décisive : tel était sur ce point le résultat de la seconde journée.

Blücher, que les français croyaient avoir refoulé vers la Meuse, concentrait ses troupes à Wavre, et Wellington, comptant sur lui, préparait la grande bataille de Waterloo.

« Le samedi 10, reprend notre chroniqueur, tout était calme à Bruxelles, mais dans l'après-midi, des groupes se formèrent çà et là, à la vue des nombreux chariots de bagages et de blessés ; il n'était bruit que de la défaite des alliés ; pendant toute la soirée et la nuit, le roulement des voitures ne discontinua pas, ainsi que le dimanche 18. Ce jour là, à 4 heures de l'après-midi, on n'entendait parler que de l'entrée imminente des français ; on apprit bientôt que ce n'était qu'une fausse alarme, et vers le soir on annonça que les français avaient eu le dessous, que leur armée était en déroute et que l'arrivée des troupes prussiennes, opérant vers 5 heures leur jonction avec l'armée de Wellington, avait sauvé la situation. Le lundi 19, de grand matin, le prince d'Orange arriva blessé à Bruxelles et fit publier un bulletin de victoire ; toutes les cloches furent mises en branle et sonnèrent par intervalles jusqu'au soir »

L'indépendance de la Belgique était désormais assurée par la victoire de Waterloo (1). « Je crois, écrivait le baron Binder, (2),

---

(1) *Spectateur belge* II, 173, 224, 332, le grand événement fut d'abord célébré sous le nom de victoire de Wavre et de Belle-alliance.

(2) 28 juin. Pr. Poullet, p. 29.

que l'alliance des belges et des hollandais a été cimentée sur le champ de bataille, ou leurs troupes ont combattu vaillamment à côté les unes des autres, et qu'elle a été scellée surtout par l'héroïque conduite de celui qui doit les gouverner un jour ». « Il serait difficile, disait le journal l'*Oracle* du 3 juillet, de peindre l'enthousiasme et les acclamations qui ont éclaté hier au théâtre à la vue du prince royal ; le jeune héros, dont se glorifie notre patrie, a reçu les marques les plus vives de l'amour public. A sa sortie, les chevaux de sa voiture furent dételés, et les bourgeois, avec des cordes filées d'or, la traînèrent jusqu'à l'hôtel occupé par le prince ».

Heureuse la Belgique, heureux le royaume des Pays-Bas, si le roi avait su, par une sage politique, mériter le même amour !

VII. Élaboration de la Loi fondamentale.

Pendant que le retour de Napoléon de l'île d'Elbe mettait en danger notre indépendance politique, le roi Guillaume convoquait par décret du 25 avril la commission chargée de modifier la constitution hollandaise. Elle se composait de onze belges et onze hollandais ; après la réunion du Luxembourg et du Limbourg au nouveau royaume, l'adjonction de deux autres députés porta la commission au nombre de 24 membres. Parmi les hollandais, l'on comptait sept stathoudériens, partisans ardents des intérêts du roi, deux adhérents du parti patriotique de 1795, trois indépendants ; parmi les belges, de Thiennes, de Mérode, Raepsaet et Dubois tenaient à l'ancien régime, à la conservation des trois ordres dans la représentation nationale et aux droits de l'Eglise catholique ; Dotrenge, Gendebien, Leclercq, Holvoet, De Coninck et le comte d'Aerschot étaient très opposés au clergé et partisans des idées libérales françaises ; de Méan, d'Anethan étaient indépendants. Le président était Van Hoogendorp, l'auteur de la constitution hollandaise de 1814.

La représentation des différentes provinces au sein de cette commission était fort inégale ; on n'y voyait aucun des anciens membres des Etats du Brabant ; cette province fort peuplée n'était représentée que par Dotrenge, antagoniste formel du clergé et de la noblesse ; Liége avait trois représentants ; Namur n'en avait aucun. La Hollande, qui ne comptait pas 1 1/2 millions d'habitants, avait autant de membres que la Belgique avec une population de plus de 3 millions (1).

Le 1er mai, la commission ouvrit ses séances. Dans les dis-

---

(1) *Spectateur belge*, 1816, t. II, p. 265, Vander Meulen t. I, p. 173. En 1813, 1,400,000 contre 3,600,000.

cussions préliminaires, on s'aperçut bientôt que les hollandais voulaient non pas tant élaborer une constitution conforme aux vœux des deux parties du royaume qu'imposer, moyennant quelques légères modifications, celle qui avait été faite en 1814 pour la Hollande : ils invoquaient, à l'appui de cette prétention, les huit articles de Londres. Afin d'obtenir l'*amalgame le plus parfait* des deux parties du royaume, ils réclamaient pour le nord le même nombre de députés que pour le midi ; si l'on objectait la différence considérable de population, ils faisaient valoir l'importance coloniale du nord ; l'on répondait cependant que, toutes charges et tous frais déduits, la Hollande ne tirait que 10 millions de ses colonies, que d'ailleurs la chambre devait représenter les citoyens, et que ces colonies ne comptaient pas plus de 6000 hommes libres. Sur ce point, une majorité de deux voix (de Méan, de Mérode) fit prévaloir les volontés du roi. La question de la capitale ne fut pas tranchée : l'inauguration du roi se ferait alternativement à Amsterdam et dans une ville belge.

Quant à la représentation des trois ordres, on jugea qu'il était impossible de réorganiser les anciens États, un grand nombre de familles nobles étant éteintes en Hollande, les abbayes n'existant plus de fait et les corps de métiers étant supprimés. Plusieurs projets d'organisation des deux chambres furent offerts, en vue de conserver les avantages de l'ancien régime ; on proposa de composer la chambre haute des députés de l'ordre équestre et d'y faire entrer les évêques (1). Le projet qui prévalut supprimait le clergé comme ordre distinct. Les 40 ou 60 membres de la chambre haute seraient à la nomination du roi : les 110 membres de la première chambre seraient élus par les États provinciaux, élus eux-mêmes par tous les habitants du royaume qui ont quelque intérêt à sa prospérité.

L'examen de la question la plus épineuse fut successivement différé, jusqu'au moment où les événements militaires de la

---

(1) Raepsaet, *Œuvres complètes*, VI, p. 305.

mi-juin firent précipiter les travaux de la commission. Encore que tous les députés belges ne prissent pas les affaires de la religion à cœur, ils convinrent cependant qu'aux articles de la constitution hollandaise concernant la religion du roi et la protection égale des cultes, il fallait ce correctif : « Quant à la religion catholique, apostolique et romaine, ses droits, ses prérogatives, sa hiérarchie et en général ses intérêts, le roi fera, le plus tôt possible, un concordat avec le Saint-Père ». En attendant ce concordat, le comte de Thiennes proposa comme amendement : « Que la religion catholique, apostolique et romaine continuerait de jouir dans les provinces méridionales de tous ses droits, usages et coutumes, ainsi que de sa hiérarchie, dont elle avait joui sous des princes souverains catholiques, conformément aux lois et concordats ». Huit belges, parmi eux Gendebien, Declercq et Holvoet, approuvèrent cet amendement (1) ; deux hollandais et le roi lui-même en parurent satisfaits.

Un mois plus tard, le 13 juillet, le projet de Loi fondamentale consacrait six articles en opposition formelle avec ces principes. Art. 190. La liberté des opinions religieuses est garantie à tous. Art. 191. Protection égale est accordée à toutes les communions religieuses qui existent dans le royaume. Art. 192. Tous les sujets du roi, sans distinction de croyance religieuse, jouissent des mêmes droits civils et politiques, sont habiles à toutes dignités et emplois quelconques. Art. 193. L'exercice public d'aucun culte ne peut être empêché, si ce n'est dans le cas où il paraît troubler l'ordre et la tranquillité publique. Art. 196. Le roi veille à ce qu'aucun culte ne soit troublé dans la liberté d'exercice que la loi fondamentale lui assure. Il veille de même à ce que tous les cultes se contiennent dans l'obéissance qu'ils doivent aux lois de l'Etat.

Le 18 juillet, une proclamation royale annonça au pays que le travail de la commission était achevé. Guillaume ne faisait

----

(1) Raepsaet, VI, p. 169.

pas encore connaître le projet de la Loi fondamentale ; mais il publiait les huit articles, comme base et justification de tout l'ensemble du projet. Il n'avait garde de dévoiler l'origine véritable de ces funestes stipulations, sur lesquelles d'ailleurs le pays n'était pas appelé à se prononcer ; mais passant sous silence les négociations de son ministre Falck : « C'est d'après ces principes, ajoutait-il, que le Congrès de Vienne a consacré la cession formelle des provinces belgiques pour former conjointement avec les provinces des Pays-Bas un seul royaume ».

Nous en convenons, une fois les articles de Londres admis, il était difficile, impossible peut-être, de ne pas aboutir à un amalgame de vérité et d'erreurs, à une constitution qui sacrifiait les droits religieux des deux tiers des sujets du nouveau royaume. Là était la racine du mal.

A peine, écrivait Raepsaet (1), le public connut-il ces huit articles, que le mécontentement commença à se manifester. C'est à cette époque... que le roi perdit l'amour et la confiance des belges et que surgirent les germes de la haine et de l'animosité des belges contre les hollandais ; c'est à cette époque, ajoutait l'écrivain, que par leur fausse et mesquine politique les conseillers-confidents du roi, tous hollandais, ont mis le sceau à la perte du royaume, comme nos enfants le verront ».

Le gouvernement ne publiait pas le projet : il avait jugé prudent de ne le communiquer qu'aux notables, chargés de l'accepter ou de le refuser au nom du pays : encore ne le communiqua-t-il que deux ou trois jours avant le vote (2). On publia d'abord (3) la liste de ces notables: il y en avait un pour 2000 habitants, en tout 1603 : la liste avait été composée par Van der Cappellen (4) sur les indications fournies par les intendants et sous-intendants des provinces et surtout par des confidents du roi :

____

(1) Juillet 1816, tome VI, p. 180.
(2) Raepsaet VI, p. 182.
(3) 24 juillet.
(4) Sirtema op. cit. p. 481.

pendant huit jours tout citoyen, père de famille, avait la faculté de récuser les notables proposés. L'opinion se prononça partout contre cette liste, formée, dit un contemporain, en majeure partie d'acquéreurs de biens nationaux ou de partisans du régime français (1). Le prince d'Aremberg, qui figurait en tête des notables du département de la Lys, se récusa lui-même (2) ; le comté Eugène de Robiano publia une lettre adressée au roi : « Il ne pouvait, écrivait-il, approuver ou autoriser par sa présence l'assemblée que des conseillers imprudents avaient persuadé à Sa Majesté de désigner pour le vote du projet. Cette assemblée était incomplète, incompétente ; aucun de ses membres n'avait reçu ni mandat, ni instruction de la nation dont il devait être l'organe. » (3) Les habitants de Louvain récusèrent les notables en masse (4). On ne tint aucun compte de leurs protestations.

Cependant l'animosité s'accentua au point que le baron Van der Cappellen se rendit en toute hâte à La Haye pour prévenir Guillaume du sort inévitable de la Loi. Le conseil ayant été convoqué, Guillaume conclut que l'on s'était avancé trop loin pour pouvoir reculer, qu'il fallait se montrer ferme et maintenir la Loi (5).

Les évêques avaient été mis discrètement (6) au courant des articles intéressant la religion ; ils ne tardèrent pas d'agir. Ils firent d'abord une démarche collective auprès de Guillaume. Dans leurs *réclamations respectueuses* du 28 juillet « persuadés qu'un des premiers devoirs des évêques est de faire parvenir la vérité au pied du trône, lorsqu'il s'agit des grands intérêts de la religion », ils déclaraient trouver dans la proclamation du 18 juillet un sujet d'alarmes, mais en même temps un motif de

---

(1) *Adresse du chevalier Pangaert* 12 août 1815. Raepsaet VI. Documents, p. 213.

(2) Sirtema. op. cit. p. 481.

(3) Raepsaet VI Documents, p. 213.

(4) Van der Meulen, op. cit. *Spectateur*. 1816 t. III, 29. V. 261.

(5) Sirtema l. cit.

(6) par deux membres de la commission législative. Raepsaet VI. 183.

remplir leur devoir, puisque le roi « assurait à l'Eglise catholique son état et ses libertés. » Sire, disaient-ils, l'état de la religion et les libertés de l'Eglise catholique dans cette partie de votre royaume, ne peuvent subsister avec un des articles du projet de constitution, en vertu duquel une protection et une faveur égales sont accordées à tous les cultes. Jamais, depuis la conversion des belges au christianisme, on n'a introduit cette dangereuse nouveauté que par la violence ; » et après avoir rappelé brièvement l'article si conservateur du 7 mars 1814, les décrets du concile de Trente, et l'obligation qui incombe aux pasteurs de prémunir les fidèles contre les fausses doctrines « La proclamation de V. M. qui annonce que la nouvelle constitution doit proclamer la liberté de tous les cultes, a jeté la consternation dans les esprits. On sait que ce dangereux système est un des points capitaux de la philosophie moderne, qui a été pour nous la source de tant de calamités, qu'il ne tend évidemment qu'à protéger l'indifférence pour toute espèce de religion, qu'à diminuer de jour en jour son influence et à l'anéantir enfin tout à fait. » Les évêques se plaignaient enfin de ce que le clergé, autrefois le premier ordre de l'Etat, fût écarté des assemblées législatives, comme aussi de la liste des notables et même exclu du droit de récuser ceux qui figuraient sur cette liste.

Ce document était signé par nos trois évêques, de Broglie, Pisani, Hirn, et par les vicaires-généraux des évêchés vacants de Malines et Liège, Forgeur et Barrett. Il demeura sans réponse ; un roi protestant devait être peu sensible aux alarmes de l'épiscopat. Comprenait-il ou du moins pouvait-il admettre que l'Eglise catholique revendiquât dans nos provinces ses anciens droits et le privilège d'être seule reconnue ? Depuis la scission religieuse du 16e siècle, l'Eglise avait bien maintenu dans nos provinces le principe, la marque divine de son unité ; dans les pays réformés au contraire, les prétentions des princes à maintenir exclusivement la religion protestante, cédaient peu à peu devant les prétentions des mille sectes issues de la réforme et le temps approchait où ils consacreraient partout le principe de la liberté des cultes.

5

Cet esprit libéral avait malheureusement trouvé bon accueil depuis un demi siècle auprès de certains hommes politiques dans les pays catholiques mêmes : les *idées libérales*, seules dignes, disait-on, de ce siècle des lumières et d'une génération mieux éclairée, n'admettent pas la religion d'Etat. « *Magnus ab integro saeclorum nascitur ordo*, une ère nouvelle commence : voilà aujourd'hui, disait le *Spectateur belge* (1), le cri des hommes à principes libéraux. Si vous les en croyez, ils présentent à l'Europe l'*ultimatum* du bonheur et des lumières. Malheur à vous, si vous n'y souscrivez pas, vous aurez des idées serviles, et, dans ce qu'ils appellent la civilisation actuelle, vous serez de deux siècles en arrière ». Et faisant une discrète allusion à Guillaume : « Ceux-là même, ajoutait-il, que l'on croyait envoyés de Dieu pour finir nos maux, ne paraissent-ils pas en reculer le terme, en adoptant en politique des systèmes, que l'aveuglement ou peut-être la perfidie de leurs conseils leur présente comme les meilleurs ? En les accréditant, le triomphe de la nouvelle philosophie n'est plus un problème... Que cette sagesse se confonde encore une fois par l'expérience de l'anarchie et de la tyrannie ! Que les rois eux-mêmes tremblent sur leurs trônes ; car l'abîme se creuse devant eux comme devant la paisible demeure du citoyen... Par un enchaînement de conséquences inévitable, la liberté des cultes conduit à l'indifférence, et celle-ci au mépris de la religion. »

Les conseillers affidés du roi, dit Raepsaet (2), étaient, pour la plupart, nés et élevés dans les principes politiques du gouvernement de Bonaparte ; voyant le moment où le triomphe de leurs maximes libérales allait leur échapper, ils voulurent les faire sanctionner sur le champ. Ils représentèrent au roi que les évêques n'étaient que des brouillons, qui excitaient le peuple plus par des vues d'intérêt personnel que par celles de la religion ; ils firent précipiter la convocation des notables.

Mais les évêques belges fidèles à l'enseignement constant

---

(1) t. II 1815, p. 35.
(2) t. VI p. 185.

des Souverains Pontifes et sincèrement préoccupés du bien de la religion dans nos provinces, accomplirent leur devoir. Quelques esprits timides jugèrent leurs démarches prématurées, puisque le projet de constitution n'était pas publié officiellement ; ils crurent, eux, faire œuvre de sagesse en s'efforçant de prévenir ce qu'ils envisageaient comme un malheur.

Dès le mois de juillet, circulait un *Avis aux notables de la Belgique choisis par S. M. pour voter le rejet ou l'acceptation de la nouvelle constitution au nom des belges* (1). On démontrait aux notables qu'aucun catholique ne pouvait en conscience accepter la constitution parce qu'elle consacrait la liberté des cultes en Belgique. Cet avis parut sous le voile de l'anonyme.

Le 2 août, Maurice de Broglie entra ouvertement en lice ; dans une *Instruction pastorale* imprimée dans les deux langues, il examinait le rapport du 18 juillet et rencontrant les principaux points qui s'y trouvaient indiqués comme renfermés dans le projet de Loi fondamentale, il éclairait la conscience de ses ouailles sur le danger de ces innovations, et prouvait par l'Ecriture Sainte, par le concile de Trente et par l'enseignement de nos évêques sous Joseph II et des papes Pie VI et Pie VII, que le principe de la liberté des cultes est contraire à la religion catholique, funeste au maintien de la seule vraie religion et favorable à l'erreur et à l'indifférence religieuse ; quant au principe de l'admissibilité de tous les citoyens, sans distinction de religion, à toutes les dignités et charges quelconques, il le déclarait dangereux pour les intérêts catholiques ; un troisième point lui semblait inadmissible, à savoir que la puissance temporelle pourrait empêcher l'exercice du vrai culte sous prétexte qu'il trouble l'ordre et la tranquillité publique. Puisque le roi assurait à l'Eglise *son état et ses libertés*, de Broglie ne doutait pas, disait-il, de la sincérité de ses intentions ; mais puisque S. M. doit jurer elle-même de maintenir et d'observer la Loi fondamentale, l'état et les libertés de l'Eglise peuvent être limités et annulés tôt ou tard par l'action

---

(1) C'était l'œuvre du chanoine Le Surre, vicaire-général de Gand.

inévitable des articles qui accordent aux autres cultes la même faveur et la même protection ». De Broglie défendait en conséquence « à tous les notables choisis dans son diocèse d'adhérer en aucune manière et sous un prétexte quelconque aux articles susdits ».

Le courageux prélat usait, comme il le fait remarquer, d'un droit incontestable et accomplissait un devoir indispensable de sa charge épiscopale. Fidèle à ses obligations envers ses ouailles, il ajoutait la défense à tous ses diocésains d'assister aux prédications et aux cérémonies des cultes protestants. En effet, un pasteur (1) s'était installé dans sa ville épiscopale, et cet essai de liberté des cultes avait jeté l'inquiétude parmi les fidèles et refroidi l'esprit public à l'égard de la Hollande (2).

Le 7 août, Forgeur, vicaire-général de Malines, écrivit une lettre publique dans le même sens que de Broglie (3). Le 11, parut l'instruction pastorale de l'évêque de Tournai : il condamnait la protection égale accordée à tous les cultes : « Il ne s'agit, vous dira-t-on, que d'une protection *civile*... Mais cette protection civile que les catholiques sont appelés à consentir et à sanctionner par leurs suffrages, appellera au milieu d'eux les erreurs, les hérésies, les dangers les plus redoutables, en un mot ce que notre religion nous ordonne d'éviter comme le plus grand des malheurs ».

L'évêque Pisani descendit à son tour dans l'arène pour défendre les droits de l'Eglise. Mais on eut le 10 août, comme on l'écrivait de Namur (4), un premier échantillon de la prétendue liberté, accordée à la religion catholique. La lettre pastorale, signée de Pisani, était sous presse, quand les agents de police, ayant à leur tête un haut employé de Guillaume, saisirent chez l'imprimeur la copie du manuscrit épiscopal ; ils agissaient par ordre du ministère de la justice. La lettre de Pasani fut impri-

---

(1) Albert Goedkoop.
(2) Le *Spectateur* 1815. II. 132. III. 10.
(3) Huleu était mort le 16 juin. Vandermeulen, p. 152. App. bibl. n° 20 bis.
(4) Raepsaet t. VI. documents p. 374.

mée clandestinement à Gand et parut le 15, trop tard pour
influencer les notables de son diocèse.

Le gouvernement démentait par ses violences la promesse
qu'il avait faite de respecter les libertés de l'Eglise. Il est bien
vrai que le 3 août le secrétaire d'Etat, dans l'espoir sans doute
d'arrêter l'intervention des évêques, avait fait publier l'arrêté
du 23 septembre de l'année précédente sur l'imprimerie et la
librairie; mais cet arrêté, fort sage à notre avis, abrogeait les
règlements français, par lesquels « la liberté de la presse avait
été soumise à une surveillance souvent arbitraire » et déclarait
ne poursuivre que les libelles sans nom d'auteur, et les écrits
tendant à avilir la religion ou à corrompre les mœurs. Les mandements épiscopaux ne pouvaient être atteints par cet arrêté;
c'est donc contre tout droit que la police fut chargée d'enlever
chez les libraires du diocèse de Gand les exemplaires du mandement de Maurice de Broglie.

Le gouvernement ne se montra pas plus honnête à d'autres
égards.

Le 5 août, il convoqua à Bruxelles les présidents des assemblées de notables; le ministre de la justice, comte de Thiennes,
leur fit un éloge du projet de constitution : « Quant aux articles concernant la religion, il n'y avait pas moyen, disait-il,
d'y rien changer : le congrès de Vienne en faisait une loi de
l'Europe, et les notables n'avaient point à délibérer sur ce
point ». Les présidents respectifs reçurent des exemplaires de
son discours avec ordre de le lire à l'ouverture des assemblées
de notables. Ils devaient refuser tout vote conditionnel, et faire
voter par *oui* et *non* tout le projet collectivement; il était permis
toutefois de donner par billet séparé le motif de son vote.

Au dernier moment (1), le secrétaire d'Etat Vander Cappellen
fit prévenir les notables qu'ils n'étaient pas appelés à voter sur
les articles de la religion, qu'ils pouvaient donc dans leur vote
faire abstraction de ces articles, sanctionnés déjà par le Congrès de Vienne (2).

____

(1) Lettre du 8 août aux présidents des assemblées.
(2) Réfutation — Second avis. App. bibl. n⁰ˢ 25, 26,

Ce dernier expédient était de nature à égarer plus d'un notable et à lui faire signer un vote affirmatif. La ruse fut cependant signalée à Gand. Un feuillet fut remis aux notables le jour même de leur convocation (1). « Pouvez-vous, leur disait-on, devez-vous, en acceptant une pareille constitution, reconnaître le droit que s'arrogent les Puissances alliées de fixer à leur manière la religion du pays ?... Et quand les Puissances auraient ce droit et que vous pussiez le reconnaître et le faire exécuter sans trahir votre conscience, vous serait-il permis d'adhérer à l'article 193, si victorieusement condamné par l'Instruction pastorale ? Il n'est pas question de cet article dans ceux convenus à Londres et au Congrès. Pourriez-vous encore adhérer à l'article 196 ? le Roi veille à ce que tous les cultes se contiennent dans l'obéissance qu'ils doivent aux lois, et au 226° qui met les écoles supérieures, moyennes et inférieures sous l'inspection et la régie du roi et des Etats généraux ? C'est une vraie suprématie, une nouvelle université impériale. Il n'est pas question de tout cela dans les articles de Londres ».

Nous ne citerons pas d'autres brochures sur cette malheureuse discussion : notre appendice bibliographique en indique quelques-unes avec une courte analyse ; il y en eut d'autres (2). Raepsaet (3) dit que le pays fut inondé de brochures. Le chevalier Van der Steghen de Putte imprima une *Adresse du peuple belge à la nation anglaise*. « L'on a eu le plus grand soin, y lisons-nous, de conserver ou de nommer une grande majorité de ministres et d'employés, ou hollandais, ou connus par leur dévouement au système de Bonaparte. Ces hommes étaient nécessaires à l'exécution d'un plan auquel de vrais belges n'auraient pas voulu se prêter. Il consiste 1° à rendre notre

---

(1) app. bibl. n° 26.

(2) Mémoires et représentations que les banderins du pays et comté d'Alost... ont fait à S. M. le Roi des Pays-Bas. — Déclaration (de J. B. Lefevre J. De Smet d'Alost) contre l'illégalité de l'assemblée des notables convoquée en la ville de Termonde, le 14 août.

(3) t. cité p. 191.

représentation nationale illusoire, 2° à nous donner une constitution au gré du gouvernement actuel, 3° à nous rendre tributaires de la Hollande, 4° à priver l'Eglise en Belgique de ses libertés et privilèges. Plus des 99 centièmes de la nation professent la religion catholique, apostolique et romaine ; cette religion doit être maintenue telle que nous l'enseignent les dogmes de la foi. La religion est aussi chère aux belges que leur liberté ; ils en réclament le maintien » (1).

Un tournaisien publiait vers cette époque une *Epître au Bon Sens* : « Où cette épître vous parviendra-t-elle, écrivait-il, mon cher Bon Sens ? Après avoir abandonné la France, vous quittez notre pays : peut-être ne vous trouvera-t-elle plus en Europe... Souffrez que je vous consulte sur les articles de la loi fondamentale, relatifs aux cultes. On a voulu que les religions, qui ont leur racine sur la terre, jouissent de la même protection que celle qui a sa racine dans le ciel. Dire que toutes les religions sont permises est une dérision du culte ; c'est faire de la divinité une idole à laquelle tout hommage est indifférent... O Guillaume, ô mon bon roi, lorsqu'un cerveau dérangé vous a dit que les 796 notables, qui ont rejeté la loi fondamentale, étaient fanatisés, n'y avait-il pas de petites-maisons dans votre royaume ? L'unité des cultes, dit-on, ne peut avoir lieu dans le nouveau royaume ; mais, ne suffisait-il pas d'une tolérance civile pour les cultes qui existaient légalement, sans accorder faveur et protection égales à toutes les religions possibles ? Votre majesté règne sur un peuple qui a pour la foi du serment un respect religieux, qui n'en fait aucun légèrement ; puisque les belges sont assez religieux pour ne pas jurer légèrement, il fallait consulter les chefs de la religion catholique avant de dresser la formule constitutionnelle ; car un serment est un acte religieux » (2).

---

(1) Bruxelles. 12 août 1815, Raepsaet VI pp. 211-216.
(2) app. bibl. n° 31.

VIII. — La loi fondamentale et le serment.

« L'attitude de l'épiscopat, dit M. Poullet (1), irrita vivement
le roi ; c'est qu'on lui demandait une chose impossible : il
était lié », disons plus exactement, il s'était lié par le traité de
Londres. Et comme son ministre Falck s'était estimé le plus
heureux des hommes pour avoir fait approuver le projet des
huit articles (2), ainsi Guillaume s'estimait le plus heureux des
monarques s'il parvenait à opérer la réunion intime et complète
des provinces septentrionales et méridionales sous la Loi
fondamentale si heureusement élaborée selon ses vues.

Bien des mesures de justice, plus d'une faveur accordée à
l'opinion belge, tout son gouvernement jusqu'alors fort modéré,
devaient, semble-t-il, inspirer la confiance et prévenir ses
nouveaux sujets en faveur d'un projet, dont les articles les
moins favorables avaient été dictés, disait-on, par une *loi de
l'Europe*, par le Congrès de Vienne. Nous avons signalé
quelques-unes de ces mesures ; si le roi les avait portées par
politique, il dut être doublement irrité de l'attitude des belges.

Il espéra qu'une manifestation unanime de la Hollande en
faveur de la Loi fondamentale ébranlerait les volontés hési-
tantes dans nos provinces. Le 8 août, les États-généraux de
La Haye, convoqués en nombre double, donnèrent 110 voix,
c'est-à-dire l'unanimité au projet constitutionnel. Le triomphe
était complet dans les provinces septentrionales. Six jours plus
tard, les notables se réunirent dans les chefs-lieux de nos
provinces.

Avant que le résultat du vote fût connu ou publié, le
gouvernement conçut des pensées de vengeance contre ceux
qui avaient désapprouvé le projet. Le baron de Binder écrivait

---

(1) op. cit. p. 31.
(2) Voir plus haut chap. V, p. 40.

le 16 août à Metternich (1) : « Le roi qui trouve avec raison très répréhensible la conduite de l'évêque de Gand, déjà connu par son esprit turbulent, prendra des mesures pour réprimer son zèle indiscret ; et il paraît que c'est principalement à cet effet qu'on a mandé à La Haye M. le baron Goubau, qui se trouvait à Bruxelles chargé de l'organisation du culte dans les provinces de Belgique. Il paraît qu'on usera de moyens sévères vis à vis des membres rénitents du clergé, dont le roi, d'après ce qu'il m'a fait l'honneur de me dire lui-même, est décidé à remettre la discipline sur le pied où elle se trouvait du temps de Marie-Thérèse, sans permettre au Saint-Siège ni plus ni moins d'influence que cette souveraine ne lui en accordait »

La première victime fut l'abbé de Foere : le 10 août, il fut arrêté et écroué en la maison d'arrêt de Bruges, pour « avoir cherché à susciter entre les habitans du royaume la défiance, la désunion et le désordre, et provoqué à la révolte contre le souverain ». Il prouva que dans les articles incriminés du *Spectateur belge*, rien ne justifiait son arrestation (2). Elle fut maintenue. Le 19, tous les imprimeurs de Bruges furent convoqués à la sous-intendance ; il leur fût défendu de rien imprimer pour ou contre les lois et même de divulguer que cette défense leur était faite : « Telle est la félicité de nos temps, écrivit de Foere, que sous le Néerlandais la presse n'est véritablement libre que pour trois espèces d'hommes, pour les auteurs anonymes, pour les champions du gouvernement et pour ses ministres » (3). Son seul crime était selon de Gerlache (4) d'avoir pris en mains la cause du catholicisme... Son journal défendait la religion au milieu d'un débordement de feuilles impies que le gouvernement tolérait sans en témoigner ni déplaisir ni inquiétude.

Le décret d'arrestation, lancé contre de Foere, fut levé le

----

(1) Poullet, op. cit. p. 31, 33.
(2) *Spectateur*, 1815 II. 334-340.
(3) *Spectateur* ib. p. 343.
(4) *Histoire du royaume des Pays-Bas*. I, p. 333.

29 août. C'était une menace pour l'avenir et la preuve de la volonté bien décidée de Guillaume d'imposer sa loi. Il venait de la sanctionner dans une proclamation royale du 24. Il faut entendre un passage de ce document pour juger de l'arbitraire de son système.

« Un sixième environ des personnes convoquées n'a pas assisté aux réunions des notables ; et quoique leur absence puisse être envisagée comme une preuve de leur adhésion au projet de la loi fondamentale, il eut été plus satisfaisant pour nous qu'aucun d'eux n'eut manqué l'occasion d'émettre franchement son vœu sur des intérêts aussi graves. Des 796 notables qui ont désapprouvé le projet, 126 ont formellement déclaré que leur vote était motivé par les articles relatifs au culte, qui conformes à une législation depuis longtemps existante, fondés sur les traités et en harmonie avec les principes que les princes les plus religieux ont introduits dans le système européen, ne pouvaient être omis dans la Constitution des Pays-Bas sans remettre en question l'existence de la monarchie et sans affaiblir la garantie des droits de ceux-là même que ces stipulations ont le plus alarmés. Si cette vérité n'eut été obscurcie par quelques hommes de qui le corps social devait au contraire attendre l'exemple de la charité et de la tolérance évangéliques, les susdits votes se seraient joints à ceux des 527 notables qui ont approuvé le projet ».

Par ces dernières paroles le roi accusait les évêques d'avoir obscurci les vrais principes et se mettait en contradiction avec l'article de la nouvelle Constitution qui garantissait à tous la liberté des opinions religieuses. Mais il faut découvrir tout son machiavélisme : l'expression est du comte de Mérode (1).

Sur 1603 notables belges, 280 s'abstinrent. Nous l'avouons, une brochure flamande parue le 11 août (2) avait déconseillé l'abstention par la crainte que le gouvernement n'attribuât à

---

(1) *Souvenirs*, I. 345.
(2) *Gewigtige Samenspraek*, p. 4 app. bibl. n° 22.

l'affirmative le vote de tous les abstentionnistes (1). Mais cette
« interprétation déloyale et arbitraire », réprouvée par le bon
sens (2), était en contradiction avec les déclarations de plusieurs
notables, qui à la suite du comte de Mérode et du comte de
Robiano (3) avaient refusé d'accepter leur nomination, parce
qu'ils craignaient de paraître approuver le projet, en se rendant
à l'appel du gouvernement ; elle était surtout en contradiction
avec ce que le gouvernement savait sur les dispositions de
l'immense majorité du pays et des représentants provisoires de
l'opinion. Il eût été plus sage de la part de ceux-ci de ne pas
s'abstenir ; mais il était inadmissible que les abstentionnistes
entendissent approuver le projet.

Le dépouillement se fit à Bruxelles le 18 août. Il donna le
résultat suivant :

diocèse	département	votes négatifs	votes affirmatifs	abstentions
Malines	Dyle et Deux-Nèthes	220	88	
Gand	Escaut et Lys	340	99	
Tournai	Jemmapes	131	61	
Namur	Sambre-et-Meuse	41	28	
Liège	Ourthe et Meuse inférieure	64	178	
Metz	Forêts (Luxembourg)	0	73	
		796	527	280

Sur 1323 votants près de 800 rejetaient la Loi fondamentale.
Sur 1603 notables, un tiers seulement, y compris tous ceux du
grand-duché de Luxembourg, l'acceptait. Par quel prodige de
calcul parviendrait-on à prouver que le pays l'acceptait ? Aux
527 acceptants et aux 280 abstentionnistes, le roi joignit les
voix hollandaises, recueillies le 8 août ; celles-ci s'étaient pro-
noncées à l'unanimité en faveur du projet. Bien faible encore
était la majorité ; et lors même qu'on eût voulu envisager les
110 voix des Etats-généraux de La Haye comme équivalent

____

(1) C'est par cette disposition ingénieuse que la domination française avait,
dans les réorganisations constitutionnelles des Pays-Bas, obtenu d'énormes
majorités plébiscitaires.

(2) *Gedenkschriften*, p. 482 : note de Grovestins : *Sluwe cyferberekening*,
dit le P. Allard. *Van Gils*, p. 243.

(3) Vander Meulen, op. cit. p. 162.

au vote d'un nombre proportionnel de notables hollandais (1),
était-il sage de sanctionner une Constitution qui d'après les
articles de Londres aurait dû être établie *d'un commun accord ?*
Avec une force d'affirmation, qui trahissait sa pensée mais
exprimait bien sa volonté, Guillaume déclara « qu'il ne pouvait
y avoir aucun doute sur les sentiments et les vœux de la grande
majorité de ses sujets : il conste évidemment, — il l'affirmait
— de l'assentiment de cette majorité, et nous n'hésitons pas à
remplir notre obligation en sanctionnant d'une manière formelle
le projet. » Suivaient des menaces à « ceux qui dorénavant se
permettraient de troubler ou d'ébranler *les sentiments* de
soumission, d'attachement et de fidélité que tout citoyen doit
à la Constitution. »

C'est exiger beaucoup que de vouloir imposer même des
sentiments d'attachement à une loi que la conscience réprouve.
Mais le roi et ses ministres éprouvaient ces sentiments au
plus haut degré et ils voulaient les faire partager : « Le roi,
écrivait un agent anglais au lord Clancarty (2), regarde sa
Constitution comme un chef d'œuvre, parce qu'elle est le produit de son invention ; c'est cependant de l'Europe et dans
l'intérêt de l'Europe qu'il tient ses nouvelles provinces ; malheureusement il les gouverne dans son propre intérêt et dans
l'intérêt des Hogendorp, des Maasdam, des Maanen et d'une
demi-douzaine d'autres hommes qui constituent son parti.
Les belges sont très mécontents. »

La Loi fondamentale reçut à des titres divers l'adhésion de
quelques diplomates accrédités auprès de Guillaume, et de
Metternich lui-même ; le célèbre homme d'Etat changera plus
tard sa manière de voir. Il ne nous plaît pas de nous arrêter à
leurs appréciations (3). Consultons plutôt les jugements de
l'épiscopat belge. « Un catholique, écrivait à cette époque le
savant Raepsaet (4), n'a pas plus de droit de juger ses juges et

---

(1) A raison de 1 notable pour 2000 habitants.
(2) 16 février 1816. *Correspondence*, série III, t. 3, p. 168
(3) Poullet, p. 31-35, rapports du baron de Binder.
(4) *Œuvres* VI p. 195.

ses législateurs en matière de foi, que n'en a un sujet de juger le roi et ses édits (en matière civile) ; si la suprême autorité religieuse se prononce, il adhérera plus fortement à ce jugement en dernier ressort. » Les évêques avaient donné des avis et des instructions sur le projet de Constitution ; ils furent bientôt dans l'obligation de s'adresser aux fidèles en juges de la foi.

Immédiatement après la déclaration du 24 août, le roi nomma les membres des deux Chambres et les convoqua pour assister le 27 septembre à son inauguration, recevoir son serment et prêter eux aussi serment de fidélité à la Loi fondamentale.

« Le zèle des évêques, toujours circonscrit dans les bornes que l'Eglise assigne à leur noble ministère, respecta tout ce qui dans cette loi ne regardait que le civil ; mais pour ce qui regardait les intérêts majeurs de la religion et ceux des âmes confiées à leurs soins, ils persistèrent à ne connaître d'autre règle de conduite que la parole des Saintes Ecritures : Il vaut mieux obéir à Dieu qu'aux hommes. » La nouvelle Constitution exigeait des membres des Etats-généraux un serment conçu dans ces termes : « Je jure d'observer et de maintenir la Loi fondamentale du royaume et qu'en aucune occasion ou sous aucun prétexte quelconque je ne m'en écarterai ni ne consentirai à ce qu'on s'en écarte » (article 184). Les membres des Etats-provinciaux étaient obligés de prêter un serment analogue. Ce serment exclut dans son sens obvie toute espèce de restriction quelconque. Les évêques furent consultés de toutes parts.

La nouvelle Constitution étant proclamée loi de l'Etat, ne pouvait-on pas, pour défendre les vrais intérêts de cette partie du royaume et la religion même qui semblait en péril, prêter dans cette intention le serment constitutionnel ? « Il y a sujet de craindre, ajoutait-on, que le roi, autorisé à nommer lui-même pour la première fois les membres des deux Chambres, ne choisisse, à défaut de bons catholiques, des sujets peu propres à remplir de si importantes fonctions » (1).

____

(1) *Réclamation respectueuse*, p. 31, app. bibl. n° 71.

Les pasteurs veillaient, et ils furent courageux jusqu'au bout ; car ils publièrent à la fin du mois d'août un *jugement doctrinal* collectif, déclarant qu'aucun de leurs diocésains ne pouvait prêter les serments prescrits.

La mesure était fort grave ; elle déconcerta le gouvernement et la diplomatie ; la cour de Vienne promit d'employer ses bons offices auprès du Saint-Siége ; Guillaume envoya des instructions à Reinhold, son ministre à Rome. En attendant, il compta sur les fêtes de son inauguration pour calmer les esprits ; mais il fut profondément irrité de ce que le comte de Mérode, le duc de Beaufort et le comte de Robiano refusaient de siéger dans les Etats-généraux ; car ces grands exemples pouvaient entraîner tous les catholiques bien pensants.

A l'approche des fêtes de l'inauguration, le roi, par un décret du 16 septembre, institua une commission du Conseil d'Etat, composée de quatre membres professant la religion catholique. La nouvelle institution était bien faite pour calmer les inquiétudes des belges, qui ne voulaient pas douter des bonnes intentions du Souverain. Cependant, comme la commission fut constituée exclusivement de laïques et que le décret subordonnait à leur consentement et au *placet* royal toute ordonnance en matière ecclésiastique, provenant d'une autorité étrangère, le clergé s'inquiéta. « Si l'on avait admis dans la commission deux ecclésiastiques, disait le *Spectateur*, ce sixième article n'eût pas défiguré le décret » (1). De plus à la tête de la commission, on plaçait un homme dont l'influence devait être désastreuse, un de ces

> Détestables flatteurs, présent le plus funeste
> Que puisse faire aux rois la vengeance céleste.

Jadis membre du Grand Conseil de Malines, chambellan de l'empereur et fébronien prononcé, le baron Goubau avait fui pendant la révolution brabançonne, et après un séjour de vingt

---

(1) *Spectateur*, 1815, III, p. 80.

ans à Vienne, il rentrait (1) tout disposé à servir le nouveau Souverain dans la direction générale du culte catholique (2). L'ancien adversaire du cardinal de Franckenberg était le digne instrument d'un roi protestant ; mais par ce choix peu habile, l'arrêté royal du 16 septembre manquait en grande partie son effet.

Le même jour, le roi écrivit à Mgr de Méan, l'ancien prince-évêque de Liége, pour lui renouveler l'assurance des sentiments bienveillants qu'il nourrissait envers ses sujets catholiques et protester contre les fausses interprétations qu'on donnait à la Loi fondamentale (3). Le prince de Méan, rassuré par cette lettre, crût pouvoir prêter le serment et accepta le siège que lui offrait Guillaume dans la première chambre des Etats-généraux. Il se mettait ainsi en opposition avec le jugement doctrinal des trois évêques belges et des vicaires-généraux de Liège et de Malines. « Notre ancien prince-évêque, écrivait un gentilhomme anglais (4), a donné grand scandale au public en se laissant engager dans les plans du gouvernement, vu les principes *libéraux*, c'est-à-dire *impies et philosophiques*, qui dominent dans le nouveau système. Il est parti pour Ratisbonne où il attend une décision de Rome, prêt à se retirer en cas de désaveu ».

Nous verrons bientôt comment le Pape jugea la conduite du prince-évêque de Méan.

Le roi, avant son inauguration, se rendit à Gand le 7 septembre (5) ; il était accompagné de la reine et d'une partie de sa cour ; les membres des Etats-généraux, présents dans la capitale des Flandres, lui présentèrent leurs hommages et en même temps ils exposèrent leurs embarras au sujet du Jugement

---

(1) H. Allard, *Van Gils*, p. 244.

(2) Elle fut supprimée en 1826, et Goubau fut nommé Conseiller d'Etat.

(3) Daris op. cit. IV 270 donne le texte.

(4) Voir : *Les jésuites anglais de Liége pendant la révolution française*, Précis historiques 1896, p. 279 ; d'après des documents inédits du collège de Stonyhurst.

(5) *Le Spectateur* t. III, p. 117-126.

doctrinal ; mais les ministres les rassurèrent en affirmant que S. M. était loin de vouloir violenter les consciences et qu'elle permettait volontiers que dans la cérémonie de l'inauguration, chaque député mît, quant à la religion, telle *vinculation et réserve* que sa conscience lui dicterait. Une déclaration explicite du roi pouvait tout apaiser ; en effet un serment doit être prêté dans le sens ou il est demandé par l'autorité compétente ; que si elle permet une restriction, même implicite, les sujets peuvent le prêter dans ce sens restrictif sans renier les principes qui le condamnent dans un sens absolu. C'est cette déclaration que l'on espéra.

Les membres des États-généraux arrivèrent à Bruxelles, et sur les instances de la majorité, un décret royal fut rédigé à la hâte ; mais, par un acte de mauvaise foi, qui les mécontenta vivement, ni le décret ne fut rendu public, ni les réserves qu'ils firent ne furent mentionnées dans le journal officiel qui publiait leurs noms (1).

« La cérémonie de l'inauguration, dit le magistrat que nous consultons sur ces démêlés, avait été célébrée de tout temps avec la plus grande solennité et les plus vives marques d'allégresse ; les fêtes du 21 septembre furent mesquines et indignes de la circonstance ; un morne silence régnait partout, et le mécontentement était peint dans les yeux ; après la prestation du serment, le roi avec le cortège se rendit à Ste-Gudule, où le plébah chanta le Te Deum, malgré la défense du grand vicariat de Malines ; sur le passage du roi presque aucun bourgeois n'ôta le chapeau. Le lendemain, le roi et les députés protestants hollandais allèrent au Te Deum dans le temple des prétendus réformés. C'est sous d'aussi malheureux auspices que s'est faite cette union et qu'a été sanctionnée cette constitution, qui devait consolider la puissance et le bonheur de deux nations, dignes d'être unies. Le roi eût mérité un meilleur sort, s'il avait su mieux choisir ses confidents et ses ministres ; mais peut-être le mal est-il désormais sans remède ».

____

(1) Raepsaet, p. 198.

C'est moins d'un an après l'inauguration de Guillaume que le savant magistrat d'Audenarde écrivait ces dernières lignes, empreintes d'un profond découragement (1).

Un grand philosophe chrétien de l'époque, Joseph de Maistre, exprima sur le grave différend qui divisait les belges une opinion dont on a mal compris la portée (2). « Je connais, écrivait-il le 13 décembre 1815, la belle protestation des évêques de la Belgique. .... Dire en général que c'est un malheur pour un pays catholique de recevoir chez lui la religion protestante, c'est dire une vérité si triviale que ce n'est pas la peine de s'en occuper ; mais de savoir si, deux pays professant séparément deux religions et se trouvant réunis sous un même sceptre, le pays catholique doit refuser la tolérance que l'autre lui demande en offrant la réciprocité, c'est un grand, un très grand problème. La raison de douter est que les sectes n'ont de force contagieuse que dans les commencements et durant le paroxysme révolutionnaire, passé lequel elles ne font plus de conquêtes ; le catholicisme, au contraire, est toujours conquérant, sans jamais s'adresser aux passions, et c'est un de ses caractères les plus distinctifs et les plus frappants... Pour une douzaine de misérables que le protestantisme nous prendra dans les Pays Bas et dont les motifs honteux déshonoreront le changement, même aux yeux de leurs ridicules apôtres, cent personnes peut-être, distinguées par le rang, le caractère et les vertus, passeront dans notre camp en Hollande ». Ces réflexions sont fort justes, et ce n'était pas le culte public du protestantisme qui effrayait l'épiscopat belge ; c'était, comme nous l'avons vu, tout un ensemble d'articles constitutionnels, qui allait à priver l'Eglise catholique de l'exercice de ses droits et à ruiner la foi dans le peuple. Au reste, Joseph de Maistre ne décidait rien sur le problème ; il demandait certaines instructions dont il avait besoin pour s'éclairer.

(1) La Tour du Pin, ambassadeur de France, (Pr. Poullet, p. 34) écrivait qu'il n'y avait eu ni empressement, ni enthousiasme ; ce mariage de convenance, dit-il, ne fera le bonheur d'aucune des deux parties.

(2) Lettres I, p. 212.

IX. Situation en 1815. Différends religieux.

Le troisième lundi d'octobre 1815 s'ouvrit à La Haye la
première session ordinaire des États-généraux du royaume.
Le ministère avait été constitué le 15 du mois précédent : sur
huit membres, il comptait sept hollandais, le duc d'Ursel était
seul belge. Après l'adresse en réponse au discours du trône,
on discuta une loi financière, destinée à combler le déficit de
40 millions, que la campagne de Bonaparte avait amené dans
le budget. Les belges, ayant directement souffert de l'invasion,
jugeaient équitable que les hollandais eussent à combler la
plus grande partie du déficit.

C'est à cette époque que le baron de Binder dépeignait dans
un intéressant rapport à Metternich la situation des esprits
dans le nouveau royaume des Pays-Bas. Il écrivait : « Quoique
le gouvernement puisse se flatter d'atteindre aujourd'hui le
principal objet de la présente réunion des États-généraux,
malgré la vive opposition qui s'est manifestée parmi les députés des provinces méridionales, — il n'est malheureusement
que trop certain que l'éloignement, qui existe entre les belges
et les hollandais depuis le moment de la réunion des deux pays,
ne fait que s'accroître de jour en jour. Les belges ont les
premiers jeté le gant ; les hollandais ne font que leur rendre
haine pour haine et mépris. Les premiers forment corps entre
eux ; l'opposition à toutes les mesures proposées par les autres
est pour eux un point de religion politique ; plusieurs avouent
ingénument que, s'étant attiré le blâme de leurs compatriotes
pour avoir accepté des places aux États-généraux, ils n'oseraient se montrer chez eux, sans pouvoir prouver qu'ils ont
défendu ce qu'ils appellent les intérêts de leur pays. Les députés belges ont des conciliabules journaliers, où ils règlent formellement et presque publiquement la marche qu'ils suivent

dans les assemblées ; plusieurs tiennent dans le monde des propos très indécents contre le gouvernement, contre l'administration et surtout contre la Hollande. Si l'on demande ce que les belges veulent, après tout, on ne peut répondre autre chose si ce n'est qu'ils ne veulent pas être hollandais ; car leur amour-propre, blessé par leur réunion à un aussi petit pays, leur fait envisager leurs rapports avec la Hollande comme des rapports de provinces.... Il ne me reste plus de doute qu'il n'existe en Belgique un parti qui vise à l'indépendance. Un journal très bien écrit, quoique d'une licence révoltante, intitulé *L'observateur*, en est le principal organe.... Tout ceci prépare de grands et longs embarras au gouvernement.... L'aplanissement des différends ecclésiastiques en Belgique serait un grand pas de fait vers la tranquillité future du pays. Le gouvernement croirait avoir entièrement gagné son procès, si la Cour de Rome accordait l'institution de l'archevêché de Malines au prince-évêque de Liège, qu'il a désigné pour ce siège, et qui, se trouvant à la tête de la partie fidèle du clergé est en butte à la haine des cagots et des intrigants. Le voyage de l'Empereur en Italie fait espérer au gouvernement la réussite de cette affaire ; il ne se flatte pas d'y parvenir seul, parce que la Cour de Rome a encore sur le cœur le renvoi, parfaitement légitime dans le fond mais un peu brusque dans la forme, de Mgr Ciamberlani, qui s'est avisé l'année dernière, sans mission ou caractère public, de vouloir organiser les affaires de l'Eglise en Belgique » (1).

Ce rapport, qui appelle quelques réserves de détail, est remarquable dans son ensemble. Il présage les deux graves embarras qui après quinze ans rendront absolument inévitable une séparation qu'un peu de prudence eût pu éviter : ce sont d'abord les différends ecclésiastiques, comme les appelle l'ambassadeur autrichien ; ce sont ensuite des lois financières et autres, favorisant la Hollande aux dépens de la Belgique ; du premier chef, le gouvernement s'aliénera le clergé et la partie

---

(1) 12 nov. 1815. Voir Pr. Poullet, op. cit. p. 38.

religieuse de la population belge ; du second chef, il suscitera l'opposition du parti libéral. Celui-ci, soutenu, vers 1828 par le clergé, détruira l'œuvre des huit articles et du Congrès de Vienne.

La mesure « un peu brusque », dont Ciamberlani avait été victime, remontait au mois de janvier 1815 et avait justement mécontenté le Saint-Siège. Internonce de Pie VII sous le roi Louis-Napoléon, Ciamberlani s'était réfugié en Allemagne après la réunion de la Hollande à l'empire français, et de là par voie de correspondance avec les archiprêtres, il avait continué de veiller aux intérêts spirituels du clergé et des fidèles hollandais. Quoique son autorité ne fût pas reconnue par le gouvernement provisoire belge (1), le représentant du Pape, se fiant peut-être à l'arrêté du 7 mars 1814 (2) et au régime de liberté religieuse inauguré depuis lors, se fiant même, semble-t-il, à une autorisation verbale de Guillaume (3), se rendit sur l'ordre de Pie VII à Malines (4) ; il prit logement chez un prêtre des plus respectables, Faydherbe, reçut la visite des vicaires-généraux et visita le séminaire. Soudain, le 19, le sous-préfet de Wargny, par ordre du ministre de la justice, signifia à Ciamberlani qu'il avait à quitter le pays, et sous la conduite d'un gendarme, lui fit gagner la frontière. L'internonce rentra à La Haye. La Cour de Rome, prévenue de l'insulte faite à son représentant, se plaignit, et comme le gouvernement s'excusait en prétextant que Ciamberlani n'était pas muni de lettres de créance en due forme, le Pape lui en fit expédier ; mais on refusa de l'agréer. Le Saint-Père aurait pu user de représailles, il ne cessa cependant de témoigner au ministre de Guillaume à Rome tous les égards dus à son caractère. Toutefois, lorsque les premières difficultés relatives au serment de fidélité à la Loi fondamentale furent soumises par le roi au

____

(1) Voir sur la conduite de Hirn le bref du 21 janvier 1815. *Van Gils*, op. cit. 241 note.

(2) Chap. II, voir plus haut, p. 16.

(3) Van der Meulen, op. cit. I. p. 119. — Daris IV, p. 273.

(4) 11 janvier 1815.

cardinal secrétaire d'État Consalvi, celui-ci ne manqua pas de
rappeler ce manque formel d'égards dûs au représentant du
Saint-Siège, et comme Ciamberlani était depuis de longues
années au courant de la situation religieuse du nouveau
royaume, Rome insista au cours des négociations pour le faire
accepter en qualité de Nonce. C'est ce que le ministre de Guillaume à Rome appellera « une espèce d'obstination et de contrainte » (1). L'on verra bientôt que, selon l'expression de
Metternich, le ministère hollandais lui-même mettait dans les
négociations religieuses « une raideur inflexible, qui, loin de
les accélérer, ne pouvait que prolonger un état de choses aussi
pénible que dangereux » (2).

Mr Prosper Poullet, qui a publié récemment des pièces diplomatiques du plus haut intérêt sur cette première période
de la domination hollandaise, nous aidera à exposer en résumé
l'histoire des négociations religieuses, relatives au serment.

Nous avons entendu le baron de Binder dire en son style
peu respectueux, que le prince évêque de Méan était « en butte
à la haine des cagots et des intrigants, mais qu'il se trouvait
à la tête de la partie fidèle du clergé. » Cette appréciation est
fausse : un gentilhomme anglais résidant à Liège nous a
appris que le prince, en entrant dans les vues libérales, c'est-
à-dire impies et philosophiques de Guillaume I, avait donné
grand scandale non seulement au clergé mais encore à tous les
fidèles, bien pensants. Le Saint-Siège jugea sa conduite tout
aussi sévèrement.

Nous avons exposé dans un volume précédent les sentiments très orthodoxes (3) dont avait fait preuve vingt ans plus
tôt de Méan, alors prince-évêque de Liège : il avait repoussé
et condamné le serment d'*égalité et de liberté*, imposé par la
Convention. « Ce serment, avait-il dit, est d'autant plus dangereux qu'il paraît n'offrir d'abord que des idées, qui sympathisent

---

(1) Note de Reinhold 10 déc. 1815. Poullet op. cit. p. 50.

(2) Dépêche du 5 février 1816. Poullet. p. 51.

(3) *La Belgique sous la domination française* t. 1. p. 182.

avec la candeur et la simplicité des vertus évangéliques ; mais en effet, elles ruinent tout le système de la société civile, renversent la sainte hiérarchie de l'Eglise, établie par notre divin législateur, renouvellent d'anciennes hérésies, et substituent à l'ordre et à la subordination, qui font le bonheur des empires, l'anarchie la plus destructive. » Aujourd'hui le prince de Méan, dépossédé par le concordat de son évêché de Liège (1), avait accepté de prêter serment à une Loi qui consacrait les mêmes principes, et il comptait, semble-t-il, sur la reconnaissance de Guillaume pour obtenir le siège archiépiscopal de Malines.

« Rome ne peut approuver le serment prononcé par le prince de Méan, ni blâmer directement les évêques de l'avoir désapprouvé... Car M. de Méan a prêté le serment non seulement *au roi*, mais *à la Constitution*, qui établit des principes opposés au catholicisme. » C'est en ces termes que s'exprimait en janvier 1816 le cardinal Consalvi (2). Quant à reconnaître la nomination du prince à l'archevêché de Malines, et à lui accorder les bulles d'institution sollicitées par le roi, Rome ne le voulait pas à moins d'une rétractation de ce serment à la Loi fondamentale. Ce fut l'objet de longues négociations, où l'Eglise se plaçait sur le terrain ferme des principes, et affirmait son droit exclusif au culte public dans notre patrie, tandis que le roi protestant faisait valoir de prétendus droits souverains, même en matière religieuse. A une note « pleine de maximes et d'allégations fausses, conçue d'ailleurs en termes inconvenants et d'un ton trop péremptoire » (3), le cardinal Consalvi répondit par sa note du 19 mars 1816 (4), « aussi bien écrite que raisonnée, un chef-d'œuvre qu'il n'y avait guère moyen de réfuter » (5).

---

(1) Voir *La Belgique sous la domination française*, t. II, p. 74.

(2) Selon le rapport du chev. de Lebzeltern, ministre d'Autriche à Rome, à Metternich, 17 janvier 1816, Poullet p. 49.

(3) C'est le jugement que portait Consalvi sur la fameuse note de Reinhold du 10 décembre, rapport de Lebzeltern, 16 déc. 1815. Poullet p. 53.

(4) Daris, *histoire... de Liège*, t. 4 p. 272.

(5) Jugement de Binder, Poullet p. 79.

Il rendait hommage à la bonne volonté que le ministre du roi attribuait à son maître « de relever et de protéger la religion catholique » ; « mais malheureusement, ajoutait-il, et sans aucun doute contre les intentions de Sa Majesté, les faits n'ont pas répondu aux paroles ; car ce n'est pas relever la religion catholique que de la priver de la prérogative d'être *dominante* en Belgique : prérogative dont elle a joui pendant tant de siècles ; que de livrer au mépris les évêques et les prêtres, de les exclure des Etats dont ils avaient été le premier ordre ; que d'empêcher la libre communication avec le Saint-Siège, de confisquer les instructions des évêques et de faire procéder d'office contre eux pour des instructions données par eux dans une matière qui est de leur ressort. Loin de favoriser cette religion, on la laisse attaquer par des libelles et couvrir de mépris, tandis que l'on accorde protection, honneurs et récompenses à ceux qui sont réfractaires aux ordres de leurs supérieurs légitimes.... On allègue que S. M. a voulu faire chose agréable au Saint-Siège en procurant l'abdication de M. de Pradt et qu'elle a demandé des bulles pour le comte de Méan, et on en prend occasion pour reprocher au Saint-Père de méconnaître les intérêts de la religion. S'il ne s'agissait que d'un intérêt personnel, Sa Sainteté ne répondrait que par la patience et l'humilité que commande l'Evangile ; mais puisque l'on attaque le chef de l'Eglise catholique, il ne peut laisser de témoigner son étonnement de ce qu'un tel reproche lui est fait de la part d'un prince qui ne professe pas la religion catholique.... Mais le Saint-Père n'a pas manqué à ses devoirs.... Et pour ce qui regarde le comte de Méan, il n'appartient qu'au Saint-Siège de le juger.

« Quant aux évêques, le Saint-Père ne peut avouer qu'ils aient excité des troubles par leurs instructions ; ils étaient en droit d'espérer, surtout d'après l'arrêté du 7 mars 1814 et la proclamation du 18 juillet 1815, que la Constitution ne serait pas contraire aux principes de la religion catholique ; cependant elle contient des articles qui y sont contraires. Le Saint-Père a la confiance qu'on les modifiera, mais aussi longtemps qu'ils seront en vigueur ainsi que le décret du 16 septembre 1815, la résistance des évêques ne peut être blâmée. Si M. de Méan en a jugé autrement, le Saint-Père ne peut l'approuver. Pour le défendre, on a recours au Concordat : mais c'est là qu'on trouve sa condamnation et un grand exemple. Jamais Napoléon n'a pu obtenir qu'on parlât de *Constitution* dans le serment. Au reste, il paraît qu'on n'a pas fait attention que les lois organiques ne font point partie du Concordat....

« Le Saint-Père ne peut accéder au désir de S. M. pour l'institution de M. le comte de Méan : une des premières qualités que l'Apôtre requiert dans un évêque, c'est qu'il jouisse d'une bonne réputation. Or, comment M. de Méan pourrait-il en jouir, après avoir scandalisé toute la Belgique par un acte public ? »

La note de Consalvi se terminait par une protestation courageuse : « Quant aux menaces, ajoutait-il, la conduite précédente de S. S. est une preuve suffisante que ni les menaces, ni les dangers ne peuvent rien sur Elle, quand il s'agit du maintien des principes ». Pie VII, qui avait glorieusement résisté à la puissance de Napoléon et souffert l'exil pour la défense de l'Eglise, avait le droit de répondre avec cette noble fierté au nouveau roi protestant (1).

Un bref du 1er mai (2) approuva la conduite de Mgr de Broglie et de ses collègues. Le Saint-Père y annonçait qu'il agissait auprès du roi pour le déterminer à délivrer les catholiques de toute anxiété de conscience : à cet effet il engageait, disait-il, le souverain à fixer, d'accord avec le Saint-Siège, la formule du serment, de façon à rassurer les consciences ; il invitait les évêques à s'adresser au roi pour le même objet.

Les offres du Saint-Siège et des évêques ne furent point agréées. C'était cependant le moyen le plus prompt de couper

______

(1) A cette époque on révoqua en doute l'authenticité de la célèbre note de Consalvi : La Surre (*Réclamation respectueuse* p. 4 app. bibl. n° 67) affirmait que l'authenticité lui en était personnellement connue. Le gouvernement voulait en neutraliser l'effet (*Spectateur belge* VI 328).

(2) App. bibl. n° 39.

court aux différends religieux : de la part du gouvernement une obstination injustifiable prolongera les discussions, agitera le pays, le désaffectionnera de son souverain, et enfin quand ce gouvernement se verra aux prises avec de nouveaux adversaires, plus intransigeants que le clergé, il cédera de fait, sans avoir la franchise de le déclarer, devant les justes scrupules des catholiques.

La question du serment constitutionnel dans les Pays-Bas était doublement difficile et épineuse. Professer la doctrine de la tolérance de tous les cultes n'a jamais été permis à un vrai chrétien ; et il n'a pas fallu attendre le Syllabus pour savoir qu'il n'est pas libre à chaque homme d'embrasser et de professer telle religion qu'il aura réputée vraie d'après la lumière de sa raison (1) à l'exclusion de la révélation ; il n'est pas vrai que les hommes puissent trouver le chemin du salut et se sauver dans l'exercice de n'importe quelle religion (2) ; il est faux encore de dire qu'il n'est pas opportun à notre époque d'accepter la religion catholique comme unique religion de l'Etat, à l'exclusion de tout autre culte (3) ; et enfin, quand l'expérience ne l'aurait pas démontré, la raison pouvait prévoir que « la liberté civile de tous les cultes et le plein pouvoir laissé à tous de manifester ouvertement et publiquement toutes leurs pensées et toutes leurs opinions, ne servent qu'à corrompre plus facilement les esprits et les mœurs et à propager la peste de l'indifférence » (4). Tenir le contraire n'est point licite.

Cependant, dans un royaume qu'une fausse politique venait de constituer sur la base *de l'amalgame le plus parfait possible* (5), l'Etat ne pouvait-il pas *accorder protection et faveur égales*, sinon à tous les cultes, du moins aux deux cultes qui se partageaient le royaume ? Cette tolérance civile était-elle

______

(1) prop. 15.
(2) prop. 16.
(3) prop. 77.
(4) prop. 80.
(5) Chap. V, p. 41.

inadmissible ? Sans admettre le principe de l'indifférence et la tolérance dogmatique, n'était-il pas loisible aux catholiques de promettre par serment qu'ils laisseraient leurs frères séparés, les protestants de Hollande, professer leur religion calviniste ?

Si la question avait été posée dans ces termes, l'on eût apaisé toutes les inquiétudes. Il suffisait que le roi permît aux catholiques, appelés à prêter le serment, de faire une restriction nécessaire sur la question des principes : ils n'eussent point refusé un pareil serment.

Malheureusement, c'étaient un roi protestant et un ministère presque exclusivement protestant, qui exigeaient le serment constitutionnel, et se posant en docteurs plutôt qu'en législateurs, ils repoussaient toute restriction. Or, manifestement celui qui prête un serment, doit le prêter dans le sens où il est demandé. Il s'en suit que le serment était condamnable et illicite.

La Loi fondamentale renfermait d'autres articles, non moins funestes que celui de la tolérance ou plutôt de la protection accordée à tous les cultes ; nous les avons signalés plus haut (1) : l'article 226, qui mettait l'enseignement à tous ses degrés sous la direction du roi, d'un roi protestant et des Etats-généraux, était une arme particulièrement dangereuse pour la liberté de la foi et de l'enseignement catholiques.

Combien donc elle était sage, l'idée prônée par le Saint-Siège de faire prêter serment de fidélité au *roi* (2) plutôt qu'à une *Constitution* justement suspecte et conçue dans un esprit protestant !

Avant que les négociations avec la cour romaine et les évêques eussent abouti à un résultat quelconque, le gouvernement usa de violence. Sans parler de la dispersion de quelques communautés religieuses (3) et d'autres actes, qui prouvaient combien étaient peu sincères ses promesses de protéger le culte catholique, bornons-nous à la question présente.

---

(1) Chap. VII, p. 62.
(2) Voir plus haut, p. 86.
(3) A Bruges et à Gand, avril 1816.

Nous avons dit (1) que lors de l'inauguration du roi à Bruxelles les membres des Etats-généraux sollicitèrent un décret royal qui les autorisât à prêter le serment dans un sens restrictif ; mais ni le décret, ni leur déclaration ne furent rendus publics.

Pour organiser les Etats-provinciaux, on rencontra les mêmes difficultés, mais l'on usa encore de déloyauté et même de violence. Le 18 juillet 1816 le baron de Neven mandait de La Haye à Metternich : « 28 membres de la noblesse, qui ont refusé de siéger dans l'ordre équestre de leur province pour ne pas prêter le serment voulu par la Constitution, sont rayés par ordre du roi des registres de la noblesse ; quatre d'entre eux, chambellans de Sa Majesté, ont été déclarés déchus de cette qualité » (2).

Cependant le serment, que la Constitution prescrivait seulement au roi, au régent, aux membres du conseil d'Etat et des deux chambres (art. 45, 49, 76) fut imposé par décret royal (3) à tous les magistrats, avocats, avoués et huissiers : c'était jeter le trouble dans le monde judiciaire ; aucun arrangement n'étant encore intervenu avec Rome, une foule de magistrats refusèrent le serment ; or, malgré l'article 186 de la Constitution, portant que « aucun juge ne peut être privé de sa place pendant la durée légale de ses fonctions que sur sa demande ou par jugement » l'on destitua ceux qui voulaient prêter un serment restrictif : « Toute addition ou restriction, écrivait le ministre de la justice (4), ne peut être envisagée que comme un refus formel de prêter le serment » (5).

---

(1) Chap. VII, p. 80.

(2) Poullet op. cit. p. 56. — Van Caloen-Arents et Coppieters-Stokhove furent du nombre. Le 16 août, huit chambellans furent destitués pour avoir voté contre une loi de finances ; c'étaient Cornet de Grez, Vilain XIIII, de Trazegnies, de Spangen, D'Haene de Steenhuysen, prince de Chimay, de la Faille d'Huysse et Van Heeckeren d'Henghuyzen (Van der Meulen, op. cit. p. 426.

(3) Février 1817.

(4) 17 mars 1817.

(5) N. De Becker, juge de paix du canton d'Aerschot, publia une magni-

Est-ce par de pareilles mesures qu'on voulait opérer l'apaisement et l'amalgame le plus parfait ? D'autres actes prouveront bientôt que la liberté constitutionnelle n'était qu'un mot, que la volonté du roi rêvait de tout réduire à ses desseins. La force lui suffira-t-elle à maintenir son « chef-d'œuvre » ?

fique protestation dans le *Journal de la Belgique* 14 août 1817. (De Broglie, *Réclamation respectueuse*, p. 151, app. bibl. nº 71) ; de Wadelincourt, maire de St-Symphorien lez Mons, et le baron de Heere, bourgmestre de S. Michel lez Bruges (Vander Meulen op. cit. p. 341) avaient fait la restriction sans opposition du gouvernement.

X. Persécution religieuse.

L'arrêté royal du 25 février 1817 obligeait tous les magistrats à prêter le serment constitutionnel. Le ministre Van Maanen, croyant que désormais il disposerait d'eux comme d'autant d'instruments souples et serviles, donna ordre d'attraire devant les tribunaux le courageux évêque de Gand : on ne lui pardonnait pas son opposition à la Loi fondamentale. Mais Daniels, procureur-général à la cour de Bruxelles, fit observer qu'il fallait, pour juger l'évêque, une cour supérieure de justice et que celle-ci n'avait pas encore été établie. Le ministre ayant répondu qu'il établirait une cour provisoire, Daniels protesta que la Constitution s'opposait à une semblable institution, et qu'il préférait donner sa démission (1).

Van der Fossen, nommé provisionnellement procureur-général, accepta de juger l'évêque. Mais de Broglie répondit à la citation qu'il n'acceptait pas d'être jugé pour des actes de son saint ministère ; et après avoir rappelé les fières protestations de S. Ambroise à l'empereur Valentinien : « En définitive, ajoutait-il, sous l'empire d'une Constitution, qui admet dans tous les tribunaux des juges professant divers cultes, quel peut être le sort des évêques qui consentiraient à les reconnaître comme juges légitimes de leur doctrine et de l'exercice du saint ministère ? » (2) Le 4 mars, au lieu de comparaître, il continuait à Hamme sa tournée de confirmation ; le 9, il chanta le *Te Deum* à Saint-Bavon à l'occasion de la naissance d'un petit-fils, héritier présomptif du trône (3).

____

(1) Le roi de Prusse lui offrit la place de premier président de la cour d'appel des provinces rhénanes ; Daniels mourut le 8 mars 1827 à Cologne.

(2) 2 Mars 1817.

(3) Dans sa lettre pastorale du 8, il communiquait la réponse du St-Siège, permettant, encore que le roi ne fût pas de la religion catholique, d'offrir des prières publiques pour lui, sa famille et la stabilité de son trône.

Quelques jours plus tard se plaidait à Bruxelles la cause du vaillant *Spectateur belge*. Arrêté une seconde fois (1), le jeune abbé de Foere avait été transféré à Bruxelles, dans la prison de la porte de Laeken, et se voyait accusé par l'avocat-général De Stoop d'avoir, en six passages de sa revue périodique (2), tâché d'exciter dans les habitants du royaume la défiance, la désunion et la dispute et même de les avoir provoqués au désordre et à la révolte. On lui infligea, en vertu du fameux arrêté sur la presse (3), deux ans de prison à Vilvorde. Le président de la cour spéciale était le frère de Goubau (4) : « Cette condamnation, écrivait Stevenotte, rédacteur du *Vrai libéral*, a été accueillie par le plus morne silence ; on ne plaignait pas seulement le malheureux qu'elle frappait ; mais l'on voyait dans ce tribunal extraordinaire et dans la rigueur de son jugement, un double coup porté à la liberté individuelle et à la liberté de la presse ». Il publiait les noms des juges. Cet article lui valut trois mois de prison, et 500 florins d'amende. Le *Journal de Gand*, tout aussi libéral, s'étonna que l'on permît chaque jour d'écrire, d'imprimer, de publier contre toutes les religions des romans, des contes, des caricatures, tandis que l'on punissait de Foere pour avoir, d'après les principes de sa religion, désapprouvé des mesures dictées par les ministres du roi ; il rapprochait de cette condamnation injuste les anciennes lois de persécution contre les *papistes* en Angleterre (5).

---

(1) Le 9 février au sortir des vêpres de l'église S. Jacques à Bruges.

(2) Livr. 15, p. 310-312 ; livr. 20, p. 182, 183 ; livr. 23, p. 180, 292.

(3) Chap. VI p. 56.

(4) Juges : De Quertenmont, Wyns, Bachet, Defranquen, Powis, Locke, Delannoy, De Stoop avocat-général.

(5) *Réclamation respectueuse* app. bibl. n° 71 p. 153.

La Constitution française de 1793 garantissait pareillement la liberté indéfinie de la presse. Cependant jamais la presse ne fut moins libre qu'en 1793 et 1794. Le directoire, après avoir opposé à la presse libre une presse officieuse, qu'elle distribuait à des milliers d'exemplaires avec l'argent des fonds secrets, porta la loi du 27 germinal an IV qui prononçait la peine de mort contre les délits de presse : 54 journalistes furent désignés pour la déportation (Arth. Desjardins. La lib. de la presse. *Correspondant* 25 nov. 1897).

« L'application de l'arrêté de 1815 à l'abbé de Foere était, comme le dit de Gerlache, un acte non de justice, mais de violence ; ce n'eût été qu'une dérision, s'il ne se fût rencontré des juges pour prendre la chose au sérieux. Mais au fond l'abbé de Foere ne paraissait qu'un instrument, dont le moteur était plus haut ; il fallait atteindre cet épiscopat belge, qui avait eu assez d'audace pour faire rejeter la Constitution que Guillaume nous avait octroyée ; il fallait s'en venger ; et l'issue de ce premier procès témoignait assez qu'on pouvait tout oser avec une magistrature dépendante, et avec une nation qui laissait accabler, presque sans mot dire, ceux qui s'exposaient pour ses libertés. L'homme le plus dangereux, aux yeux du gouvernement, celui qui l'avait le plus exaspéré par sa résistance active, opiniâtre, infatigable, c'était l'évêque de Gand. »

Le lendemain de la condamnation du *Spectateur belge*, de Broglie signait, en tête de l'épiscopat, de nouvelles *réclamations respectueuses à S. M. le roi des Pays-Bas* ; elles concernaient l'enseignement, que Guillaume avait entrepris (1) d'organiser d'une façon inconciliable avec les intérêts religieux des catholiques. Le document épiscopal rappelait en terminant ce principe de raison et d'expérience : *La politique se fortifie de tout ce qu'elle accorde à la religion.* En persécutant le clergé, la politique de Guillaume affligera un peuple resté foncièrement catholique, et diminuera le prestige de la royauté.

Le 23 mars, le comte de Caux, chargé d'affaires de Louis XVIII, écrivait de Bruxelles : « La condamnation de l'abbé de Foere a produit une grande impression de tristesse sur beaucoup de gens, même peu religieux. On craint que ce jugement ne soit le précurseur d'une nouvelle sévérité contre l'évêque de Gand ». Cinq jours plus tard, rendant compte de la solennité donnée au baptême du petit-fils de Guillaume, il écrivait : « On a été frappé du silence glacial avec lequel LL. MM. (et même le prince royal qui est aimé dans ce pays) ont été accueillis par les belges en cette circonstance. Il est pénible mais exact de

____

(1) 25 nov. 1816.

dire qu'une très grande partie du peuple a poussé les choses au point de ne pas se découvrir, malgré les saluts continuels que le roi et la reine adressaient à la foule. Tel paraît déjà être le fruit de mesures aussi fausses que déplorables » (1).

Cependant Van der Fossen avait lancé un mandat d'amener contre l'évêque de Gand. Le prélat prévenu, partit le 17 mars pour Amiens. Le 10 juin il fut cité à comparaître devant la cour supérieure de justice, et à la fin de septembre il reçut copie de l'acte d'accusation, dressé contre lui. Il répondit : « J'étais bien loin de croire qu'en un siècle qui se prétend aussi éclairé, et quand on ne cesse de vanter la prétendue liberté des cultes comme un des résultats des progrès de la civilisation et comme le triomphe de la philosophie à la mode, des laïques, jugeant de la doctrine d'un évêque, l'accuseraient à la face de l'Europe d'avoir, en enseignant la vraie morale de l'Evangile, provoqué directement les peuples à la désobéissance aux lois ; qu'ils lui feraient un crime d'avoir entretenu des correspondances avec le Chef de l'Eglise, sans y être autorisé par un des ministres du roi. » Justifiant sa conduite, il montrait que, la loi n'imposant le serment à aucun citoyen, à moins qu'il ne se mette volontairement dans le cas de le prêter, on ne pouvait considérer comme provocation à la désobéissance une déclaration doctrinale ; en matière de doctrine et de mœurs il ne reconnaissait qu'un seul juge, le Pape (2).

L'issue du procès fut telle que la voulait le gouvernement : Maurice de Broglie fut condamné, par contumace, à la déportation et aux frais du procès (3). La sentence devait être affichée sur la place publique de Gand pendant trois jours, du 9 au 11

____

(1) Poullet, p. 72.

(2) Il concluait cette magnifique protestation, en signalant « un procédé inoui dans les fastes de la justice ; le 6 octobre un huissier ayant été chargé par lui d'insinuer copie de cet acte de protestation au Procureur-général, ce magistrat avait arraché l'acte original des mains de l'huissier. » De Broglie envoyait donc au Président et aux Conseillers de la Cour d'assises un nouvel acte signé de sa main, et daté d'Amiens le 9 octobre.

(3) 8 nov. 1817, N. Wyns, président ; De Lannoy, vicomte F. de Spoelbergh, Bebelmans et Delecourt, juges.

novembre ; mais comme on voulait flétrir le prince-évêque, on attendit jusqu'au 19, jour de marché, et le peuple de Gand et des environs put voir ce jour-là le nom d'un prélat vénéré, affiché en grandes lettres sur un énorme poteau et au-dessous du nom de Broglie la sentence de condamnation ; à droite et à gauche on exposa et on marqua du fer rouge deux forçats condamnés à la flétrissure. On se figurait sans doute que ce spectacle aurait sur les flamands le même effet que sur cette populace aux risées de laquelle, en Hollande, on livrait volontiers les ministres de l'Eglise catholique. C'était une illusion ; l'insulte faite à l'évêque excita l'indignation universelle ; le peuple se rappela l'ignominie infligée par Pilate au divin Sauveur crucifié entre deux larrons : « Mais ce n'est pas l'évêque, disait-on, c'est l'arrêt du tribunal que l'on vient de flétrir. »

L'Observateur belge, qui n'était point catholique, démontra l'illégalité et l'absurdité de la sentence : « On eût certainement pris pour un insensé, écrivait-il, celui qui au commencement de 1815 eût cru possible qu'avant 1818 un évêque serait condamné en Belgique pour avoir souscrit avec tous ses collègues et rendu public un *jugement doctrinal* sur la licéité ou l'illicéité d'un serment » (1).

Le gouvernement ne se contenta pas de frapper le pasteur ; le clergé du diocèse flamand était trop bien d'accord avec son évêque pour ne pas encourir la vengeance de Goubau. Celui-ci prétendit que la sentence de la cour d'assises avait frappé de Broglie de *mort civile* et éteint sa juridiction (2). Sous ce prétexte, Corselis, installé par l'évêque lui-même curé de S. Sauveur et doyen à Bruges (3), est déclaré suspendu de ses fonctions (4) ; la police et la troupe cernent l'église pour l'empêcher d'y exercer son ministère. A Gand, la justice et la force

---

(1) *Récl. resp.* app. bibl. n° 70 p. 156.

(2) Le code civil, encore en vigueur, statuait que la mort civile n'atteint les condamnés par contumace que cinq ans après la sentence prononcée.

(3) février 1817.

(4) 8 février 1818.

armée pénètrent dans le palais épiscopal, saisissent les papiers
de l'évêque et du grand-vicaire Lesurre, et expulsent celui-ci
avec ses secrétaires. Le 16 mai, un arrêté royal ordonne à
Lesurre de quitter le royaume en déans les trois jours. Bientôt
après, Goubau décrète que le gouvernement ne reconnaît plus
aucun des deux vicaires-généraux et que désormais la juridiction est aux mains du chapitre ; les certificats délivrés par
Lesurre et Goethals en faveur des séminaristes, ne les exemp-
teront plus de la milice. Le chapitre résiste et proteste ; quant
aux séminaristes, ils préfèrent aller à la caserne que de méconnaître l'autorité légitime ; les desservants récemment nommés
sont privés de traitement... « Vous ne devez pas être étonnés,
écrivait Goubau au chapitre (1), si je me vois obligé à *mettre un
embargo* sur votre traitement, jusqu'à ce que vous vous serez
rendus à mon invitation. Je suis, je pense, en droit de refuser
paiement à celui qui refuse service » (2).

Les gouverneurs des deux Flandres, barons de Loen et de
Keverberg, bien d'autres agents du gouvernement se mon-
traient plus zélés à rendre service et à recevoir leur salaire ;
mais comment Goubau ne se rappelait-il pas la résistance du
clergé à Joseph II, au Directoire et à Napoléon ? Comment se
flattait-il d'amener la majorité des ministres de Dieu à obéir
aux hommes malgré les lois de l'Eglise ? Rien n'est plus sacré
pour l'Eglise que son indépendance vis-à-vis de l'Etat.

Pour expliquer la conduite du gouvernement à l'égard du
clergé, il faut exposer brièvement ses négociations avec le
Saint-Siège sur cette malheureuse question du serment constitutionnel. C'est là, semble-t-il, qu'il faut chercher l'explication
de la raideur, de l'intolérance que le gouvernement manifestait
contre Mgr de Broglie et ses adhérents.

Le roi était demeuré inflexible dans sa volonté de faire
agréer Mgr de Méan comme archevêque de Malines : c'est

____

(1) 7 sept. 1818.
(2) *Récl. resp.* app. bibl. n° 70 p. 92.

à cette condition là seulement et après la nomination du nouvel archevêque qu'il consentait à vouloir traiter la question de la nonciature et surtout celle du serment. Rome ne l'entendait pas ainsi ; le serment prêté par de Méan devait être rétracté avant toute préconisation. Metternich essaya de faire admettre l'envoi d'un légat à La Haye pour arranger les affaires spirituelles ; le roi ne se prêta pas à cette proposition. En réponse à la note de Consalvi, il préféra dogmatiser et réfuter les maximes romaines. « Il est certain, écrivait Metternich, qu'en attaquant de front les maximes de cette cour, on s'expose à ne terminer avec elle aucune affaire. Si c'est une vérité dont les Etats catholiques sont pénétrés, on concevra facilement qu'un gouvernement protestant doive mettre plus de ménagements encore dans sa conduite envers la Cour de Rome ». — « Discuter avec Rome la question de la licéité ou de l'illicéité d'un serment au point de vue catholique, c'est là, disait le comte autrichien Apponyi, entreprendre une discussion théologique dans laquelle la Cour de Rome remportera toujours une victoire sûre, et qui doit être bannie d'une affaire où il faut agir et céder mutuellement ; les principes que Rome a déclarés inadmissibles resteront toujours tels » (1).

Au mois d'août 1816, on trouva un biais. Guillaume « consentit à ce que de Méan signât un acte, qui sans être humiliant pour sa personne ou compromettant pour la dignité et les intérêts du roi, contînt une déclaration d'une nature satisfaisante pour Sa Sainteté et les intérêts de l'Eglise ». Consalvi répondit que le S. Père se contenterait d'une déclaration ; mais l'affaire étant devenue l'objet d'un scandale public, il fallait que la réparation portât ce même caractère de publicité » (2). La négociation traîna.

La nouvelle note de Consalvi, du 2 octobre, « fondée sur des principes auxquels le Saint-Siège ne voudra ni ne pourra

---

(1) Poullet op. cit. pp. 81, 82.
(2) Dépêche d'Apponyi, 3 août 1816. Poullet, p. 83.

jamais renoncer » (ainsi que l'écrivait Apponyi), proposait la rétractation par le prince de Méan de tout ce qui dans le serment avait été trouvé contraire aux principes de la religion catholique. » La formule de rétractation fut longuement discutée ; on proposa une déclaration ou explication intentionnelle, qui, d'après Reinhold, sauvait également la pureté des maximes sans désigner un coupable. Enfin le 18 mai 1817, « désirant manifester d'une manière évidente sa soumission inaltérable au Saint-Siège et au Pontife suprême, et constater en même temps la pureté de sa foi », de Méan signa un acte, dans lequel « il déclare et proteste solennellement que par le serment prêté à la Constitution il n'entend s'engager à rien qui soit contraire aux dogmes et aux lois de l'Eglise... que jamais il ne fera rien qui y soit opposé, qu'au contraire il la soutiendra en toute occasion par tous les moyens possibles, et qu'en jurant de protéger toutes les communions religieuses de l'Etat, c'est-à-dire *les membres qui les composent*, collectivement ou individuellement pris, il n'entend leur accorder cette *protection* que *sous le rapport civil*, sans vouloir par là approuver ni directement ni indirectement les maximes qu'elles professent et que la religion catholique proscrit ».

Huit ans plus tard, le prince de Méan aura la gloire de réparer noblement la faute, qu'il avait commise en prêtant le serment sans ces restrictions nécessaires, et il tiendra courageusement ses engagements du 18 mai 1817, en résistant aux nouvelles lois sur l'enseignement officiel, basées sur la même loi fondamentale :

« Vous, mon prince, — lui écrira alors Goubau, — qui avez solennellement juré le maintien de l'article 226, vous ne pouvez, me paraît-il, sans trahir votre serment, souffrir que le roi abdique la moindre parcelle de l'instruction publique. » L'archevêque répondra : « Quant à ce serment, je ne crois nullement y manquer ; tout au contraire, en agissant autrement, je croirais manquer à la déclaration que vous m'avez fait donner au Souverain Pontife, déclaration qui était réglée et convenue entre les deux gouvernements, et qui a finalement déterminé le sens dans lequel j'ai juré la loi fondamentale et les obligations que j'ai contractées » (1).

De Méan fut enfin préconisé le 28 juillet 1817. La déclaration du prince-évêque était une véritable rétractation, mitigée pour la forme, du serment prêté en 1815, puisque le sens naturel du serment, auparavant condamné par les évêques, s'y trouvait manifestement restreint par le Pape à un sens catholique. Loin d'admettre cette conclusion patente : Voilà donc, disaient les assermentés, que le Pape admet notre serment ; car c'est là le véritable sens, le sens que nous y attachions. Le gouvernement et ses adhérents, manquant à toutes les lois de l'honnêteté, chantèrent victoire : Le serment est licite, concluait-on. On publiait dans le journal officiel et dans plusieurs autres que déjà « toute la teneur du bref du 1ᵉʳ mai à M. de Broglie présentait sous des phrases adroitement tournées la condamnation la plus complète de la marche précipitée et imprudente des évêques » (2). En vain le nouvel archevêque, un mois après son intronisation, « exprimait-il le vœu (3) que ses diocésains, qui avaient prêté le dit serment sans restriction quelconque, fissent *de verbo ad verbum* la même déclaration explicative que lui, et qu'ils la soussignassent ». — « Dans l'ordre judiciaire comme dans l'ordre administratif, on se plaisait à répéter que le Saint Père venait, par l'élévation du prince de Méan et par sa déclaration explicative, de désavouer incontestablement, sinon de blâmer formellement la doctrine des évêques, interdisant le serment (4). — « Cette doctrine, écrivait le gouverneur de la Flandre orientale, a servi de base à l'arrêté prononcé par les tribunaux contre M. de Broglie (5). »

Et de fait, l'injustifiable sentence fut portée contre de Broglie, le 8 novembre 1817, quelques semaines après l'intronisation

---

(1) Daris, op. cit. t. 4, p. 307, 308.

(2) *Nouvelle théologie*, p. 5, app. bibl. nᵒ 69.

(3) Circulaire du 13 nov. 1817.

(4) *Récl. resp.* de Lesurre app. bibl. nᵒ 66, p. 9.

(5) Ib.

du prince-archevêque. C'était la vengeance de Guillaume, irrité d'avoir dû céder après trois années de négociations, devant la sainte inflexibilité des droits de l'Eglise. On essayait de donner le change au public et de faire croire à la culpabilité de l'évêque de Gand en exaltant le triomphe de l'archevêque. Peut-être eût-il été généreux de la part de celui-ci, dans les conjonctures où se trouvait le magnanime de Broglie, d'avouer humblement sa faute et tout en déclarant dans quel sens il entendait le serment aujourd'hui, de révoquer le serment au sens général et naturel où il l'avait prononcé en 1815 (1). Nous serons trop heureux d'admirer plus tard la fermeté du prince-archevêque pour ne pas reconnaître en 1817 sa faiblesse.

Le Pape fut plus courageux ; après avoir écrit à l'archevêque (2) combien sa conduite l'avait affligé, il ajoutait que le Saint-Siège avait déjà autrefois condamné le serment en approuvant le *jugement doctrinal* des évêques belges, et terminait en disant que si l'on n'avait pas exigé l'aveu de sa faute au lieu d'une déclaration explicative, c'était uniquement dans l'espoir que sa conduite ultérieure serait une réparation du passé. A l'égard de Maurice de Broglie, alors fugitif, le grand pape ne montra pas non plus la réserve diplomatique que la prudence humaine lui eût peut-être conseillée ; le 24 mai 1817, il lui envoyait le bref *Non tam cito* (3) par lequel il engageait le prélat à ne pas renoncer à son siège.

Quant au gouvernement, fidèle à sa devise : Je maintiendrai, il continua sans aucune dignité de maintenir ses absurdes prétentions jusqu'en septembre 1820 ; quoique en plus d'une circonstance et d'après les cas, il tolérât le serment restrictif, maintes fois aussi il déclara qu'il n'agréait aucune restriction.

---

(1) Guillaume avait cependant repoussé une pareille formule. De Méan écrivit au surplus le 3 juillet 1817 une lettre fort regrettable, dont on abusa pour étayer la thèse insoutenable du gouvernement (Daris op. cit. t. 1, p. 282).

(2) 3 déc. 1817.

(3) *Recueil de mandements* p. 363.

Au contraire un nouveau bref exigeait (1) la rétractation du serment pur et simple, et approuvait qu'on le prêtât ou dans le sens civil ou dans le sens de la déclaration de Mgr de Méan. Ayant eu connaissance de cette décision pontificale, le gouvernement prétendit enfin n'avoir jamais demandé le serment dans un autre sens que celui du bref. C'est à cette palinodie qu'il aboutissait (14 août 1821) après six années d'intolérantes poursuites et de négociations obstinées (2). Se basant sur cette nouvelle affirmation, il déclarait toute rétractation hors de saison et inconvenante. Pourquoi avait-il négocié la formule de rétractation ou de déclaration explicative de Mgr de Méan? Des subtilités sophistiques de ce genre ne peuvent honorer un gouvernement.

---

(1) Bref du 14 oct. 1820 à Barrett, de Liége. Daris, t. cité p. 285.

(2) Le 21 août 1821 le secrétaire du diocèse de Gand avertit les doyens que le roi a fait savoir par le directeur des affaires du culte que sa volonté constante est que le serment exigé des fonctionnaires publics n'est exigé que dans le sens civil et conformément à la déclaration de l'archevêque de Malines « omnem difficultatem authentica declaratione sublatam esse » (*Mandements* 477).

XI. Persécution religieuse. — Suite.

Nous avons dû exposer avec quelque détail la controverse sur le serment. Mais pendant les six années que se prolongèrent ces regrettables discussions, bien d'autres faits étaient venus prouver aux belges que la protection promise par la Loi fondamentale à toutes les communions religieuses ne serait jamais sincèrement accordée à l'Eglise catholique.

Un décret important du gouvernement provisoire (7 mars 1814) avait rendu l'Eglise entièrement libre en Belgique ; loyalement interprétée, cette précieuse déclaration eût rendu impossibles non seulement les six articles peu orthodoxes de la Loi fondamentale et la formule du serment constitutionnel, mais encore toute ingérence du pouvoir civil dans le domaine religieux et en particulier l'exécution des trop fameux articles organiques. Guillaume étant protestant ne pouvait à aucun titre se prévaloir du concordat de 1801, bien moins encore des articles que Napoléon y avait frauduleusement annexés malgré le Pape et en dépit, contre l'esprit du concordat. Cependant dès le mois de mai 1816, le ministre de la justice invoquait le concordat et les articles organiques (1).

« Le bruit court, écrivait-on (2), que les ministres de S. M. ont déjà signifié aux évêques de la Belgique que le concordat et par conséquent *les articles organiques* sont encore lois de l'Etat dans le royaume des Pays-Bas, et cela nonobstant l'arrêté du 7 mars 1814. Nous avons peine à le croire ; mais, s'il en est ainsi, l'histoire de la Religion Catholique, sous le régime de la tolérance universelle, sera augmentée d'un nouveau chapitre aussi curieux, mais non moins lamentable que les

---

(1) Circulaire aux tribunaux, au sujet de l'arrêté royal du 10 mai. *Recl. resp. de de Broglie* p. 511.

(2) *De la promulgation*, p. 31 note. app. bibl. n° 47.

autres ». — « Les princes qui, pour satisfaire leur cupidité ou leur ambition, ont foulé aux pieds la puissance et les droits que Jésus-Christ a donnés à son Eglise, ont été les tyrans de leurs sujets et les artisans de leurs propres malheurs » (1).

Les ordres réguliers furent les premiers atteints par la persécution.

Après la chute de Napoléon, confiants dans la déclaration du comte de Robiano, les religieux si longtemps dispersés avaient commencé à se réunir en communauté. Les frères-mineurs récollets d'Anvers furent les premiers à insister auprès du Saint-Siège pour le rétablissement de leur province (2). Les anciens prémontrés de l'abbaye de Ninove (3) s'étaient réunis, sans se douter, semble-t-il, qu'il fût encore besoin d'une autorisation de l'Etat ; le 23 septembre 1814 on les dispersa : ils avaient, disait l'arrêté « attenté à la souveraineté du prince ».

Les jésuites, rétablis par Pie VII le 8 août 1814, n'avaient pas attendu cette date pour essayer de se reconstituer en Belgique. Le 15 juillet le P. Henri Fonteyne, de Bruges, avait reçu du général de l'Ordre, résidant en Russie, les pouvoirs de provincial ; le comte de Thiennes-Lyenburg lui céda une aile de son château de Rumbeke, près Roulers, pour ouvrir un noviciat ; l'évêque de Gand reconnut cette fondation sous le titre de maison d'exercices ; et le 31 juillet, dix novices s'y présentaient. Le duc d'Ursel fut informé par de Broglie (28 septembre) de l'érection de cette maison (4). Pendant les cent-jours, la

---

(1) Ibid. p. 34.

(2) P. Fr. Stephanus Schoutens, *Levensschets van den Eerw. P. Thyssen*, appendix III.

(3) Glorieux, *Du Stévénisme*, 1835, t. 2, p. 24.

(4) L'avocat Tialans éditait en 1814 ses *Réflexions sur l'éducation moderne et sur le rétablissement des jésuites* (Bruxelles, Lemaire). Après avoir décrit la triste situation morale des lycées, il faisait entendre les vœux de l'Europe pour le rétablissement des collèges de jésuites « dont il n'est plus permis à toute homme sensé et impartial de mal penser ni de mal parler » (*Journal de l'empire*, 25 avril 1813 ; *Le Spectateur*, t. II, p. 45-57) Voir *Vie du R. P. Hélias d'Huddeghem*, par Aug. Lebrocquy S. J. p. 30-63, sur la communauté de jésuites dans le palais de l'évêque de Gand.

famille Gobert accueillit les jeunes jésuites à Destelberghen, et ils s'y préparaient, au nombre déjà de 29, au ministère propre à leur vocation, lorsque par décret du 25 avril 1816, il fut enjoint à cette association de se dissoudre dans les huit jours « comme ayant été formée sans autorisation préalable et en contravention aux lois » (1). De Broglie, ne connaissant aucune loi de ce genre, s'adressa au roi, le suppliant de ne pas priver son diocèse du grand bien qu'il attendait de cette institution ; puis, ayant appris que ses représentations n'avaient produit aucun effet et qu'on allait employer la violence, il recueillit la plupart des jésuites dans son palais (7 juin 1816). Ils purent y rester un peu plus d'un an ; mais la faveur témoignée par de Broglie à la Société de Jésus devint, devant la cour supérieure de justice de Bruxelles, un des chefs d'accusation contre le prélat (2). En septembre 1817, la communauté passa en partie à Hildesheim, dans le Hanovre (3) ; les autres furent expulsés (24 février 1818) du palais, et passèrent en Suisse ou au Missouri ; quelques-uns trouvèrent un refuge temporaire dans la famille Hélias d'Huddeghem (4).

Peu de jours après ces voies de fait, une suite d'arrêtés royaux (9 mars, 11 mai, 17 juin 1818) « défendit expressément d'admettre encore des novices dans les réunions de religieux ou religieuses, qui ne sont d'aucune utilité publique, ne menant qu'une vie contemplative » ; on leur accorda « par grâce, de continuer à exister à l'état où elles étaient, jusqu'à leur extinction graduelle ». « Sa Majesté entendait que dans aucun cas l'émission des vœux perpétuels et irrévocables, ne fût permise, parce qu'elle était contraire aux lois existantes ». Tous les ans, au mois de décembre, Goubau exigerait un rapport détaillé sur ces associations, afin que Sa Majesté pût juger principalement

---

(1) *Réclamation respectueuse* de de Broglie p. 64.
(2) Ib. p. 65.
(3) C'est là que le T. R. P. Beckx se joignit à l'ordre le 29 octobre 1819.
(4) Jusqu'en 1824, les P.P. Boone, Van de Kerckhove et deux autres continuèrent de prêcher des retraites ecclésiastiques et des missions : ils durent enfin céder.

de leur diminution successive et extinction graduelle (1).
S. M. daignerait autoriser (et c'était une condition essentielle)
les communautés hospitalières, les alexiens et même les
couvents s'occupant de l'éducation, moyennant approbation de
leurs statuts : les vœux ne pouvaient pas dépasser le terme de
cinq ans.

Après plusieurs mois, Goubau (2) eut le déplaisir de constater que la plupart des communautés ne s'étaient pas encore
fait autoriser : il les menaça de dissolution dans les cinq mois ;
la même peine frapperait celles où l'on se permettrait d'émettre
encore des vœux perpétuels (3).

De la lecture des journaux de l'époque se dégage une impression pénible : on y fait fréquemment mention de mesures tracas-
sières contre de modestes couvents de religieuses ; le pouvoir,
par l'office de quelque magistrat zélé, les expulse ou les menace
de suppression, parce qu'elles donnent l'enseignement du catéchisme et même de l'alphabet : elles n'y ont pas été autorisées :
elles ignoraient la loi. On mentionne dans l'espèce d'innom-
brables arrêtés royaux : S. M. a daigné autoriser les sœurs
noires de Bruges à porter leur nombre de 18 à 20 ; celles de
l'hôpital ont obtenu la faveur de recevoir trois novices ; les
hospitalières d'Ypres n'étaient que quatre : elles seront désormais cinq (4). Les ursulines de Thildonk (5) avaient compté
sur l'archevêque de Malines pour obtenir la faculté royale
de bâtir une chapelle ; avant que la réponse fût donnée, le
gouverneur apprend que les constructions s'élèvent : un décret
royal arrête les travaux et disperse la communauté ; il fallut
huit mois d'instances pour obtenir un autre décret, qui permît
d'achever la bâtisse et d'ouvrir des classes à la condition que les

---

(1) Circulaire, *Récl. resp.* de Broglie, p. 113.
(2) 26 juillet 1820, à de Méan.
(3) Dans, op. cit. IV. p. 293. *Spectateur* XII, p. 283.
(4) *Le catholique des Pays-Bas*, 25 décembre 1828.
(5) *Jean Corneille Martin Lambertz, fondateur des Ursulines dites de
Thildonck*, par le P. H. Saintrain C. SS. R. 1892, p. 36 43.

maîtresses fussent diplômées. Le saint chanoine Triest, qui avait fondé l'admirable institut des sœurs de la charité (1), s'était hâté de profiter d'une trop courte période de liberté ; — Courtrai (1814), Saffelaere et St. Genois (1815), Berthem (1817), Tournai (1818) avaient accueilli avec empressement ces charitables sœurs des malades et des malheureux ; il put encore fonder des couvents à Bruges (1820), à Berlegem (1823) ; mais que d'obstacles il fallut vaincre ! une inspection défiante, des formalités étroites, un contrôle vexatoire arrêtaient l'élan de la charité ; Melsele (1826) fut supprimé par arrêté royal après une année d'existence. Les frères de charité, autre fondation du pieux chanoine (2), furent entravés dans toutes leurs œuvres : ceux de Gand donnaient l'instruction gratuite à 600 pauvres ; leurs écoles furent supprimées (3). Combien ces mesures étaient en contradiction avec les principes constitutionnels de protection religieuse ! « Voilà, écrivait de Broglie (4), à quoi se réduisent, dans le royaume des Pays-Bas, l'état et les libertés de l'Eglise catholique ; ces procédés ne renversent pas moins cette liberté tant vantée des opinions religieuses, garantie à tous les individus, de sorte que toutes ces violences sont aussi contraires à la loi fondamentale qu'aux libertés de l'Eglise ! »

La vie religieuse, instituée par Notre Seigneur Jésus-Christ, le zèle des grands ordres religieux, sans lesquels l'Eglise n'a pas son fonctionnement complet, le ministère apostolique dont ils sont de si utiles instruments et les missions sans lesquelles le ministère paroissial est insuffisant aux besoins des fidèles, tout cela devint presque impossible sous Guillaume. De Broglie se plaignait amèrement surtout de voir persécuter « cette société, destinée à nourrir, à ranimer dans son clergé l'esprit sacerdotal par des retraites annuelles, où les curés et les vicaires puisent cette force, ce feu sacré, si propres à soutenir et à faire

____

(1) *La Belgique sous la domination française*, t. II, p. 80.
(2) Byloke à Gand 1810, hospice d'aliénés 1815, Froidmont, Bruges 1820.
(3) *Catholique des Pays-Bas*, 22 juin 1828.
(4) *Réclamation respectueuse*, p. 67.

fructifier leurs pénibles travaux ». (1). Il adressa en 1819 un mémoire au congrès d'Aix-la-Chapelle ; il y retrace les souffrances de l'Eglise et les usurpations du gouvernement et demande que les souverains remédient à cette situation. Sa demande resta sans effet.

Il mourut, relégué loin de son cher diocèse, le vendredi 20 juillet 1821, à l'âge de 54 ans, et fut enterré à St Sulpice, de Paris. Son premier vicaire-général Lesurre banni, les deux autres avec le secrétaire Boussen, cités devant la justice pour avoir publié des documents de leur évêque (2), nombre de curés suspendus ou interdits par le roi (3) : tel était le triste état de son diocèse en 1821 ; sa seule consolation, au moment de paraître devant Dieu, était la conscience du devoir accompli sous la direction du Saint-Siège et le spectacle de l'union de son clergé, avec l'invincible confiance que la cause de l'Eglise triomphe de toutes les tyrannies, là où le clergé et les fidèles demeurent invinciblement unis au Vicaire de Jésus-Christ.

Les religieux, dispersés jadis par la révolution française et hors d'état de se reconstituer aujourd'hui, semblaient condamnés à s'éteindre. Le 31 janvier 1822, de Brouckere, gouverneur du Limbourg, signalait encore 6 capucins à Maeseyck, 14 récollets à Weert et à St.-Trond (4). En 1826, l'annuaire du clergé catholique romain des Pays-Bas (5), renseigne encore à Anvers 9 récollets, 5 capucins, 3 dominicains ; à Malines 7 récollets et 3 capucins ; 6 capucins et 4 carmes à Bruges ; 8 capucins à Gand, 4 à Maeseyck ; 5 récollets à Diest, 3 à Tirlemont, 7 à Weert et 8 à St.-Trond. Le 15 janvier 1823, Ciamberlani avait pourvu à la situation pénible des frères-

(1) *Récl. resp.* p. 63.

(2) *Spectateur belge* XII, 224 ; XIII, 301.

(3) Ib. X. 97, Cousin, d'Hoogstade et Moenens, de St Denis près Courtrai, pour prédication sur le serment ; XI. 382, Billiau, curé de S. Gilles à Bruges avec dix ou douze autres ; XII. 190, Lippens de S. Bavon et neuf autres curés de la Flandre orientale.

(4) Daris, IV. 294.

(5) Bruxelles, Hayes, p. 305.

mineurs récollets en étendant à eux les dispenses et facultés accordées un an auparavant par le Saint-Siège aux carmes dispersés (1).

Sans désespérer d'une cause, étroitement liée au triomphe de l'Eglise, et en attendant le rétablissement des ordres religieux dans leur patrie, les récollets essayèrent de se reconstituer d'une façon précaire en ouvrant à Thielt un collège latin sous la direction du P. Henri De Crick (2) ; les rigueurs du pouvoir ne leur permirent pas de s'y maintenir plus de quatre ans. A Anvers, ils vécurent dispersés : là se distingua le vénérable P. Thyssen, dont le zèle apostolique entretenait dans tous les cœurs fidèles le désir de voir rétablir l'ancien couvent du Rivage. En 1829, le bon vieillard s'attira les poursuites de la justice pour avoir célébré le mariage d'un soldat suisse, gravement malade à l'hôpital et dont l'état ne permettait pas d'attendre l'accomplissement des formalités exigées par la loi (3).

Les prémontrés se maintenaient dans leurs anciennes paroisses par la juste bienveillance de l'autorité ecclésiastique (4). Ceux de l'abbaye de Tongerloo perdirent, semble-t-il, tout espoir de se reconstituer à l'époque du concordat en 1828 : ils cédèrent alors à la bibliothèque royale de Bruxelles les riches collections qu'ils avaient héritées des bollandistes.

Nous voyons encore à Ypres, à Gand, quelques carmes (5) qui

---

(1) P. Fr. Stephanus Schouten, op. cit. appendice III, IV.

(2) *Spectateur* t. 17, p. 129, 187. C'était un latiniste distingué. Les archives du couvent de Thielt conservent les catalogues msc. de distribution des prix, 1802-1812, 1815-1825, 1830 etc. Le P. Henri mourut en 1837.

(3) *Le catholique des Pays-Bas*, 17 et 20 juin 1829. Un opuscule parut à ce sujet : Un mot sur les lois françaises, relatives au mariage, maintenues provisoirement dans le royaume des Pays-Bas, à l'occasion de la condamnation du R. P. H. Thyssen, professeur, prédicateur et confesseur à Anvers (*Les collections Vanderstraelen*, Alph. Goovaerts, t. II, n. 856).

(4) En 1843, P. De Hert, prémontré de Tronchiennes, était doyen d'Alost; Fr. Rousseeuw, prémontré de Furnes, était doyen de l'église S. Nicolas (*Recueil de mandements de M. de Broglie*, p. 359).

(5) Kersten, *Journal historique*, 1838, V, p. 533, *Le catholique des Pays-Bas*, 13 décembre 1827.

continuent de desservir leur église conventuelle, en attendant
le bonheur d'y recevoir des frères en religion (1).

Beaucoup de jeunes gens belges passèrent à l'étranger pour
y embrasser la vie parfaite des conseils évangéliques. De 1820
à 1830, nous en comptons 43 à Brigg, Fribourg et Estavayer
en Suisse ; ils attendaient là le moment favorable pour rétablir
la compagnie de Jésus en Belgique et en Hollande (2).

Nous avons dit que de Broglie avait dénoncé au congrès
d'Aix-la-Chapelle les funestes entreprises de Guillaume, contre
les droits de l'Église. Un diplomate libéral, dont nous citions
plus haut un rapport à Metternich, le baron de Binder, demandait que dans ce congrès on appelât l'attention des grandes
puissances sur notre situation et sur la conduite du roi
« Comment espérer, écrivait-il, dans la lutte qui s'est engagée
sur la constitution, que la victoire resterait à un souverain,
qui, investi par l'Europe d'une autorité inespérée, n'en a fait
usage que pour planter et cultiver l'arbre de la révolution, que
des efforts inouïs sont enfin parvenus à arracher ailleurs, et
qui n'a pas compris que ... ses devoirs envers ses peuples et
ses alliés lui prescrivaient une marche contraire ? (3) » Il est
très vrai que tous ces attentats et d'autres que la suite de cette
histoire révélera devaient répandre dans les esprits des germes
de mécontentement, d'où pouvait sortir à un moment donné
une révolution.

Mais avant de suivre le développement de cet esprit révolutionnaire, demandons-nous ce que prétendait Guillaume et
quels desseins il avait formés.

Dans son mémoire au congrès d'Aix-la-Chapelle, de Broglie
écrivait : « On voit pour la première fois depuis plus de deux
siècles, dans presque toutes les villes de la Belgique, s'élever

---

(1) Le P. Élie fut cité en justice pour avoir collecté afin de pourvoir à
l'éclairage de l'église de S. Joseph.

(2) *Fasti breviores provinciae belgicae S. J.*, 1882, p. 12. Nous n'avons pas
de détails sur les essais de restauration des autres ordres religieux avant
1831.

(3) Poullet, op. cit. p. 89.

des temples destinés au culte protestant : un déluge de brochures et de journaux remplis du venin de l'irréligion et de l'immoralité, inonde depuis trois ans ces provinces ; on a pourvu encore, de la manière la plus efficace, à l'enseignement, à la propagation des doctrines anticatholiques, par l'établissement de nouvelles universités ». (1). On eut lieu de craindre la propagande effrénée que firent les ministres protestants. « Les *dominés*, les *dominesses*, les *dominillons* affluent, écrivait-on en octobre 1815 (2) : ils prêchent, ils publient, ils répandent l'argent ; une société établie à Londres ne cesse d'inonder notre pays d'écrits schismatiques ; on les distribue dans les églises ; on dit à La Haye que le clergé se débat dans une dernière agonie, et que d'ici à une douzaine d'années on ne trouvera plus de catholiques que dans le petit peuple. De l'Angleterre nous sont arrivées 24 brochures diverses, traductions d'opuscules hérétiques. Les faux docteurs donnent le ciel pour rien : il suffit de lire leurs bibles. Voilà la voie large ! il n'y a ni confession, ni sacrements. »

Est-ce donc que Guillaume avait conçu le dessein de protestantiser la Belgique ? A peine oserait-on lui attribuer un projet aussi ridicule, parce qu'il était irréalisable.

Il faut toutefois se rappeler qu'à cette époque il y eut, à l'occasion du troisième centenaire de l'apostasie de Luther, un réveil du protestantisme. Le roi de Prusse, favorisant un projet habilement suggéré au duc de Nassau par deux ministres protestants, avait décidé de célébrer la fête séculaire de la réforme par la réunion des deux sectes, luthérienne et calviniste, en une seule église évangélique chrétienne (3). « Cette réunion, disait le roi de Prusse, ne peut cependant être louable qu'autant qu'elle serait l'effet, non de l'indifférence religieuse, mais d'une conviction libre ; elle ne pourra durer qu'autant

----

(1) *Récl. resp.* p. 86.

(2) *Een pakxken varia*, p. 24 app. bibl. n° 27.

(3) Lettre du 27 sept. 1817 aux consistoires et aux synodes du royaume. (Henrion, *Histoire de l'Eglise*, continuation par de Robiano, 1841. t. 13, p. 145)

qu'elle aura sa racine dans l'union des cœurs. » Il y avait au contraire dans le succès momentané de cet essai de réunion une preuve effrayante de la diminution de la foi dans les pays protestants, une pierre de touche de l'indifférence qui envahissait les adhérents de deux sectes, qui jusqu'alors n'avaient jamais pu s'entendre sur des points essentiels de la foi. C'est ce que faisaient ressortir les controversistes catholiques (1) : non seulement, disaient-ils, le projet d'union et cette nouvelle Eglise évangélique sont la preuve de l'esprit d'indifférence qui vous a envahis ; mais, malgré un enthousiasme éphémère et une recrudescence de haine contre nous, ils sont aussi un dissolvant de votre hérésie ; l'indifférence, au lieu de céder a l'influence de ces fêtes centenaires, s'en accroît et se propage.

Le roi de Prusse, nous semble-t-il, se laissait entraîner par l'esprit nouveau — nous l'appellerions volontiers le libéralisme religieux et chrétien — qui s'était affirmé, après la chute de Napoléon, dans la Sainte-alliance (2). Ce pacte conclu contre la Révolution entre Alexandre I, empereur de Russie, François I, empereur d'Autriche et Frédéric Guillaume, III roi de Prusse, ne méritait, dit le cardinal Hergenroether, ni le dédain, ni l'enthousiasme ; il s'inspirait d'un christianisme vague et confus, qui reconnaît Jésus-Christ, Dieu-homme, mais qui fait abstraction de la seule vraie Eglise, fondée par lui (3). « Je vais quitter la France, avait dit Alexandre en présentant le projet de Sainte-alliance, mais avant mon départ, je veux par un acte public, rendre a Dieu le Père, le Fils et le St-Esprit, l'hommage que nous lui devons pour la protection qu'il nous a accordée, et inviter les peuples à se ranger sous l'obéissance de l'Evangile. » Il désira que ses deux puissants collègues, vainqueurs avec lui de Napoléon, s'unissent à lui dans un acte d'adoration, afin qu'on les vît, comme les mages d'Orient, reconnaître la suprême

---

(1) Voir le procès de Nellessen, curé de St-Nicolas à Aix-la-Chapelle, *Spectateur belge* IX pp. 18-43.

(2) 26 sept. 1816.

(3) Kirchengeschichte II. 793.

autorité du Dieu Sauveur (1). Le salut de l'Europe et la défaite de la révolution ne se trouvaient pas là ; la vérité complète pouvait seule remettre tout en ordre. « Puisque la séparation et la révolte contre l'autorité de l'Eglise a été la source d'où sont dérivés tous les maux, on n'en trouvera jamais les remèdes que par le retour à l'unité et par la soumission. » C'est la belle et grande pensée, exprimée il y a deux siècles par Bossuet.

L'Eglise, on le conçoit, ne pouvait entrer dans ces rêves d'union impossible ; aussi n'y fut-elle pas invitée. Quant aux princes allemands, qui adhérèrent aux projets d'union évangélique, ils engagèrent des négociations avec le Saint-Siège, afin de pourvoir, après les grands événements de 1814, à la situation religieuse de leurs sujets catholiques : « La paix étant rétablie enfin en Europe et les intérêts de l'Allemagne réglés définitivement — ainsi s'exprimaient-ils dans une déclaration adressée à Pie VII (2) — les princes et Etats souverains de la confédération germanique se sont concertés à l'effet d'y rétablir l'épiscopat, par lequel l'Eglise se gouverne, en lui assignant des sièges convenables ainsi que leur délimitation et leur dotation ». Les négociations furent difficiles, elles traînèrent en longueur, par le mauvais vouloir des princes ; elles furent rompues enfin et les sièges épiscopaux demeurèrent longtemps vacants, au grand préjudice de la religion catholique. Nous verrons la même situation se prolonger en Belgique, au milieu de semblables négociations, toujours infructueuses ; le prince-archevêque de Malines restera, après la mort de Hirn (3) et de Pisani (4), seul représentant de l'autorité épiscopale dans nos provinces.

Il est probable (5) que Guillaume s'était concerté avec les princes protestants du Rhin ; mais, malgré les faveurs accor-

---

(1) Alb. Sorel, *Le traité de Paris*, 1873, p. 134.
(2) Henrion t. 13, p. 174, note.
(3) 19 août 1819.
(4) 24 février 1826.
(5) Selon Daris, op. cit. p. 292, 295.

dées au culte hérétique, il s'aperçut bientôt qu'il ne pouvait espérer d'amener les belges au culte protestant. Quelques ministres calvinistes furent nommés et rétribués par le gouvernement à Dour, Hoorebeke, Seraing, Gand, Anvers, Liége et Bruxelles; leur propagande fut absolument stérile. Une association littéraire, hautement patronnée et qui d'abord déguisait assez habilement son but sous le titre : *Tot nut van het algemeen, Pour le bien commun,* fit des efforts considérables pour gagner des adhérents. Les belges, de concert avec les catholiques de Hollande (1), lui opposèrent la *Société catholique des bons livres.* Le gouvernement la supprima par un arrêté royal du 23 août 1823, sous prétexte qu'elle tendait à semer la division parmi les citoyens; mais le noble comte Louis-François de Robiano de Borsbeek sauva l'œuvre en prenant un brevet de libraire, qu'on ne put lui refuser, et continua la publication périodique d'excellents ouvrages d'apologie (2).

Nous avons entendu Maurice de Broglie énoncer ses appréhensions; il ne redoutait pas tant le protestantisme que l'indifférence religieuse; en cela il voyait parfaitement clair; aussi bien savait-il la situation de son diocèse et même du pays. Le *Spectateur belge,* décrivant cette situation au commencement de 1815, partageait la population belge en trois catégories; la classe cultivée, la classe moyenne et le petit peuple : « Quoique le séjour des français et leur gouvernement, toujours marqué au coin du mépris pour la religion, n'ait pas peu contribué à affaiblir la foi parmi les grands, et qu'une partie de la plus basse classe du peuple germe dans une funeste ignorance des dogmes et des préceptes du christianisme, il est cependant vrai que les belges en général chérissent la religion catholique. Deux classes très nombreuses, les bourgeois d'un rang mitoyen et les habitants de la campagne, par leur genre de vie plus à l'abri de la contagion, professent surtout un attachement inviolable à la foi de leurs pères; ils en ont souvent donné des

----

(1) Le Sage ten Broeck,
(2) Henrion t. 13, p. 334.

preuves frappantes depuis que les suites affreuses de la révolution française ont atteint notre territoire » (1). Pousser la masse du pays au protestantisme était impossible. « Notre pays est catholique, écrivait-on en 1816 ; car quelques centaines de commerçants étrangers, répandus dans trois, quatre villes, et deux ou trois villages, où il se trouve des protestants, n'empêcheront pas de dire que nous sommes catholiques ; tout au plus y a-t-il un habitant sur mille qui ne le soit pas. Cependant la foi est affaiblie par vingt-et-un ans de séduction : une philosophie antichrétienne, qui s'efforce de détruire tout ce qui s'appelle mœurs et religion, s'est insinuée partout et s'est acquis un grand nombre de sectateurs ; ils se cachent encore pour la plupart, ils observent une certaine décence extérieure ; mais dès le moment où les sectes protestantes seront autorisées, ces malheureux se joindront aux protestants, non point parce qu'ils croient comme eux, mais parce qu'ils pourront, sous ce voile, vomir tous les blasphèmes qu'ils ont dans le cœur et tourner en ridicule l'Eglise romaine et ses ministres. » (2).

---

(1) *Spectateur* t. II, p. 65.
(2) *Courtes dissertations* p. 84, 98 app. bibl. n° 43.

XII. Le parti libéral et la Presse.

Encore que le roi Guillaume ne pût caresser l'espoir de nous faire renoncer à la foi de nos pères, il trouva parmi nous un certain nombre d'hommes influents, tout disposés à le seconder dans ses desseins contre l'Eglise et partisans de ce libéralisme religieux, dont il se piquait parfois d'être lui-même un adhérent convaincu. L'occupation française, l'éducation universitaire fondée par Napoléon, l'ambition des honneurs et des places lucratives avaient pendant vingt ans augmenté le nombre de ces citoyens ; ils ne renonçaient pas tous au titre de catholique, de chrétien ; mais leur foi était fort amoindrie; l'obéissance à l'Eglise leur devenait difficile, une vague religiosité leur suffisait. Entrés dans la magistrature ou dans l'administration, ils avaient prêté le serment constitutionnel, quelques-uns avec restriction peut-être ou du moins avec quelque hésitation ; la plupart étaient entrés sans scrupule dans les vues du roi. Vieux joséphistes et fébroniens s'unissaient à ces hommes nouveaux.

Les nobles protestations de Maurice de Broglie n'eurent aucun écho dans ces âmes mercenaires. « Quant à ces hommes qui aspirent aux fonctions publiques, écrivait-on, rien ne peut les arrêter dans leur marche, ni faire impression sur eux. Vous n'avez pas senti, disait-on aux juges du grand évêque, que vos excès ne sont pas moins contraires à la bonne politique qu'à la religion que vous professez. C'est de la passion, de la pure passion et rien de plus. Vous dites d'ailleurs pour vous justifier que malgré les décisions des évêques, le gouvernement se procurera bien vite le nombre suffisant d'hommes pour remplir toutes les fonctions. *Quid non mortalia cogis pectora, auri sacri fames ?* » (1) « Ces hommes, nés et élevés pendant les

____

(1) *Exhortation catholique*, pp. 39, 13, app. bibl. n° 62.

troubles, tout imbus des principes révolutionnaires, la plupart initiés dans l'administration française, sont plus habiles pour l'intrigue ; habitués à manier la parole, ils l'emportent en éloquence, en ruses, en séductions sur les pères de famille et les propriétaires, non enrichis par les ventes nationales (1).

Aux belges, élevés dans une atmosphère d'irréligion, il faut joindre un certain nombre de français, bonapartistes ou républicains ; les uns occupaient des fonctions, où les avait maintenus le nouveau gouvernement ; d'autres que la restauration monarchique tenait éloignés de la France, se voyaient accueillis dans nos villes wallonnes et surtout à Bruxelles ; ici l'on comptait plus d'une vingtaine d'ex-constitutionnels ou régicides ; Guillaume leur accordait l'hospitalité avec une facilité étrange (2).

Ces divers éléments exercèrent une influence plus désastreuse que le protestantisme du Nord et contribuèrent à former le *parti libéral*. La grande influence qu'il exerça dans notre patrie nous engage à nous arrêter un moment à ses origines.

Les *idées libérales* avaient déjà été prônées à l'avènement de Bonaparte (3) ; mais le despotisme du consulat et de l'empire n'avait point permis aux partisans de ces idées de se constituer à l'état de parti. Fils de la Révolution, Napoléon sut comprimer les révolutionnaires et ne leur laisser de liberté qu'autant que les intérêts de son ambition le comportaient. A la chute de l'empire, le parti se forma ; un écrivain le signalait en ces termes (4) : « Bien que le gouvernement impérial soit tombé, dans beaucoup d'intelligences règnent encore les maximes

---

(1) *Réclamation respectueuse et légitime*, p. 7, app. bibl. n° 30.

(2) Le 13 août 1830, le *Catholique des Pays-Bas* citait 21 conventionnels, qui rentraient de Bruxelles en France, 6 de Liège et quelques-uns d'autres villes.

(3) *La Belgique sous la domination française*, t. II, p. 17, p. 169.

(4) Vergani, *Le idee liberali, ultimo refugio dei nemici della religione e del trono*. Gênes 1816. L'auteur, prêtre piémontais, vint à Paris en 1812 lorsqu'après l'enlèvement de Pie VII les chanoines de S. Jean de Latran, dont il faisait parti, furent expulsés de Rome.

erronées qui donnèrent naissance à la Révolution et sur lesquelles ce gouvernement était basé. La génération de 1789
demeure en grande partie attachée aux faux principes de la
souveraineté du peuple et des droits de l'homme ; cet attachement doit être plus fort dans cette masse de citoyens qui ont
exercé des emplois civils ou militaires, soit dans la république,
soit dans l'empire, et qui ont goûté les faveurs de ces gouvernements, si prodigues envers leurs satellites. Ces hommes,
comme aussi les libertins et les incrédules, sont intéressés à
propager ces principes erronés, puisqu'ils se flattent de voir
renaître par ce moyen, le régime auquel l'ambition et l'avarice
les attachaient : c'est la raison du transport qu'excite aujourd'hui
ce que l'on nomme les *idées* et les *institutions libérales*. Le
mot par lui-même est vide de sens ou du moins il n'offre aucun
sens bien déterminé ; mais il a un sens et une portée très
funestes dans l'esprit de ceux qui prodiguent le mot dans leurs
discours et dans la presse. Sous cette dénomination ils entendent
la plupart des maximes de la Révolution ; la souveraineté
populaire, la tolérance indéfinie en matière de religion ou
d'opinions, la loi immorale du divorce, la liberté absolue de la
presse. Tout le monde sait combien d'adhérents ces maximes
trouvèrent en Espagne, alors qu'au printemps de 1814 cette
nation rentra sous l'autorité de ses rois ; ils furent si nombreux
qu'ils réussirent à former une secte, qui se désigna sous le
nom de *Liberales*, ils surent imposer leurs maximes aux
Cortès. L'engouement pour les idées libérales fut tel en France
que lorsque le grand capitaine revint de l'île d'Elbe, il crut
nécessaire de proclamer que son gouvernement consacrerait
désormais le règne des idées libérales. »

Comme les beaux mots de *tolérance, bienfaisance, philosophie,
progrès*, par lesquels on avait séduit sur la fin du 18e siècle
tant de chrétiens dégénérés, ainsi le mot de *Libéral* devait
tromper bien des âmes simples, et, de degré en degré, souvent
à leur insu, les éloigner des doctrines de sage liberté, et même
de l'Eglise qui repousse les « libertés de perdition » (1). Telle

---

(1) Encyclique *Quanta cura*, du 8 déc. 1864.

est cependant l'illusion que font les grands mots à la mode que les abus qu'ils couvrent ne parviennent pas à dessiller les yeux.

« Des idées libérales ! écrivait en 1816 le sage et savant Raepsaet (1), voilà de grands mots et des mots bien sonores ! mais j'avoue franchement que je ne les comprends pas ; je sais, et je me rappelle encore, que ces mots n'ont acquis leur grande vogue que depuis ce fameux 18 brumaire, duquel date l'élévation de Bonaparte, parce qu'il semble qu'alors c'était le mot du parti pour se reconnaître. Le but était de donner à la France un gouvernement *libéral*. Le nom de *Philosophie* avait perdu de son crédit ; et parce qu'on n'osait plus le prononcer, et que cependant on était bien déterminé de ne pas renoncer à ce système, il fallait de toute nécessité inventer un mot, inintelligible au moins pour le peuple, et donner ainsi le change à l'opinion, à la faveur d'un mot plus séduisant. Le mot *libéral* fut donc adopté. Mais ce gouvernement libéral, qu'a-t-il fait ? Il a détruit la liberté religieuse et civile, substitué la licence à la morale, la bassesse à l'honneur,... le luxe à l'aisance et les concussions à l'intégrité. Si ce sont là ces *idées libérales* qu'il faudrait consacrer, c'est un système qui ne trouverait que peu de partisans dans notre pays, où il y a encore de la religion et des mœurs. Mais si par *idées libérales* on entend une législation sage, stable et basée sur une longue expérience ou éprouvée par des essais heureux, un gouvernement qui surveille, mais qui laisse agir, qui est revêtu de tout le pouvoir pour rendre des sujets heureux, sans avoir celui de les opprimer, où les vertus, les talents et les mœurs sont les seuls titres à la confiance publique, où le peuple a toute la liberté de porter ses doléances au pied du trône et jouit d'un droit constitutionnel de les faire écouter et de résister à l'oppression ; si ce sont là les *idées libérales* dont on nous parle, ces idées sont écrites tout entières dans notre ancienne Constitution, c'est cette même forme de gouvernement *libéral* dont la nation réclame l'inviolable maintien. »

______

(1) *Œuvres*, t. VI. p. 237.

Cependant il arriva ce que Raepsaet entrevoyait ; des hommes qui avaient toujours le mot de liberté à la bouche et qui ne savaient ni garder pour eux mêmes ni laisser à autrui une sage mesure de liberté, accaparèrent au profit de leurs visées ambitieuses ou impies ce beau mot de *libéralisme* et exploitèrent le charme des fausses idées libérales ; ils prirent le monopole du mot et l'on crut qu'ils avaient le monopole de la chose. Le *Spectateur* hésitait encore à condamner les principes libéraux ; mais, « on met tant de sottises à leur charge, disait-il, que bientôt l'on parviendra à les perdre dans l'opinion de leurs partisans mêmes (1). » Il ne se rappelait pas que jadis, dissimulant leurs erreurs sous le manteau de la philosophie, les disciples de Voltaire avaient séduit ceux qu'eussent révoltés une incrédulité manifeste et que beaucoup d'hommes se laissèrent prendre par les mots dont ils couvraient leurs desseins. Une fois engagés dans le parti qui s'intitulait le parti libéral, un nombre considérable de belges se laissa endoctriner et suivit en aveugle.

Le parti s'empara en Belgique d'une arme puissante. Longtemps sévèrement contenue par Napoléon (2), la presse se sentait libre, depuis l'arrêté du 23 septembre 1814. On vit surgir rapidement une trentaine de journaux autorisés par le gouvernement ; les journaux politiques se déclaraient franchement libéraux ; ils seront longtemps les instruments serviles du pouvoir et toujours les organes de l'incrédulité (3).

---

(1) V. 81

(2) Voir *La Belgique sous la domination française*, t. II, p. 62.

(3) Après le *Journal officiel* créé par décret du gouvernement provisoire le 1er mars 1814, furent successivement autorisés depuis l'arrêté de Guillaume (23 sept. 1814), *l'Indicateur* (Du Caju) de Termonde, la *Nieuwe gazette van Brugghe* (de Vliegher), le *Journal du département de Jemmape* (Le Brun), la *Feuille périodique* de Gand (Houdin), *Gazette van Gend* (Bogaert-Declercq), *Gazette van Brugghe* (Bogaert), *Feuille d'annonces* à Mons (Lelong), *Le Courrier belge* à Malines (Hanicq), *Feuille d'annonces* à Anvers (Le Poitevin) et à Malines (Van der Elst), *Gazette van Brabant* (Seyens) à Anvers, *Gazette de Courtrai* (Blanchet), *Journal du département des Deux Nèthes* (Jouan), *Feuille d'annonces* à Tournay (Varlé), *Kortryks nieuwsblad*

« Les productions françaises, dont nos bibliothèques sont remplies, écrivait-on en 1816, ont plus abâtardi le caractère national que le joug humiliant qu'il nous était impossible de secouer ; la liberté de la presse est venue depuis lors aggraver le mal. La décision unanime des évêques contre la Constitution a donné le signal d'une attaque générale... On ne voit de tous côtés que pamphlets, journaux, gazettes, etc. vociférer impunément contre l'Eglise catholique et contre ses ministres... On frémit quand on entend nos sophistes presser le gouvernement d'établir un système d'instruction publique, conforme aux progrès de la raison et qui ait pour objet spécial, non les mœurs ni la religion, mais les sciences et les arts. » (1) « Il est impossible, écrivait de Broglie (2), de se former une idée du déluge d'abominables pamphlets dont la Belgique est inondée, depuis que le gouvernement s'est hautement déclaré contre la doctrine des évêques relativement au serment. » Les presses royales de Weissenbruck étaient le véhicule le plus actif des infâmes calomnies dont on accablait le clergé et le Pape lui-même.

Le *Spectateur belge* dénonce fréquemment l'*Observateur* de Bruxelles (3), qui recourait aux plus vils sophismes pour autoriser par l'Evangile les doctrines de tolérance, et le *Journal de la Belgique* (4), qui se prévalait de l'édit de Constantin, du traité de pacification de Gand, et même d'un discours de Pie VII (5)

(Gambart de Courval). — En 1815, le *Journal de la Belgique* (Rampelberg), *Feuille d'annonces* (Weissenbruck) à Bruxelles, *Journal politique et d'annonces* à Louvain (Meyer), l'*Observateur* (Carton, Tarte, Doncker, Van Meenen, Delhongne et Barthélémy), *Gazette générale* (Weissenbruck), *Journal général des Pays-Bas* (it.), *Mercure du royaume des Pays-Bas* (De Ceuleneer), *Nederlandsche Post* (Van Leemput), *Le Surveillant* (Wahlen). — En 1816, le journal officiel cessa de mentionner les journaux autorisés.

(1) Lesurre. *Essai* cité, p. 166.

(2) *Réclamation*, p. 153 app. bibl. n° 70.

(3) II. 342 ; III. 45 ; V, 72, 99.

(4) III. 27.

(5) Evêque d'Imola, il adressa en 1797 à ses diocésains un discours, où il expose l'idée de la véritable liberté : « Ce don de Dieu, si cher aux hommes,

pour appuyer les nouvelles idées libérales. Il attaque surtout le *Vigilant*, journal satirique et impie (1), le *Véridique*, rédigé par un prêtre apostat (2), le *Vrai libéral* et le *Journal de la province de Liège* qui « répandaient libéralement la raillerie, la calomnie et l'insulte contre les ministres de la religion et refusaient peu libéralement le droit de réponse » (3). Les *Ephémérides de l'opinion* (4) ridiculisaient nos dogmes et nos mystères et traitaient de Broglie d'évêque séditieux (5).

« Les abus de la liberté, écrivait le courageux de Foere, sont non seulement tolérés, mais en quelque sorte autorisés par le gouvernement » (6). Il croyait pouvoir assurer que bien des articles, insérés tour à tour dans l'*Oracle*, dans le *Journal de la Belgique*, dans le *Journal de Gand* etc. émanaient de la même source que les productions de la *Librairie Belgique* de La Haye. Ces voies ombrageuses du mensonge et de la fourberie chez la nation la plus franche et la plus ouverte de l'Europe, ont pour effet, ajoutait-il, d'aliéner les esprits du pouvoir (7). « La presse n'est véritablement libre que pour trois espèces d'hommes : les anonymes, les ministres et les champions du gouvernement (8). Je ne veux pas me ranger parmi les adulateurs, attendu qu'il n'en manquera pas, et encore moins écrire sous des influences étrangères » (9). Nous avons vu comment il fut traité en 1816 et 1817. En 1823 il céda la direction du *Spectateur* parce qu'il ne se sentait pas assez libre et se dévoua aux fonctions du saint ministère.

---

est la faculté d'agir ou de n'agir pas ; mais cette faculté est subordonnée aux lois divines et humaines, et exclut cette licence effrénée qui confond le bien et le mal. » *Spectateur* V. 6.

(1) V. 106, Lesurre, *Essai historique* p. 166.
(2) IX, 223.
(3) IX, 21.
(4) Chez Weissenbruck. *Spectateur* III. 277.
(5) *Réclamation...* de Broglie p. 155.
(6) III. 39.
(7) III. 27.
(8) II. 343.
(9) III. 41.

Dès 1815, il avait écrit : « Si l'on établit une censure, je cesse d'écrire. » (1). L'intègre Feller, trente ans auparavant, indigné de voir le gouvernement de Joseph II protéger la presse impie et licencieuse et exercer ses rigueurs contre la bonne presse, s'écriait aussi dans un accès de désespoir : « Il n'est plus de ressource que dans une liberté générale ; si le mal circule, le bien circulera également et ne sera pas sous l'infernal empire, où le mal seul est permis. » (2). Guillaume n'établit pas la censure préventive ; mais le mal circula librement et le bien ne circula guère.

Quelques inoffensifs journaux d'annonces ou de nouvelles, qui ne s'occupant aucunement de politique intérieure échappèrent à toute poursuite judiciaire, semblaient satisfaire les bons catholiques. « En 1819, il n'y avait pas dans tout le royaume des Pays-Bas, en dehors du *Spectateur*, un seul journal, une seule feuille périodique, consacrée spécialement à la défense de la religion. » Ainsi s'exprimait Maurice de Broglie (3). En 1820, on vit paraître en flamand *l'Ami de la religion et des bonnes mœurs* ; mais le rédacteur restait prudemment dans les théories ; le vaillant *Spectateur belge* l'engagea à sortir du cercle des généralités pour en venir à des applications aux faits, aux abus existants. Il annonçait aussi un *Journal politique et littéraire* flamand par Lebrocquy et surtout le *Courrier de la Meuse* (4). Sous la direction de Kersten, « écrivain remarquable par l'étendue de ses connaissances, la solidité de ses principes et la force de sa logique, le *Courrier*, d'après de Gerlache (5), fut l'un des deux ou trois journaux qui méritèrent bien du pays. C'est la discussion sur l'enseignement qui déliera la langue de ses rédacteurs et les placera au premier rang. » En 1822 le *Courrier de la Flandre* se lança dans « la carrière honorable,

____

(1) III. 41.
(2) *Journal historique et littéraire* 1789. 1. p. 74. Voir *Joseph II et la révolution brabançonne* p. 38.
(3) *Réclamation* p. 153, app. bibl. n° 70.
(4) Tome IX, p. 129.
(5) *Hist. du royaume des Pays-Bas*, I, p. 396.

mais non sans dangers » ; puis après trois ans il prit résolument
le titre : *Le Catholique des Pays-Bas.* « Tous les jours, disait-il
alors (1), on multiplie les organes des doctrines les plus révol-
tantes ; tous les jours il nous arrive de Paris de nouveaux
aventuriers pour éclairer le peuple belge, c'est-à-dire pour l'iso-
ler de son souverain et de son Dieu. Qui ne sent la nécessité
de donner aussi plus de force aux organes de la vérité?... Forts
de la bonté de notre cause et connaissant les intentions d'un
monarque aussi ferme que sage, nous ferons une guerre franche
et loyale aux doctrines, subversives de la religion et de la
société, doctrines qu'on a nommées *libérales*, comme les grecs
appelaient les furies *Euménides*, c'est-à-dire bienveillantes...
L'intégrité et la justice des magistrats nous seront toujours une
assez forte garantie. »

Dès le mois de décembre, Deneve, l'imprimeur de ce journal,
pour avoir négligé de mettre son nom aux quatre premiers
numéros, fit quinze jours de prison ; le 19 avril il était de
nouveau écroué : « *La presse doit être libre* : Nos ultra-libé-
raux, écrivait-il (2), adoptent cet article, mais avec un amendement secret : *Pour nous*... Dans un pays, où la magistrature
est amovible et dépend d'un caprice, le jugement par jury nous
est enlevé. »

De Vlieger, l'éditeur de la *Nieuwe gazette van Brugge*,
Heirstraeten, l'éditeur des *Katholyke mengelschriften* d'Anvers,
étaient mis en arrestation (3). Pendant ce temps la *Sentinelle* (4),
journal aussi impie qu'obscène, le *Courrier des Pays-Bas*,
d'autres journaux avaient libre carrière pour blâmer le concordat de Guillaume avec le Pape et surtout pour attaquer la
religion et publier des chansons de Béranger et des caricatures
tout aussi grossières (5). En dernière analyse, c'était la licence
pour l'impiété et l'oppression pour le parti conservateur.

(1) 6 déc. 1826.
(2) Journal du 28 avril 1827.
(3) Ib. 26 septembre 1827.
(4) Rédacteur Barré, français.
(5) *Le Catholique des Pays-Bas* 10 Octobre 1827.

L'honnête et politique Angleterre s'émut du dévergondage d'impiété et de licence, que se permettait impunément la presse libérale : « Je ne manquerai pas, écrivait Castlereagh à Wellington (1), d'attirer l'attention du gouvernement des Pays-Bas sur le danger, je dirais mieux la ruine qu'il s'attirera tôt ou tard, s'il ne cesse à temps de faire de la presse l'instrument du mal. Nous pouvons subir la licence constitutionnelle parce que nous avons pour frontière l'Océan ; mais nous ne pouvons tolérer la même chose dans un État tel que les Pays-Bas. » Il entendait sans doute que le voisinage de la France ou la présence des français réfugiés nous exposaient à un journalisme licencieux. Il ajoutait que « Metternich avait envoyé dans le même sens une dépêche au roi, mais que ses remontrances avaient été mal accueillies (2). »

Ces hommes d'État plus prévoyants que courageux redoutaient les dangers de la presse sans oser entreprendre de les prévenir. Consalvi, dans les relations qu'il avait eues avec eux, avait cependant insisté sur la nécessité de contenir partout « cette puissance occulte. L'anonymat, leur disait-il (3) en 1815, sera bientôt le régulateur de la conscience publique ; nous n'avons jamais été menacés d'une plus grave perturbation. Les uns voient le péril et ils le défient en souriant, les autres l'acceptent comme essai ; personne ne veut comprendre que c'est inoculer aux populations une fièvre sans terme et sans repos, les vouer à des erreurs, qui engendreront des crimes sans nombre et des passions sans cesse renaissantes que rien ne pourra assouvir. La lutte entre le bon et le mauvais principe ne sera jamais à armes égales. Le talent, le génie même ne pourront triompher dans ces combats quotidiens, où des plumes vénales et pleines de fiel prendront à partie les gens de bien et s'offriront chaque matin comme les seuls défenseurs des peuples et de la liberté. Ces maux que je prévois ne tarderont

---

(1) *Correspondence*, 8 sept. 1816.
(2) Ib. t. III, p. 292.
(3) *Mémoires* édités par Crétineau-Joly 1864, t. I, p. 22.

pas à fondre sur l'Europe en la désorganisant de la base au sommet. »

Guillaume eut le grand tort de laisser la mauvaise presse se développer dans nos provinces. Des écrivains bien pensants eurent le courage de signaler le danger. « *La Sentine....*, écrivait *Le Catholique des Pays-Bas* (1), excite au plus haut point le dégoût et l'horreur. On est confondu de voir tant de cynisme et une impiété si révoltante trouver place dans un journal et s'imprimer impunément dans le royaume... Que penser de ceux qui encouragent et protègent un semblable écrivain ? Ah ! si ce sont là vos défenseurs, pourrions-nous leur dire, que vous connaissez peu les intérêts de votre cause !.. Vous serait-il indifférent que la société s'écroule et que l'État périsse, pourvu que vous n'ayez plus de catholicisme à redouter ? Quelle affreuse politique que celle qui prend pour devise :

Périsse l'univers, pourvu que je me venge ! »

Annonçant une nouvelle Encyclopédie : « C'est encore un ouvrage, disait *Le Catholique*, que des français nous préparent à Bruxelles... Nous n'attendons rien de bon de ces étrangers qui figurent sur le prospectus, par la raison que nous n'avons rien reçu que de mauvais de cette source. Qu'on ne se laisse pas éblouir par les éloges pompeux donnés à quelques écrivains médiocres, que l'on a groupés autour des coryphées du libéralisme (2). »

« Ces tartufes du libéralisme, écrivait-il, ne contestent aucune liberté ; mais si la presse propage des idées qui ne sont pas les leurs, c'est l'abus : il faut le réprimer ; si le père de famille veut confier l'enseignement au prêtre, c'est l'abus : il faut que l'État seul enseigne. Et ils sacrifient toutes les garanties tutélaires à l'ambition ministérielle (3) ». Longtemps ils furent d'accord avec la presse protestante du Nord : ils prônaient la

---

(1) 18 avril 1827.
(2) 24 mars 1827.
(3) 20 mars 1829.

liberté, comme les calvinistes ; et quand on démontrait le caractère essentiellement intolérant de ces sectaires : « N'est-il pas plaisant, s'écriaient-ils avec le gazetier d'Arnhem, qu'on représente le protestantisme comme l'ennemi de la liberté ? Il suffit de lire l'histoire pour comprendre l'absurdité d'un pareil reproche... Mais le gouvernement a tenté la réforme du clergé catholique. De tout temps, les Nassau ont su brider l'orgueil de la hiérarchie romaine, et Guillaume I saura maintenir l'ouvrage de ses aïeux (1). »

La réforme que le roi tentait avait pour objet d'ôter au clergé la liberté qui lui est essentielle, le droit de suivre la direction du Pape : nous verrons l'obstination qu'il mettra dans l'accomplissement de ce dessein. D'accord avec lui, les libéraux, vrais tartufes de libéralisme, n'auront pas de plus grand souci que celui d'assujettir ou de persécuter l'Église, ses pasteurs et les ordres religieux.

____

(1) 19 mars 1829.

XIII. La franc-maçonnerie dans les Pays-Bas.

Le lecteur nous saura gré de lui offrir quelques détails sur une société, dont l'histoire présente ici un intérêt spécial, parce qu'elle accueillait dans son sein les libéraux les plus influents du pays. Elle passait encore, aux yeux des profanes, pour une association inoffensive, bienfaisante même, et elle affectait de se décorer du titre de philanthropique ; à ce titre, elle jouissait des plus hautes faveurs. Nous esquisserons rapidement la situation et les vicissitudes de la franc-maçonnerie dans le royaume des Pays-Bas (1).

Les premiers conventicules de francs-maçons avaient été jadis prohibés par les Etats de Hollande (2) ; mais les loges s'étaient reconstituées peu à peu (3) et avaient atteint le nombre de 71 avant l'annexion française ; le Grand-Orient de Paris en avait fondé depuis lors neuf autres, mais il avait fait de vains efforts pour asservir les loges plus anciennes. En 1813, celles-ci rompirent avec lui.

Quant aux provinces méridionales, elles comptaient en 1814 27 loges (4).

Le nombre total des frères-maçons s'élevait environ à 3000 dans le nouveau royaume des Pays-Bas.

Les diversités des rites, la multiplicité des grades, les prétentions des *Suprêmes* et des *Souverains* du rite écossais parurent

---

(1) Nous analysons les 6 tomes des *Annales... de la maçonnerie des Pays-Bas*, Bruxelles, Wahlen, 1823. Sur l'histoire, les origines et l'esprit des loges cfr. *Les maçons-juifs et l'avenir ou la tolérance moderne*. Louvain, Fonteyn, 1884.

(2) Edit du 30 novembre 1735, cfr. *Clef du cabinet des princes*, janvier 1736, p. 76.

(3) En 1757, trois à Amsterdam, 1 à La Haye, 1 à Leyde.

(4) Namur, Tournai, Liège, Ostende, Mons, Louvain, Courtrai, 3 à Bruxelles, etc. Dix autres loges avaient cessé leurs travaux.

offrir des inconvénients, et le roi Guillaume jugea bon de s'emparer de la direction des loges pour les maintenir sous son autorité suprême.

Fort opportunément, en 1816, un franc-maçon de Berlin, dont l'influence était considérable (1), fit offrir au prince puîné Frédéric la grand-maîtrise de la franc-maçonnerie dans le royaume. Le prince, pour obéir à son père, accepta cet honneur; c'était le moyen de fondre les divers partis et, si les loges méridionales se rangeaient à l'obéissance du grand-maître de La Haye, on les utiliserait pour opérer *l'amalgame parfait* et l'union des provinces annexées avec la Hollande.

Fort opportunément encore, le nouveau Grand-Maître National reçut communication d'une vieille charte « d'un prix inestimable », disait-on, parce qu'elle mettait fin à des discussions séculaires sur l'origine et sur les rites primitifs de l'ordre (2). Le 13 avril 1818, le prince donna communication de cette découverte, dont douze frères attestaient l'authenticité, et fit répandre dans toutes les loges des exemplaires reproduisant le précieux document. Quelques-unes crurent qu'on les mystifiait; elles firent des objections contre une charte, qui supposait l'existence d'une loge de S. Jean en 1535 dans 19 grandes villes d'Europe, notamment à Gand, à Bruxelles et à Anvers, et qui faisait remonter la mystérieuse société au-delà des croisades. On prétendit y trouver des preuves manifestes de fausseté (3). Mais le Sérénissime Gr. M. National envoya le

---

(1) *Gedenkschriften*, p. 28.

(2) La fille de Van Teilingen, grand-maître en 1798, envoya au prince Frédéric une cassette, où il trouva l'acte d'installation de la loge Vredendal d'Amsterdam, du 8 mars 1519, en anglais — des extraits d'archives d'une loge établie en 1637 à La Haye, attestant l'existence de celle d'Amsterdam en 1519 — et surtout la fameuse charte de Cologne de 1535. La cassette avait été remise pendant la révolution entre 1780 et 1790 par Van Wassenaar d'Opdam à De Botzelaar, grand-maître national. Voir *Annales... de la franc-maçonnerie*, t. I, pp. 335 sqq.

(3) Madrid ne fut pas capitale avant Philippe II ; le V ne se distinguait pas encore du W ; le K était en usage dans les alphabets du temps : autant d'anachronismes, disait le fr. Strackerjan. On soupçonnait Kenker, auteur

25 février 1819 une circulaire (1). « Il avait enfin étudié la question des rites, et s'était convaincu que les degrés supérieurs n'avaient aucun fondement: comment admettre des degrés qui déclaraient certains frères *Souverains* ? Il n'y avait que trois degrés d'une importance réelle et, témoin la charte de Cologne, d'une ancienneté respectable. On ne reconnaîtrait donc plus que les grades d'*apprenti*, de *compagnon* et de *maître* ; ce dernier grade comprendrait cependant des *maîtres-élus* et des *maîtres-élus-suprêmes*. Le Grand Architecte de l'univers, au nom et à la gloire duquel la charte était dédiée, approuverait la réforme préconisée par le nouveau Grand-Maître. »

Le prince communiqua aussi les *lois fondamentales* de la Maçonnerie, « ramenée à sa pureté primitive » ; elles reconnaissent un seul Dieu, l'égalité de tous les hommes, créés pour une même fin, une loi morale, base de la justice, la responsabilité humaine devant le Juge suprême, qui se contente cependant de la bonne foi : aussi ne fait-on aucune distinction de croyances religieuses. Quant au pouvoir civil, on lui doit obéissance. Le but de la société, c'est la perfection du genre humain.

On l'entend, c'est du rationalisme, mais un rationalisme fort tolérant pour les sectes. Le prince avait voulu menacer de punition les frères qui ambitionnaient des degrés supérieurs aux quatre qu'il lui plaisait de reconnaître ; mais il consentit à supprimer ces menaces (2).

---

des nouveaux rituels, de n'être pas étranger à la confection de la charte. Quant à l'alphabet adopté pour la charte, il n'était pas inconnu, semble-t-il, au 16ᵉ siècle ; mais on pouvait s'étonner de trouver dans le prétendu document de 1535, la formule de S. Ignace (1550) A. M. D. G. légèrement modifiée, A. M. G. D. O. (Omnipotentis) : c'était le suprême architecte de l'univers. Van Rappard de la Haye (*Iets over het V. M. Charter*) crut que l'on trouverait 18 exemplaires de la charte dans les 18 villes citées : on les cherchera longtemps.

(1) *Annales* tome III, p. 610.
(2) Tome III, pp. 610-621.

Les maçons hollandais se montrèrent plus soumis (1) que les loges belges. En juin 1819, le Grand-Maître National présida la séance de la loge de Gand ; il tint des conférences avec les frères de Bruxelles ; il visita la loge de Nivelles, puis Bruges et encore Bruxelles. Comme il rencontrait de l'opposition, il prorogea le délai qu'il avait fixé pour l'adhésion des récalcitrants.

La royale loge de l'Espérance (Bruxelles) osa désapprouver que l'on portât la hâche à l'arbre antique de la franc-maçonnerie, qu'elle cessât d'être cosmopolite, et que l'on posât des règles embarrassantes pour des chrétiens ; car quel est le chrétien, demandait-on, qui oserait avec une pleine et entière conviction décider que toute bonne foi et toute religion sauvent? Voulait-on exclure les catholiques ou violer le droit des consciences ?

D'autres objectaient qu'ils étaient en possession de rites vénérables : les rose-croix ne dissimulaient pas la répugnance qu'ils éprouvaient à renoncer à leurs titres.

La soumission était cependant de bonne politique. Aussi, le 28 juin, le Grand-Orateur de Wargny put féliciter le Grand-Maître national qui « avait, dit-il, rendu la véritable indépendance à la Maçonnerie ; quelques dissidents auraient voulu discuter, protester ; leur projet fut déjoué ; on épargna au Grand-Maître le devoir de leur imposer silence. » (2).

Dans les provinces septentrionales, l'*Union royale* de La Haye et l'*Eendragt* de Rotterdam manifestaient de l'entêtement. Le prince réfuta les prétentions des rose-croix et avec une fierté digne d'un protestant orthodoxe : « Je suis chrétien, dit-il, et désire rester éternellement tel. Ne doit-il pas être navrant pour moi de parler ici de l'abus que l'on a fait de la doctrine de mon grand et divin Maître ?.. Je devrais donc transcrire ici ton histoire, divin Jésus ! et cette histoire, je l'appellerais la légende du Grad.·. de R.·. C.·.?... La mort de Jésus-

_____

(1) 1400 signèrent la réforme sans restriction.
(2) *Annales* t. III, pp. 712, 721.

Christ et celle d'Adon-Hiram devraient donc être sur la même
ligne ? Comment ne sommes-nous pas indignés, en lisant la
légende de ce Grad..., d'y trouver des cérémonies si entièrement
contraires à la doctrine et au caractère du Fils de l'homme ? —
Le prince envoya le 20 mars 1820 un ultimatum, par lequel il
sommait les gradés de déclarer s'ils étaient décidés à rester
S.˙. P.˙. R.˙. C.˙. ou à devenir S.˙. M.˙. E.˙. Franc-maçons.
« Cette manifestation franche et formelle, disent les Annales,
porta aux anciens haut gradés un coup sensible et fit faire un
pas de géant à la réforme ». En mai 1820, trente loges belges
étaient soumises au G.˙. M.˙. N.˙. (1).

Il est assez manifeste que dans cette organisation nouvelle
des loges le prince s'inspirait ou se laissait inspirer de l'esprit
étroit, qui dictait la conduite de son père. Celui-ci, ne pouvant
amener les belges au culte réformé, à l'église nationale de la
Hollande, voulait au moins substituer à l'église catholique une
église belgique, aussi indépendante que possible du Souverain
Pontife. Son fils entreprenait de même de réduire la franc-
maçonnerie à n'être qu'une institution nationale.

Ce n'est pas ainsi que l'entendaient certains francs-maçons ;
ils avaient conçu un plan plus vaste, un institut vraiment
cosmopolite et international, embrassant l'univers entier ; à la
gloire du Suprême Architecte de l'univers (car ils repoussaient
la doctrine athée) ils voulaient élever un temple mystique,
invisible, réunissant toutes les intelligences dans le culte du
vrai Dieu et dans l'observation d'un même code de morale :
culte et morale faciles, il est vrai, mais mal définis. Ce rêve
maçonnique ne manque pas de grandeur ; il rencontre toutefois des difficultés qu'une institution humaine ne saurait vaincre.
L'Eglise, elle, est divine dans son origine et elle est destinée
par la volonté de son fondateur à s'étendre sur le monde entier,
tout en gardant le caractère divin de l'unité parmi cent nations
diverses : c'est Jésus-Christ qui, par son assistance perpétuelle
et par l'autorité de son vicaire le Pape, lui conserve cette unité

---

(1) *Annales* t. IV, p. 60, 88, 236, 238, 357.

dans la foi et dans les mœurs : prérogative manifestement unique, depuis dix-neuf siècles que l'Eglise existe, preuve aussi de sa divinité. Jamais la franc-maçonnerie, quand elle serait inspirée et dirigée par Satan, l'Esprit d'orgueil, que Jésus-Christ appelait le prince de ce monde (1), ne parviendra à établir une religion naturelle cosmopolite, ni à étendre au monde entier un même enseignement, un même code de préceptes, une même morale.

Reconnaissons toutefois que le chapitre de l'*Union royale* de La Haye, en s'attachant à ce projet séduisant, montrait une certaine largeur de vues, supérieure aux conceptions étroites de Guillaume. « Si chaque pays se formait une maçonnerie à part, disaient les frères de cette loge (2), nous aurions une maçonnerie de France, une maçonnerie des Pays-Bas etc. Mais l'Ordre aurait cessé d'être le temple du genre humain, et ne pourrait plus enseigner sa doctrine cosmopolite. Pour qu'une société, qui se vante d'être à la tête du développement des idées les plus vraies et les plus nécessaires aux hommes, ne soit pas congédiée comme inutile ou même comme dangereuse, il faut qu'elle soit animée par l'esprit le plus libéral du cosmopolitisme ».

Les *Hauts Grades* s'obstinèrent dans quelques loges, tant du midi que du nord. En bon prince, Frédéric leur offrit par lettre sa démission du gouvernement de cette partie de l'Ordre (3). Ils firent des instances auprès de son frère, le prince d'Orange, mais celui-ci (4) déclina l'honneur de présider aux travaux des *Hauts Grades*. Désormais, disent les annales de l'Ordre, « la haute maçonnerie dormit pour ainsi dire ; mais les travaux des loges particulières ne furent jamais plus actifs (5).

Au milieu des vives dissensions que suscitèrent la charte

---

(1) S. Jean, chap. 12, verset 31.
(2) 20 mars 1820, Annales t. IV, p. 219.
(3) 22 mai 1820.
(4) 9 sept. 1823.
(5) *Annales*... t. VI, p. 563, 485.

apocryphe et la réforme de la franc-maçonnerie, quelle fut la politique des frères belges ? Individuellement (1) ils n'étaient pas tous hostiles à l'Eglise : ils ne faisaient plus, comme un demi-siècle auparavant, célébrer une messe avant de se réunir dans leurs temples, ou un service funèbre avec distribution de pains, « pour le repos de l'âme d'un frère décédé » (2); mais ils ne faisaient pas non plus profession d'impiété. Quelques-uns, plus qu'indifférents, bravaient leurs scrupules et mouraient sans les secours de l'Eglise, « dans les principes de la sublime institution » ; mais ils ne renonçaient pas aux honneurs d'un enterrement religieux. Car s'ils connaissaient et pratiquaient les lois de l'excommunication dans leurs temples, s'ils rayaient du tableau de la loge les frères rebelles et obstinés, ils n'admettaient cependant pas l'excommunication de l'Eglise.

Jusqu'en 1819, le *Spectateur belge* ne s'occupa guère des loges. Cependant, le 13 novembre 1818, un prêtre apostat, conseiller à la cour supérieure de Liége et Vénérable de *La parfaite intelligence*, ayant refusé tous sacrements et ayant exigé par écrit qu'on l'enterrât dans le jardin de la Loge royale, les frères sollicitèrent pour lui les honneurs d'un enterrement religieux ; l'autorité ecclésiastique les refusa, et S. M. le roi approuva cette décision ; mais il y eut des manifestations dans le temple de la loge. L'abbé De Foere put se procurer un des rares exemplaires d'une « pièce furibonde de fanatisme » ; elle était intitulée : *Honneurs funèbres rendus dans la royale loge... le 28 décembre à la mémoire du très vénérable frère St-Martin* (3); il la publia en supprimant les noms des membres (4). Dans cette séance macabre, le frère Destriveaux, Grand

---

(1) Bien des noms que nous pourrions recueillir dans les *Annales* le prouveraient : beaucoup de ces braves gens avaient le tort de mépriser, par respect humain, les sentences portées contre les loges par Clément XII (28 avril 1738), Benoit XIV et leurs successeurs, et ne renonçaient à la fraternité qu'en présence de la mort.

(2) *Spectateur* t. 12, p. 267.

(3) Desoer, 1819.

(4) *Spectateur*, t. 8, pp. 105-134.

Orateur, faisait profession de panthéisme, s'emportait contre la
superstition fanatique des chrétiens; puis, dans un banquet fra-
ternel, au milieu d'un doux recueillement, on portait les santés
d'usage ; le Vénérable Ansiaux, les frères Kinker et Leclerc
célébraient « les idées libérales du siècle » et « l'influence
croissante de leur astre lumineux » (1).

La publication compromettante eut un succès incroyable
auprès des profanes, mais les frères en furent courroucés. Un
jeune Maçon bruxellois, des moins initiés ou des moins sincères, envoya une lettre de protestation que *le Spectateur*
inséra (2).

Ces premières révélations sur la tendance des franc-maçons
de Liége et des Pays-Bas, suivies de plusieurs autres publications du même genre (3), éclairèrent et ramenèrent un petit
nombre d'adeptes, assez indépendants pour se retirer d'une
association manifestement anti-chrétienne. Les autres continuèrent pendant quelque temps de servir docilement un pouvoir
qui les favorisait : « Maçons et citoyens des Pays-Bas, s'écriait
un de leurs Orateurs, remerciez sans cesse la Providence de
nous avoir donné un roi chrétien, mais qui n'est pas catholique-
romain » (4).

Cet esprit de reconnaissance les conduisit dans la voie des
persécutions contre l'Eglise. Il vint cependant un moment où
leur « roi chrétien » ne persécuta pas seulement l'Eglise catholique et romaine, mais viola, leur semblait-il, les droits civils
des citoyens : leur libéralisme supportait les attentats aux
droits des catholiques, il s'accommodait même des sentences
de condamnation portées contre Mgr de Broglie et l'abbé De
Foere ; mais il fut vivement blessé des rigueurs de la justice
contre la presse libérale. Le gouvernement en effet n'exerçait

---

(1) *Annales*... III, pp. 507-557.
(2) T. 8, p. 221.
(3) *Spectateur*, t. 12, pp. 262-268. — Révélations d'un franc-maçon au lit de
la mort (de Haller). Courtrai. 1826, In-8, pp. 32. — Le voile levé pour les
curieux (Lefranc), nouvelle édition, Liége, Duvivier, 1826, In-8, pp. XII-624.
(4) *Annales*, t. 8, p. 552.

pas seulement la censure répressive contre des instructions
pastorales ; il l'exerçait aussi et sévèrement contre les opinions
politiques. Si les journalistes se permettaient de déplaire au
roi en exposant leurs vues sur le droit du *tol* (1), sur tel exploit
d'huissier (2), sur la révolution napolitaine (3), sur la mouture (4),
sur les impôts en général (5), ils étaient traduits en justice ; on
les acquittait parfois, mais seulement après une prison préventive fort longue. Vinrent ensuite les célèbres procès intentés
en 1819 d'abord, puis en 1820 à Van der Straeten, auteur d'un
ouvrage virulent contre la gestion des ministres et ensuite
rédacteur d'un journal *l'Ami du roi et de la patrie*. Sept avocats ayant imprimé une consultation en faveur de l'écrivain, ils
furent arrêtés avec lui et avec son fils, et jetés dans la prison
des *Petits carmes*. Or, parmi les avocats, la loge l'*Espérance*
comptait un frère, P. J. Stevens. Il y eut grand émoi dans le
temple. Dès qu'il fut rendu à la liberté, 150 frères de la truelle
lui offrirent un banquet et manifestèrent « dans la plus franche
fraternité et dans la cordialité la plus expansive » les sentiments
que provoquait la conduite du ministre Van Maanen. De plus,
comme le malheureux auteur avait été condamné à 3000 florins
d'amende, les loges organisèrent une souscription publique en
sa faveur (6).

La présence assidue du sérénissime Grand-Maître National
aux réunions solennelles contint longtemps les membres des
loges ; le prince ainsi que son frère l'héritier présomptif étaient
d'ailleurs loin de partager les principes de gouvernement de
Guillaume ; les maçons belges pouvaient entrevoir avec le
prince d'Orange de plus beaux jours pour les principes du
libéralisme.

Vers 1823, disent les *Annales*, « les réunions furent en géné-

___

(1) *Journal de la province d'Anvers*, 1817.
(2) *Mercure d'Anvers*, 1817.
(3) *Journal de Gand*, 1821
(4) *Le Flambeau*.
(5) *Le vrai libéral*, 1821.
(6) 13 avril 1820. *Annales*, t. 4, p. 251.

ral froides et languissantes. Les intérêts étaient froissés par un nouveau système d'impôts plus onéreux et par des arrêtés imposant la langue hollandaise » (1). Les persécutions souffertes par les loges en Russie (2), dans le duché de Modène (3) et en Espagne (4) ajoutèrent à l'affliction des frères ; ils se trouvaient heureux, de leur côté, d'être sous la protection du prince royal, et l'ordre prospérait (5). Le fr. Plaisant rappelait dans une réunion de Bruxelles (6) les vers de Voltaire pendant son séjour en Hollande.

> Liberté ! liberté ! ton trône est en ces lieux
>
> Et si jamais l'on dit que tu chancelles,
> Tu peux te rassurer ; la race des Nassau
> Maintiendra de ses mains fidèles
> Et tes honneurs et tes faisceaux (7).

------

(1) *Annales*, t. 5, p. 267. Le 1er janvier le gouvernement avait rendu obligatoire la langue nationale : il entendait par là le hollandais : les flamands aussi bien que les wallons se sentaient blessés par cette loi. Quant au système d'impôts, il favorisait le commerce du Nord et lésait les intérêts de notre agriculture : aussi la loi du 12 juillet fut-elle votée par 55 hollandais, plus 2 belges, contre 53 voix du Midi. Les franc-maçons belges furent froissés comme tous leurs compatriotes, tant catholiques que libéraux. Un des hommes les plus éloquents du parti libéral, Reyphins, prévit et osa montrer le danger de pareilles lois. Déjà en mai 1822, Reyphins avait protesté aux Etats-généraux contre le système d'impôts, voté à l'unanimité des députés du Nord contre l'unanimité de ceux du Midi. « S'il y avait eu quelque amalgame... dans les opinions, disait-il, la majorité, quelque faible qu'elle fût, aurait donné quelque force à l'opinion triomphante ; mais une scission aussi complète ne laisse voir d'un côté qu'une volonté impérative, toujours formidable pour ceux qui l'exercent, et de l'autre une soumission sans bornes, dont, les premiers, nous donnerons l'exemple salutaire.... L'histoire atteste que dans aucun pays il n'a été aussi dangereux que dans les provinces belgiques d'adopter des mesures qui heurtent les principes d'une législation sage et prudente.... Les pouvoir absolu .... abandonné à lui-même n'aurait jamais été assez inconsidéré pour adopter et exécuter des mesures contre lesquelles s'est prononcée notre opinion unanimement négative ».

(2) Ukase du 22 août 1822.

(3) 1 mars 1824.

(4) 25 août 1824.

(5) *Annales*, t. 5, p. 325 ; le prince décerna, le 15 mai 1823, 120 diplômes de M. S. E. pour le ressort méridional.

(6) 17 juin 1825.

(7) *Annales*, t. 6, p. 6.

Incontestablement le roi avait réussi à former les faisceaux des nouvelles loges et il les maintenait plus ou moins dans la liberté qu'il entendait leur laisser.

« Un factum inutile, incendiaire et presque ridicule à force d'obscurités » (c'est ainsi que s'expriment les *Annales*) parut en 1826 et déconcerta quelques-uns des frères. Le pape Léon XII (1) excommuniait les membres des loges, et fidèle aux enseignements de ses prédécesseurs, découvrait l'esprit funeste de cette société secrète, esprit d'indifférence religieuse, contraire aux droits divins de Jésus-Christ et de sa Sainte Eglise. « La maçonnerie n'était en réalité, comme on l'a dit plus tard, que la philosophie du libéralisme » (2).

Les invectives de la loge contre le prétendu fanatisme de l'Eglise décelaient fort bien le fanatisme très réel qui avait permis aux frères de favoriser les plans anticatholiques du pouvoir. Lorsque à la tête du parti libéral et avec l'aide des catholiques ils auront réussi à détrôner un roi, dont ils étaient les soutiens dévoués, ils ne toléreront pas que le parti clérical, comme ils se plairont à l'appeler, prenne sa part des libertés publiques. Dès 1832, ils se réorganiseront, et leur faux libéralisme ne se contentera pas de prôner l'indifférence religieuse ; ils jetteront « un cri de ralliement, qui trouvera de l'écho dans toutes les loges ; car tout ce que la Belgique possède d'hommes éclairés et libéraux, c'est-à-dire tous les maçons verront avec autant de regret que d'indignation l'esprit d'envahissement de l'Eglise se réveiller après la victoire de 1830 » (3).

---

(1) 13 mars 1826.

(2) Goblet d'Alviella.

(3) *Annuaire maçonnique* du Grand Orient de Belgique pour l'an de la vraie lumière 5840. Kersten (journal 1840, p. 324) ajoute : « Les catholiques verront ici, non sans un peu de surprise, qu'en s'unissant aux libéraux en 1829, ils firent alliance, sans le savoir, avec la franc-maçonnerie elle-même... Il faut convenir que l'esprit de domination est le moindre défaut des belges catholiques et qu'on pourrait les accuser peut-être d'un défaut tout contraire ».

XIV. La question de l'enseignement.

Un libéral belge, qui jouera un rôle considérable dans la révolution de 1830, et que le parti s'honorera de proclamer son chef (1), déclarait ne pouvoir refuser au roi le titre d'honnête homme : « Toutes ses paroles, tous ses actes, m'y autorisent, écrivait Louis De Potter. Je crains de n'en pouvoir dire autant du ministre qui a pris en mains la direction de l'enseignement. Sa toute-puissante intervention me paraît hautement inconstitutionnelle et dangereuse. Mais nous avons des adversaires habiles, puissants, exaspérés et extrêmement dangereux. Le bien général doit être la première loi. Que la direction de l'enseignement s'établisse donc en dictature, une dictature puissante ; elle doit triompher, et nous l'aiderons dans ce triomphe, nous réservant de la combattre si elle ne dépose pas, en temps opportun, l'autorité absolue, dont nous aurons été de grand cœur les partisans les plus zélés, quand le besoin s'en faisait sentir ».

La liberté d'enseignement, voilà ce que le chef des libéraux belges consentait alors à combattre : l'Etat, l'Etat seul, dira-t-il, a le droit d'enseigner. Avec l'appui de ces hommes, partisans du monopole universitaire de l'empire (2), Guillaume pouvait tout oser contre l'Eglise. Qu'il fût *honnête homme* dans ses entreprises contre l'enseignement, c'était l'avis du libéral De Potter : les faits que nous avons à signaler permettent d'en juger autrement.

Dans son arrêté du 2 août 1815, Guillaume « permettait à quiconque se sentait apte à enseigner, d'ouvrir une maison

---

(1) Sa lettre, adressée à de Grovestins, 29 octobre 1825, a été publiée dans les Gedenkschriften, 1853, p. 42.

(2) Voir *La domination française*, tome II, chapitre 14.

d'éducation » (1). La confiance des pères de famille restait libre d'aller aux éducateurs qu'elle préférait. Quoi de plus sage que de leur laisser à eux, un choix aussi important ?

L'article 226 de la Loi fondamentale portait, il est vrai, que « l'instruction publique est un objet constant des soins du gouvernement » ; mais les constituants n'avaient pas entendu lui donner le monopole, à l'exclusion de l'enseignement libre ; ils entendaient par *instruction publique*, celle qui est donnée *aux frais du trésor public*, et en la recommandant aux soins du gouvernement, ils ne songeaient pas à exclure le clergé catholique de l'exercice d'un droit, qu'il revendiqua toujours et auquel il ne peut renoncer. Et en effet, dans nos provinces, à côté des lycées créés par Napoléon, Guillaume laissa d'abord subsister ou s'établir des collèges et des écoles libres (2).

Le 14 septembre 1814, à son passage par Louvain, il avait entendu exprimer le vœu que l'université, fondée jadis par l'influence d'un de ses ancêtres, Engelbert de Nassau, fut rétablie et devînt le centre du siège central de l'instruction publique (3). On espéra que les démarches multipliées des évêques, des anciens professeurs et des magistrats de plusieurs

---

(1) de Gerlache III, 151, Van Bommel, *Essai sur le monopole de l'enseignement aux Pays-Bas*, Anvers, 1829, (app. bibl. n° 116), pp. 5, 96, 128.

(2) En 1822, d'après le *Spectateur belge* et un rapport de la députation provinciale (t. 17, p. 127), dans la Flandre occidentale il y avait l'athénée de Bruges, 162 élèves, dont 40 pensionnaires : l'abbé Verduyn, ci-devant prof. de rhétorique au collège Ste Barbe, y enseignait la rhétorique et dirigeait l'enseignement ; l'abbé Beeckman dirigeait le pensionnat — le collège de Courtrai, 102 externes — it. Ypres, 110 élèves — it. Roulers, plus de 300 élèves — it. Thielt, 206 élèves — Poperinghe, 87. Les filles de la charité avaient des écoles à Ruysselede, Lichtervelde, Ghistel, Moorslede, Thourout, Waereghem, Rumbeke, Iseghem et Moorseele. — Au diocèse de Liége, M⁵ Daris (op. cit. p. 301) signale St-Roch, Beauregard (88 élèves, 6 jésuites professeurs), Val-Dieu, Beeringen, Looz... — Dans la Flandre orientale, il y avait le pensionnat de Melle, dont le directeur J. Deschamps publia des discours prononcés à la distribution 1817-19 (*Spectateur*, t. II, p. 225), le collège Ste Barbe à Gand, le collège d'Alost (Van Crombrugge).

(3) Discours du Magistrat de Louvain, dans les *Observations critiques* de Vande Velde, p. 105, voir app. bibl. n° 42.

villes obtiendraient « de S. M. notre bon roi » le rétablissement tant désiré. Parmi les brochures de circonstance, il en parut qui, s'inspirant d'idées fort libérales, sollicitaient la suppression dans la future université de la faculté de théologie, comme faisant double emploi avec les séminaires et comme n'étant qu'un brandon de fanatisme. D'anciens docteurs de Louvain réfutaient ces projets d'innovation téméraire, en montrant qu'une faculté de théologie approfondie est une partie essentielle des hautes études et qu'elle ne fait pas même défaut dans les universités protestantes ; ils insistaient sur l'avantage que Louvain possédait sur la nouvelle académie fondée en 1808 à Bruxelles : « La révolution, disaient-ils, a respecté la moitié de nos 40 collèges et pédagogies d'autrefois, et ces asiles de la vertu peuvent seuls donner aux parents la garantie nécessaire pour la conservation des mœurs et de la santé de leurs enfants dans la fougue de l'âge (1), or, cette garantie, faute de pensionnats, fait absolument défaut à Bruxelles » (2).

Lorsque, dans le courant du mois de septembre 1815, les évêques reçurent communication du premier arrêté royal sur l'enseignement, ils eurent sujet d'espérer. Sa Majesté avait déclaré plusieurs fois qu'elle « assurerait à l'Eglise catholique son état et ses libertés » (3) que « jamais on ne porterait atteinte au dogme et à la discipline de l'Eglise » (4). Aujourd'hui Guillaume annonçait l'intention d'organiser l'instruction publique dans nos provinces et « d'y rétablir ce qui existait autrefois, avec les modifications que nécessitent le progrès des lumières et l'intérêt mieux connu de ses sujets » (5). Les évêques crurent ou feignirent de croire que leurs droits seraient respectés.

Un an plus tard, lorsque parut le règlement du 25 septem-

---

(1) *Observations*, op. cit. p. 53.

(2) Cfr. Kersten, *Journal*, 1836, p. 356.

(3) Proclamation du 18 juillet 1815.

(4) Lettre du 16 sept. 1815 au prince de Méan, publiée dans le *Journal de la Belgique* 19 sept.

(5) *Représentations respectueuses des évêques*.... pp. 3, 4, app. bibl. n° 56.

bre 1816, relatif à l'instruction publique dans les trois universités de Louvain, de Gand et de Liège et dans les athénées des
sept autres principales villes (1), les évêques furent détrompés ;
sans retard, ils formulèrent leurs *représentations respectueuses* :
ils allaient engager une lutte, mais une lutte impuissante de
quatorze longues années. Nous ne voulons en rappeler que les
actes les plus importants ; car l'histoire détaillée en serait trop
longue. Il nous semble plus utile de chercher l'origine et la
raison d'être des prétentions du gouvernement sur le domaine
de l'instruction.

Nous citions plus haut l'article 226 de la Loi fondamentale.
Il pouvait sembler inoffensif, à première vue, de décréter que
« l'instruction publique est un objet constant des soins du
gouvernement », et que « le roi ferait rendre compte tous les
ans de l'état des écoles supérieures, moyennes et inférieures ».
Ces deux phrases (on ne s'en aperçut pas en 1815 ou l'on n'y
prêta guère attention) n'étaient cependant qu'un lambeau de
l'article 140 de la Constitution votée en 1814 pour la Hollande,
avant la réunion. Or, cette Constitution reconnaissait le culte
réformé comme celui du chef de l'Etat et, sans refuser la liberté
aux autres cultes, elle était faite dans un esprit protestant. C'est
par voie de conséquence que l'article 140 de cette première Con-

---

(1) Bruxelles, Maestricht, Bruges, Tournai, Anvers, Luxembourg, Namur :
cette dernière ville obtenait en plus une chaire de minéralogie et de métal-
lurgie. — Voici quelques indications sur la situation de l'enseignement
secondaire vers 1814 ; depuis l'érection du monopole universitaire, elle n'était
pas brillante ; il ne restait que deux lycées, l'un à Bruxelles, l'autre à Liége ;
les autres collèges communaux languissaient (*Du royaume des Pays-Bas*,
1834, de Keverberg, t. I, p. 192) en 1815. Trois ans plus tard la population des
écoles latines ne dépassait pas 1000 élèves ; en 1825 elle montait à 1550 ; les
collèges et les athénées réunissaient alors 5498 élèves dans tout le royaume
(ib. p. 197).

Etat numérique des étudiants aux universités en 1820, 1825 et 1828.

Leyde	320	453	655	Louvain	244	589	651
Utrecht	230	456	499	Liége	437	461	511
Groningue	236	314	287	Gand	211	363	395

(ib. t. III, p. 130. *Le Catholique des Pays-Bas* 9 juin 27).

stitution attribuait au roi le soin de l'instruction publique, « afin (c'est le texte même de l'article) de favoriser la propagation de la religion, vu qu'elle est un des plus fermes appuis de l'Etat ». Le but et le sens de l'enseignement officiel, dans la pensée des législateurs de 1814, étaient incontestablement de propager le calvinisme ; le ministère de l'instruction publique avait été institué dans ce but, et il se guidait par cet esprit. Sans doute, il n'osa pas violenter l'opinion catholique au point de mettre nos écoles sous l'autorité de maîtres calvinistes ou d'y faire pénétrer les ministres protestants ; jusque vers 1825, Guillaume laissa même aux prêtres catholiques le droit d'ouvrir des collèges et de donner l'enseignement religieux dans les écoles. Mais à ce régime de liberté succéda un régime, inadmissible pour l'Eglise, celui de la suprématie de l'Etat ; les Constituants belges de 1815 ne l'avaient ni voulu, ni prévu ; la minorité hollandaise nous l'imposera. On essayera de faire prévaloir la distinction entre l'enseignement civil et l'enseignement religieux : « Nous n'y voyons qu'une vaine subtilité, répondra un organe de l'opinion catholique (1) ; dans l'éducation l'enseignement religieux est inséparable de l'enseignement des sciences et des lettres. Nous savons qu'on peut le reléguer dans les églises et lui fermer les écoles ; mais peut-on si facilement exclure de celles-ci l'erreur en matière de foi, l'esprit d'irréligion ? Votre distinction est démentie par l'expérience : les thèses des universités sont là ».

Un des plus intelligents défenseurs de Guillaume, un membre protestant de la 2ᵐᵉ chambre des Etats-généraux, Van Alphen, dévoilera un jour la pensée des hommes d'Etat hollandais sur ce point. Il vaut la peine de citer ses paroles (2) : « Quatre millions de catholiques se trouvant unis avec deux millions de protestants, cette union ne pouvait se baser que sur la suprématie du pouvoir civil sur le spirituel. Sans la reconnaissance de cette suprématie, sans son action pour contenir les

---

(1) *Le Catholique des Pays-Bas*, 1827, nº 72, 25 mars.
(2) de Gerlache, tome III, p. 222 publie ce discours intégralement.

deux sectes dans les bornes de la loi, l'union et la Loi fondamentale n'étaient qu'une œuvre de déception, d'injustice, qu'un
tissu de mensonges et de contre-sens », Van Alphen l'avoue,
cette suprématie les belges l'appelaient *une dangereuse chimère*... Mais « la minorité, ajoutait-il, c'est-à-dire la Hollande
calviniste, a toujours reconnu et invoqué la suprématie civile,
comme son unique égide ; elle a toujours fondé la liberté de
conscience et d'examen, en matière religieuse, sur l'instruction
publique, dont le maintien et la surveillance active sont imposés
au gouvernement par l'article 226 de la Loi fondamentale. Pour
elle, l'instruction publique est la pierre angulaire de l'édifice
social et de la suprématie du pouvoir civil ».

Le fait est incontestable ; le protestantisme, en repoussant
l'autorité de l'Eglise, a réuni les deux pouvoirs, le pouvoir
spirituel et le pouvoir civil, dans la personne du prince ou de
l'Etat ; il a établi ce que l'on a justement nommé le culte du
Dieu-Etat, maître de tout, maître des consciences, maître des
écoles. Sans cette suprématie, un état protestant est condamné
à se dissoudre ; sur'elle il fonde son droit absolu d'instruction.
Il en va tout autrement dans un pays catholique ; la distinction des deux pouvoirs est une nécessité reconnue ; le droit
pour l'Eglise de diriger les consciences et le devoir pour l'Etat
de lui laisser exercer ce droit dans le temple et dans l'enseignement ne sont pas contestés : la liberté d'examen en matière de
foi et de mœurs n'existe pas pour le catholique. « Quant à la
majorité, dit Van Alphen, si le principe de liberté d'examen
est inconciliable avec ses croyances positives, la Loi fondamentale est une œuvre de violence pour les consciences, et
l'instruction publique, en écartant l'enseignement des dogmes
catholiques, devient une pierre d'achoppement. »

C'est cette pierre d'achoppement que Guillaume plaçait sous
les pieds des catholiques. Leurs premiers pasteurs avaient
généreusement combattu le serment constitutionnel et ne
l'avaient admis qu'en réservant la question de principe et en
repoussant l'indifférence religieuse et la liberté d'examen que
ce serment supposait : ils ne lutteront pas moins vaillamment

contre l'enseignement d'Etat. Lors même que cet enseignement se fût prétendu neutre en matière religieuse, il ne pouvait pas l'être en réalité, il était imprégné de protestantisme. Et voilà l'absurdité à laquelle aboutissait l'Etat en excluant l'Eglise de la direction des écoles : « Il se gratifiait de la puissance d'enseigner et du don de l'infaillibilité ». C'est le même De Potter qui le reconnaîtra plus tard (1) : « Plaisant libéralisme, qui transporte au gouvernement la direction intellectuelle de la société, après l'avoir refusé au Pape ; qui confie la garde des libertés publiques au despote armé, après l'avoir entouré de tous les prestiges de l'opinion, après l'avoir rendu invincible, invulnérable, inattaquable ! »

Il était difficile à nos évêques de lutter contre les protestants et les libéraux réunis ; une seule force les rendait invincibles, celle que donnent la foi et la parole de Jésus-Christ à ses apôtres : *Allez, enseignez toutes les nations*, celle que leur donnait le Pape Pie VII dans sa mémorable encyclique du 15 mai 1800 (2) sur l'obligation des évêques de veiller à l'éducation chrétienne. C'est sur ce document qu'ils s'appuyaient dans leurs *Représentations respectueuses* (3).

Enumérons les faits principaux de cette longue guerre, faite par l'Etat à l'enseignement libre :

Le 22 juillet 1822, un arrêté royal détermine des pénalités contre ceux qui donnent l'enseignement primaire sans autorisation (4).

-----

(1) *Union des catholiques et des libéraux*, app. bibl. n° 110, 2de édition, p. 32.

(2) Cfr. *La domination française*, tome II, p. 160 et app. bibliogr. de cet ouvrage n° 226.

(3) P. 10.

(4) Là où règne la liberté, l'Eglise ne tarde pas à fournir aux parents la facilité de donner à leurs enfants l'instruction que leur intérêt demande. L'enseignement primaire avait été négligé dans nos provinces ; sous le Directoire (*La Belgique sous la domination française*, t. I, p. 172) et même sous l'empire, les parents refusaient de confier leurs enfants à des instituteurs officiels dont les principes et la morale étaient suspects ; comme l'on n'avait pas établi le système dangereux de l'instruction obligatoire, le résultat fut que

Le 1 février 1824, l'arrêté précédent est appliqué aux associations civiles ou religieuses qui s'occupent d'enseignement ; elles ne peuvent admettre comme membres que des individus ayant obtenu le brevet de capacité. Dans la seule ville de Liège, neuf écoles, tenues par les frères des écoles chrétiennes, sont dissoutes ; elles comptaient un millier d'élèves.

Le 14 juin 1825, l'enseignement secondaire est frappé à son tour. Les écoles latines et les collèges non autorisés seront fermés à la fin de septembre : on n'autorisera que des écoles latines *civiles*. Quant aux petits-séminaires, ils seront remplacés par de simples *convicts* ou pensionnats, établis dans dix villes près de l'athénée ; les élèves ne suivront que les cours de l'athénée.

Le même jour, le roi décrète l'érection du collège philosophique de Louvain, pour les jeunes gens de tous les diocèses, qui se destinent à l'état ecclésiastique ; le régent, les sous-régents et trois professeurs y seront nommés par le roi, sur l'avis de l'archevêque.

Le 11 juillet, défense est portée de recevoir dans les grands séminaires les jeunes gens qui n'auraient pas achevé leurs études dans le collège philosophique.

Le 14 août, comme beaucoup de jeunes gens se rendaient déjà à l'étranger, à Saint-Acheul surtout (1), pour y faire leurs humanités, défense est portée de les admettre plus tard dans les universités du royaume, et même au collège philosophique.

Les protestations très courageuses de l'archevêque, de l'évêque de Namur (2) et des vicaires-capitulaires des autres

---

le nombre d'illettrés fut plus considérable dans nos provinces que dans la Hollande. Les finances des communes et des provinces n'offrant pas de ressources suffisantes, le roi consacra en moyenne un subside annuel de 250.000 florins à relever l'enseignement primaire. Le résultat fut excellent. Cependant, en 1826, il restait encore dans l'ensemble du royaume 509 petites communes dépourvues d'écoles ; dans nos provinces sur mille habitants 76,24 enfants recevaient l'instruction primaire ; en Hollande la moyenne était de 109, 21 ; (voir le détail dans de Keverberg, op. cit. t. I, pp. 160-190).

(1) En 1821, ils étaient 86.

(2) de Gerlache, op. cit. III, p. 35.

diocèses, n'aboutirent à rien. De Méan refusa d'accepter la fonction de curateur que lui laissait le gouvernement au collège philosophique. Van Gobbelschroy, ministre de l'intérieur et Goubau usèrent de flatterie et de menaces insolentes. Il ne consentit pas à approuver les régents et professeurs que le gouvernement proposa successivement pour ce nouveau petit-séminaire-général (1). Le Pape Léon XII loua sa fermeté apostolique (2) et adressa une note fort énergique à l'envoyé du roi, Reinhold ; ce fut inutile. Guillaume avait entrepris, à bon escient, de se façonner un clergé national ; il ne doutait pas de ses bonnes intentions ; il maintiendrait son système. Il n'entendait pas que le Pape fût consulté : « C'est à vous, écrivait Goubau à l'archevêque (3), à vous seul à agir, et nullement à demander ou à attendre des directions ou des dispositions du Pape ... Vouloir faire intervenir le Pape, c'est un renversement des principes ... un attentat aux libertés de *notre Église belgique* ».

En décembre 1825, la liberté d'enseignement, si odieusement violée, trouva d'éloquents défenseurs parmi les 55 députés de nos provinces. C'étaient Fabri-Longrée, le baron de Stassart, Surmont de Volsberghe, de Sasse d'Ysselt, le baron de Sécus et de Gerlache (4). Mais les deux chefs de l'opposition au ministère, les deux plus éloquents députés du parti libéral, Reyphins et Dotrenge, dont les noms étaient devenus populaires à cause de leur résistance aux projets de loi sur divers impôts (5), prirent la défense des mesures du gouvernement (6). Le ministre de l'intérieur clôtura les débats en assurant que le système

____

(1) C'étaient Müller, Michaelis, Lamesch, Kinzelé, tous luxembourgeois, Seber de Bonn, Degreuve, hollandais et Winsinger, de St-Ghislain.

(2) Bref du 29 octobre 1825.

(3) de Gerlache III, p. 39.

(4) Il reconnut plus tard (op. cit. 2ᵉ éd. I, p. 385) qu'il avait eu tort de ne pas réclamer les conséquences de la liberté, pour tous, sans en excepter les jésuites.

(5) La mouture, l'abatage, les droits d'entrée et de sortie et l'impôt personnel.

(6) Voir de Gerlache op. cit. III, 43-79 ; app. bibliogr. nᵒˢ 92-96.

adopté n'était de nature à blesser aucun droit réel, à froisser aucune opinion religieuse, à porter atteinte à aucune de nos précieuses libertés. « Le caractère de notre auguste monarque (ajoutait-il), l'esprit de son gouvernement en sont les plus sûrs garants (1) ».

« Nous respectons la personne sacrée du monarque, répondait-on ; mais dans tout gouvernement représentatif, les actes du ministère sont du domaine de l'opinion publique. Or nous envisageons le système d'instruction publique, que l'on a inauguré, comme contraire à la religion catholique, à l'autorité paternelle et à la loi fondamentale du royaume ..... De tout temps on a cru que les parents formaient la réputation d'une maison d'éducation : ce sont eux en effet qui, en confiant ce qu'ils ont de plus cher aux directeurs d'un établissement, prouvent par le choix qu'ils font que tel établissement a obtenu leur confiance. Dira-t-on que leur autorité et la religion sont protégées, lorsque le gouvernement adopte un système exclusif d'instruction publique et empêche qu'on ouvre des écoles libres (2) » ? On établissait une comparaison entre la liberté religieuse des Etats-Unis et la liberté de conscience, telle que l'interprétait le ministère : « Là, les catholiques sont libres d'ouvrir autant d'écoles qu'ils peuvent en entretenir ; les dames du Sacré-Cœur, les frères des écoles chrétiennes, les jésuites fondent des maisons d'éducation, et personne ne les inquiète ; ici, vos arrêtés du 14 juin et du 14 août suppriment l'éducation chrétienne. » Par une statistique détaillée, on montrait que les douze collèges des deux Flandres avaient dans l'espace d'un an perdu 1300 élèves (3) ; que des sept collèges de la Campine, 4 avaient été supprimés (4) ; si l'on tolérait encore quelques collèges libres, c'était par nécessité ou par politique (5).

------

(1) de Gerlache I, 395.

(2) *Le Catholique des Pays-Bas*, 9 mars 1827.

(3) En 1825 Alost avait 365 élèves, dont 268 internes ; St-Nicolas, 168, dont 137 internes ; Roulers 358, dont 259 internes. Dans l'ensemble des 12 collèges, 1960 élèves, dont 977 internes ; Thielt 248, dont 74 internes.

(4) Meerhout, Moll, Oosterwyck, Hulshout.

(5) Ib. 5 janv., 19 mai. L'institut De Nef, fondé en 1807, obtint, à l'interven-

Les athénées, on en convenait, n'avaient pas le caractère d'impiété qui les avait fait déserter sous le régime français ; çà et là, ils donnaient même quelques vocations sacerdotales (1) ; ils n'offraient cependant pas l'éducation chrétienne que les parents réclamaient. D'ailleurs une société, hautement patronnée par le gouvernement et dont l'esprit protestant d'indifférence religieuse était patent, la société *Tot nut van 't algemeen* (2) étendait son influence et faisait pénétrer dans plus d'une école ses publications rationalistes et impies (3).

Les arrêtés concernant le collège philosophique furent plus funestes. Une première année, 150 élèves en suivirent les cours. Un rapport sur l'instruction publique en 1825 (4) affirmait le

---

tion du bourgmestre Dierckx et du gouverneur d'Anvers, un arrêté (29 janvier 1826) autorisant pour deux ans l'enseignement latin jusqu'à la poésie exclusivement, et l'exemption du diplôme ministériel pour les professeurs ; il devait subir l'inspection annuelle. Cette année-là, De Nef avait cependant 24 élèves en rhétorique, 30 en poésie, une centaine dans les 4 classes de grammaire. Quand le collège philosophique fut ouvert, il éparpilla les candidats du sacerdoce chez des prêtres instruits (de 1825 à 1829, une quarantaine). Des arrêtés subséquents (29 sept. 1827, 21 septembre 1828) sauvèrent l'institution parmi des transes continuelles. Le collège communal (autorisé le 29 sept. 1805) était fort déchu depuis qu'en 1825 les trois professeurs prêtres s'en étaient retirés, et se trouvait réduit en 1829 à 28 élèves, dont une bonne moitié, élèves de M. De Nef, suivaient la poésie et la rhétorique pour la forme ; la régence proposa alors (26 juillet 1829) de confier cet établissement officiel à De Nef ; il n'aboutit pas. Mais un arrêté du 8 sept. 1830 autorisa De Nef à ouvrir enfin les classes supérieures. Il publia dans les journaux, *le Courrier de la Meuse*, *De Antwerpenaar*, cette faveur inespérée.

A Aerschot, le collège, ouvert en 1816 par Peeters et patronné par le bourgmestre Daels, compta jusqu'en 1824 six classes d'humanités : *rhetorica, poesis, grammatica*. Depuis 1825, le catalogue des prix (msc.) indique encore six classes, mais sous la dénomination de *classis prima, secunda ... sexta*. C'est probablement à l'intervention du bourgmestre que ce collège dut sa conservation jusqu'en 1830 ; mais les écoles latines étant réservées au gouvernement (14 juin 1825, voir p. 147), on dut user de dissimulation.

(1) A Tournai, le principal de l'athénée fut le chanoine Mocq (1830), à Namur ce fut le chanoine Périn (*Le Catholique des Pays Bas*, 19 mars 1827).

(2) Voir app. bibl. n° 88.

(3) En 1825, elle comptait déjà 490 membres belges, parmi eux 1 inspecteur scolaire, 3 professeurs d'athénée, 15 instituteurs (*Le Cath. des P. B.* 1826, 20 déc.)

(4) *Le Cath. des P. B.* 9 juin 1827.

droit pour l'autorité civile de veiller sur l'éducation que reçoivent les jeunes gens qui se vouent au saint ministère : « l'ouverture de cet établissement avoit eu lieu sous d'heureux auspices. » Le nombre des élèves s'éleva à 265 en 1826, mais pour décroître très rapidement les quatre années suivantes. Au surplus, un bien petit nombre de ces élèves entraient de fait au séminaire ; ils n'avaient pas ou ils perdaient l'esprit de leur vocation. Beaucoup de jeunes gens préférèrent étudier en particulier ; quelques curés se chargèrent de les préparer à la théologie ; mais le gouvernement fit opposition. (1) Le résultat fut une diminution effrayante dans les grands séminaires. (2). Le sacerdoce était menacé de s'éteindre (3).

Déjà dans une requête du 18 septembre 1826, le prince-archevêque suppliait le roi d'avoir égard aux réclamations de l'Eglise. « Ah ! de grâce, Sire, écoutez les remontrances réitérées, mais humbles, du dernier évêque de votre royaume. C'est un vieillard, dont les malheurs, les infirmités et les chagrins ont avancé les jours, qui n'a plus rien à demander au monde, et qui dès lors ne peut avoir aucun intérêt à vous induire en erreur (4). » Guillaume fit répondre qu'il avait pesé dans sa sagesse toutes les objections, qu'il usait des droits inaliénables de sa couronne et obéissait aux droits sacrés que lui imposait la loi fondamentale.

Avec une obstination qui montrait qu'il avait conscience de son infaillibilité et de sa suprématie, Guillaume fit exécuter ces lois funestes. Nous verrons plus loin ce qu'il fit en 1827, quand il négocia enfin le Concordat avec le Saint-Siège.

---

(1) Voir Vander Meulen op. cit. t. II, 158.

(2) En 1825, Malines comptait 363, Gand 330, Liége 350, Namur 285 et Tournai 158 élèves. En 1828, ces chiffres étaient tombés à 56, 140, 80, 50 et 18.

(3) Le 24 juin 1830 l'évêque de Tournai ordonnait seulement 4 prêtres, 2 diacres, 3 sous-diacres. Le 24 mai 1831, l'archevêque de Malines ordonnait 6 prêtres, le 20 novembre et le 15 décembre, 4 autres. Quelques-uns avaient pu être ordonnés précédemment à Rome, à Arras et ailleurs. (Analectes de l'annuaire ecclés. de Malines 1863, 1864).

(4) de Gerlache III, 41.

XV. — Un nouveau concordat.

Nous avons vu que le gouvernement s'était autorisé des
articles organiques du concordat de 1801, et qu'il en suivait
les principes pour assujettir le clergé catholique. Or, ni le
concordat, ni les articles qui en réglaient si perfidement l'exécution, n'avaient la moindre valeur dans le nouveau royaume,
sous un souverain non catholique ; aussi Guillaume avait-il fait
entrevoir, dès le commencement de son règne, qu'il engagerait
des négociations pour conclure un nouveau traité avec le Saint-
Siège. Il ne témoigna cependant aucun empressement ; ce ne
fut qu'au mois d'août de l'année 1823, après de nombreuses
atteintes aux droits de l'Église, qu'il admit un envoyé de
Pie VII. Nasalli arriva à Bruxelles le 26 août ; mais le décès
du Pape et l'élection de Léon XII retardèrent son entrée en
négociations jusqu'en novembre. Le ministre des affaires étrangères Nagell, Reinhold et Goubau lui eurent bientôt fait comprendre l'impossibilité de rien arranger, vu la ténacité avec
laquelle ils maintenaient les principes du gouvernement ; le
Souverain Pontife rappela son plénipotentiaire avant la fin de
l'année suivante. « Tant que Rome sera Rome, écrivait de
Pradt (1), elle n'admettra jamais ce que le roi des Pays-Bas
veut imposer au clergé catholique en instituant le collège
philosophique (2). »

Vers cette époque, écrit de Gerlache, les gazettes du gouvernement se mirent à parler avec beaucoup d'affectation et d'em-
phase des « libertés de l'Eglise belgique », jusque là, disait-on,
trop négligées ; on voyait se prendre tout à coup d'un beau zèle
pour ces libertés, des écrivains qui jusqu'alors s'étaient moqués

____

(1) Dans son ouvrage sur les 4 Concordats.
(2) H. Allard, *Ant. Van Gils*, p. 294.

de l'Eglise catholique et qui, fraichement gonflés de conciles et de canons, n'auraient peut-être pas soutenu (comme s'exprimait un orateur aux Etats-généraux) un examen sur le catéchisme. Simultanément on mettait en honneur une petite secte, fort ignorée en Belgique et à peu près imperceptible en Hollande, et qui depuis plus d'un siècle, toujours respectueuse de l'Eglise romaine, s'obstinait à ne pas se soumettre à son autorité ; la petite église janséniste d'Utrecht, jadis méprisée par le pouvoir, obtenait tout à coup une considération inaccoutumée ; son chef, se disant archevêque, était reçu à la cour de La Haye. Il s'agissait dans la sphère gouvernementale, d'amener tout doucement l'Eglise belgique à un esprit semblable ; c'était bien à cela que tendaient et l'établissement du collège philosophique et l'envoi de nombreux élèves de théologie dans les universités d'Allemagne. C'est aussi ce que le gouvernement et ses plus fidèles serviteurs encourageaient à l'occasion.

Auparavant déjà, un vicaire-général de Malines (1), se laissant inspirer par de hauts agents du ministère (2) avait, dans un sermon prêché à la métropole, prêché des maximes de tolérance religieuse, qui avaient causé un vif émoi et qui ouvraient une voie fort large : à la maxime : *Hors de l'Eglise, point de salut,* il donnait une interprétation presque acceptable pour tous les hérétiques et schismatiques. Non seulement des théologiens le réfutèrent, mais Rome le mit à l'index. Il conserva cependant son traitement de grand-vicaire, et son imprimeur Hanicq ayant au sujet de ce sermon engagé un procès en calomnie, la cour supérieure de Bruxelles trouva l'occasion de manifester son esprit libéral ; avec un mépris formel de l'autorité du Saint-Siège, elle énonça, entre autres considérants, que la mise à l'index et les censures constituent un empiétement sur les droits épiscopaux et sont contraires aux libertés de l'Eglise belgique et aux droits de la nation (3). « Présidés par Mr Goubau,

répondait de Foere, ces juges diffèrent sur un point important
avec nos évêques, avec nos docteurs en théologie, avec l'histoire
et la pratique universelle. »

Une publication hautement recommandée à notre magistrature parut au commencement de 1827. Elle était anonyme ;
mais elle avait pour auteur un homme méprisable, que l'on
appelait « le premier clerc du ministre des cultes (1). » L'opuscule s'intitulait : *Observations sur les libertés de l'Eglise belgique.* « Tout lecteur impartial, répondit-on (2), reconnaîtra
que c'est un traité des *servitudes,* et non des *libertés* de notre
Eglise. Pour nous qui ne voulons point d'une Eglise particulière, mais qui voulons appartenir à cette Eglise universelle,
si chère de tout temps à nos pères, il nous sera facile de pro-
duire des pièces authentiques et des principes incontestables,
qui prouveront le contraire de ces doctrines. C'est chez les
réformateurs du 16e siècle, chez les jansénistes, chez les novateurs modernes que l'auteur est allé puiser ses doctrines anti-
nationales et anti-catholiques (3). » — « Faut-il cependant,
disait-on, opposer une réfutation en forme à un ouvrage, qui
indique l'intention de ravir à l'Eglise ses droits divins, aujour-
d'hui qu'en Belgique elle se voit plongée dans une si affligeante
viduité (4) ? »

Les sièges de Tournai (1819), de Gand (1821), de Namur
(1826) et de Liège (1808) vacants, et à Malines un vieillard,
réduit par la maladie et par les chagrins dans ces luttes per-
sévérantes et obstinées : telle était la situation de cette Eglise
dont on vantait les libertés. Et sans vouloir négocier de nou-

____

(1) Van Geert, né en 1787 à Baarle-Nassau, depuis 1817 commissaire spécial
pour le culte catholique romain, en 1825 un des 23 référendaires attachés au
Conseil d'Etat. Il mourut repentant en 1854. H. Allard, op. cit. p. 171, 261.

(2) *Réfutation des Observations,* p. 3 app. bibl. n° 104.

(3) Van Gheirt osait justifier les cruautés des calvinistes sur les BB. Mar-
tyrs de Gorcum ; il fallait, disait-il, empêcher que des moines énergumènes
n'excitassent des troubles et n'empêchassent pour toujours la liberté naissante et le sentiment de la dignité de l'homme, dont on commençait à se
sentir pénétré (p. 84. Cfr. *Réfutation,* p. 73).

(4) p. V de l'Avertissement.

velles préconisations, le gouvernement poursuivait sa lutte insensée.

Haereticum nescit belga subire jugum : Non, les belges ne sauraient porter un joug hérétique. Cette fière parole attirait à l'abbé Buelens une condamnation injustifiable ; mais elle était l'expression de la foi catholique de notre patrie (1).

Tandis que le ministre de la justice Van Maanen envoyait ce nouveau catéchisme des libertés de l'Eglise belgique à tous les chefs de parquet, pour leur servir de guide dans les procédures contre le clergé, un nouveau ministre de l'intérieur, Van Gobbelschroy de Louvain (2) rédigeait, en 38 articles, un plan d'organisation et de circonscription épiscopale (3). On rêvait de constituer un épiscopat sans Pape, à la façon de l'Eglise anglicane : projet absurde, qui montre à quel point l'esprit de système peut se faire illusion et, sans compter avec la réalité d'une situation, s'acharner follement contre des obstacles infranchissables.

Les menées du ministère et de la secte qui se dévouait à cette entreprise furent courageusement dénoncées par le *Catholique des Pays-Bas* (4). Il imprima les instructions envoyées aux adeptes et surtout aux chefs de la presse quotidienne : au fond il s'agissait, par un chemin un peu long mais sûr, d'amener les belges à se croire encore catholiques sans être catholiques romains : il fallait par un luxe d'érudition ecclésiastique déconsidérer la primauté romaine comme contraire aux droits de la couronne et à l'autorité des conciles, et comme ces prudents par excellence qu'on appelait jansénistes, faire prévaloir l'esprit particulier sur l'esprit de soumission à

____

(1) C'est dans une belle ode latine, à l'occasion de la première messe de F. X. De Ram, qu'il l'énonça : arrêté le 7 juillet 1827, il subit une année de prison. *Revue catholique de Louvain* 1865, p. 397.

(2) Il mourut réconcilié avec l'Eglise à Leeuw St-Pierre en 1850.

(3) Douze exemplaires lithographiés furent remis à des personnes de confiance ; un exemplaire s'en trouve à l'archevêché de Malines. Claessens, art. cité, p. 374.

(4) App. bibl. n° 102

Rome. A cet effet on prêcherait que Jésus-Christ n'est pas venu pour troubler l'ordre civil, et que son royaume n'est pas de ce monde : or, l'autorité romaine trouble l'ordre civil et empiète sur les droits de l'Etat ; on déclamerait contre les plus redoutables antagonistes de l'Etat et les corrupteurs de l'Eglise, les jésuites. Le nouveau journal, tout en ridiculisant ces projets sacrilèges, jugeait nécessaire de les dévoiler et de les combattre : il eut un grand succès et ne cessa plus jusqu'à la révolution de se signaler parmi les adversaires du gouvernement.

Tous ces projets devaient aboutir à un échec inévitable. C'est ce que fit comprendre au roi un haut fonctionnaire protestant, plus sage que les prétendus catholiques qui flattaient le pouvoir pour servir leur propre ambition (1).

Le baron Reinhold, que nous avons vu vers 1817 s'employer à Rome en faveur du serment constitutionnel et dont les fonctions depuis lors n'avaient guère d'importance, était, disait-on, occupé à l'œuvre du concordat. C'était un leurre ; mais le 2 septembre 1828 le comte De Visscher de Celles fut nommé ambassadeur extraordinaire et plénipotentiaire auprès du Saint-Siège, et le 16 octobre, à l'ouverture des Etats-généraux, le roi annonça que de nouvelles négociations s'ouvraient à Rome au sujet des intérêts du culte catholique romain ; le Saint Père nommait à cet effet le cardinal Cappellari, le préfet de la Propagande.

Moins d'une année plus tard, dans le consistoire du 17 septembre, Léon XII communiquait l'heureuse issue de ces négociations : ce qu'il avait longtemps souhaité se trouvait réalisé : les jeunes gens qui se destinaient à l'état ecclésiastique seraient dispensés de suivre les cours du collège philosophique, les diocèses des Pays-Bas seraient tirés du triste état où les avait mis le malheur des temps ; un concordat avait été conclu le 18 juin et approuvé par Guillaume le 25 juillet ; par une bulle du 17 août, le Souverain Pontife avait confirmé le concordat,

____

(1) De Gerlache, op. cit. t. I, p. 106.

créé en dehors des évêchés existants ceux de Bruges, d'Amsterdam et de Bois-le-duc et placé les séminaires sous l'autorité exclusive des évêques.

Il y aurait lieu de répéter ici les éloges que Léon XII décernait à la sagesse et à la prévenante bonté de Guillaume, et de décrire les manifestations de la joie du clergé et du peuple belge catholique, si nous pouvions oublier un instant le funeste démenti que donna promptement aux plus belles espérances une suite d'arrêtés ministériels (1).

Les calvinistes hollandais unis aux libéraux belges, à la tête desquels se trouvait De Potter, attaquèrent la convention avec un véritable acharnement. Le *Courrier des Pays-Bas* se distingua dans cette levée de boucliers contre les « entreprises de la cour de Rome ». Non content d'attaquer le concordat dans ce journal, De Potter se rendit auprès d'un haut fonctionnaire du ministre de l'intérieur. On sut le tranquilliser : « le concordat ne s'exécuterait pas ». On le lui garantit et on lui laissa copie d'une circulaire confidentielle de Van Gobbelschroy aux gouverneurs : « Par une heureuse indiscrétion » le *Courrier* publia cette pièce le 14 octobre. Il en ressortait que la bulle pontificale, qui réjouissait l'Eglise belge, « n'était admise par Sa Majesté qu'avec les réserves que les lois de l'Etat exigent. Rien n'était donc changé à l'ordre de choses existant... Toutes les dispositions relatives à l'enseignement seraient maintenues jusqu'à la nomination des évêques aux sièges vacants (2) ». Le

---

(1) A Gand le concordat, si longtemps attendu, fut débité à 4000 exemplaires. Partout des fêtes ecclésiatiques et civiles furent célébrées avec un véritable enthousiasme. Deux chronogrammes méritent d'être cités : Rex VIVat, CUnCtIs Dat paCeM. A Amersfoort, près d'Utrecht : Je MaIntIenDraI La ConVentIon aVeC Le souVeraIn pontIfe (*Catholique des Pays-Bas*, 10 octobre et 6 décembre 1827).

Les religieux de Tongerloo, voyant que le concordat ne stipulait rien pour les ordres réguliers, désespérèrent de leur rétablissement et cédèrent à la ville de Bruxelles la bibliothèque des bollandistes, dont ils avaient la garde (Ib. 22 octobre).

(2) Cfr. la circulaire dans l'opuscule de Van Bommel : *Trois chapitres*, p. 78-81. App. bibl. no 108.

lendemain, 15 octobre, en ouvrant la session des États-généraux, le roi déclarait n'avoir autorisé la publication de la bulle
qui expliquait le concordat que « sous réserve des droits que
les lois de l'État reconnaissaient au souverain. »

L'archevêque de Malines, étant souffrant, envoya son vicaire-
général Engelbert Sterckx à La Haye pour joindre l'expression
de sa reconnaissance aux éloges que le Pape avait adressés au
roi. Celui-ci fut dur pour le vieillard ; il exprima son étonnement de ne pas recevoir la visite du prélat lui-même et ajouta
ces mots : « Il paraît s'en tenir à des paroles, et moi je voudrais
des faits. » Guillaume entendait que son collège philosophique
fût non seulement autorisé et facultatif, mais que le prélat y
envoyât en fait les candidats du sacerdoce. Le roi, qui pouvait
encore gagner les cœurs des catholiques en exécutant loyalement le concordat, s'obstinait à maintenir son collège philosophique et à vouloir former un clergé à sa dévotion.

« Jusqu'à ce moment, écrivait de Gerlache (1), notre opposition avait été modérée, patiente, respectueuse ; mais elle chan-
gea de ton, lorsque nous reconnûmes qu'aucune paix n'était
possible avec des gens qui violaient aussi impudemment toutes
leurs promesses. »

« Jusqu'à la fin de 1828, dit van Bommel (2), tout le fruit de la
convention si solennelle se borna à l'installation d'un seul évêque. »
Oudernard, curé de la Chapelle à Bruxelles, fut agréé comme
évêque de Namur et préconisé le 23 juin. « Pour le reste, le
statu quo de 1825 fut maintenu. Alors le peuple commença à
ouvrir les yeux et à se demander si réellement on avait résolu
de lui enlever systématiquement les ministres de sa religion.
La haute classe lui indiqua la marche à suivre pour réclamer
ses droits sans sortir de la ligne de ses devoirs. La loi fondamentale garantissait à tout citoyen le droit d'exposer ses griefs
par la voie d'une pétition ; c'est à cette voie qu'on eut recours,
et l'on vit, pendant la session de 1828-1829, l'élite de la nation

---

(1) T. I. p. 408.
(2) *Trois chapitres*, p. 56.

unir sa voix à celle de ses mandataires pour obtenir, en redressement de ses griefs, deux libertés corrélatives, celle de l'enseignement et celle de la presse, et l'exécution franche et entière de la convention conclue avec le Saint-Siège. — Si ces pétitions, couvertes de 50 mille signatures respectables, et appuyées par la voix éloquente et les suffrages de la majorité de la seconde chambre, mirent le ministère dans un cruel embarras, c'est parce qu'il avait résolu de se raidir contre une opinion publique aussi bien prononcée ; car, s'il avait pu se résoudre à être juste, le bruit, *le scandale* (c'est ainsi qu'il appela le mouvement pétitionnaire) aurait cessé à l'instant même. »

Les Annales de la franc-maçonnerie, que nous analysions plus haut, touchent la question du concordat pour nous révéler un incident étrange. Le 7 octobre 1828, Cappacini, envoyé du Pape (1), arriva à Bruxelles pour organiser le concordat. Il descendit chez le fr∴ Mazzoneschi (2), maçon et carbonaro italien réfugié. « Ce même monsignore, disent les Annales, ayant récemment signé la dernière bulle romaine de proscription contre la franc-maçonnerie, certains journaux l'attaquèrent ; d'autres le présentèrent comme franc-maçon lui-même (3) ». Le futur internonce, circonvenu par les agents du gouvernement, ne tarda pas à être pleinement instruit de la situation par Sterckx et Van Bommel ; ils déjouèrent à temps l'intrigue dont il fut un moment victime (4).

Avant d'arriver à cette dernière phase du concordat, il faut considérer les circonstances qui changèrent le mouvement de pétitionnement en un mouvement révolutionnaire.

---

(1) Il avait, comme secrétaire, aidé le cardinal Cappellari.
(2) *Daris.* op. cit. IV, 340.
(3) t. 6, p. 477.
(4) Claessens, art. cité, p. 389 ; l'entrevue eut lieu à Contich, à la campagne de la famille Gilles de Pélichy.

XVI. Lamennais et le libéralisme religieux.

Les catholiques ne sont pas révolutionnaires : ils professent plus de tolérance envers le pouvoir existant, si oppresseur qu'il puisse être, que d'ardeur à courir les risques des troubles civils.

Les catholiques belges, lésés dans leurs intérêts religieux et pleins de crainte pour l'avenir de l'Église dans leur patrie, se consolaient par la pensée des promesses de Jésus-Christ ; ils se fortifiaient dans leur foi en lisant, sans toujours les méditer assez, les encycliques des Papes contre l'esprit du siècle ; cet enseignement toujours identique de l'Église infaillible, les mettait en garde contre les erreurs, fruit du protestantisme en dissolution.

C'était Léon XII qui, dans l'encyclique *Ut primum* du 3 mai 1824, signalait son avènement par une condamnation éclatante des idées libérales : « Il est une secte, disait le Pape, qui ne vous est pas inconnue et qui, s'arrogeant à tort le nom de philosophie, a ranimé de leurs cendres les phalanges dispersées de toutes les erreurs. Cette secte, couverte au dehors des apparences flatteuses de la bonté et de la libéralité, professe le tolérantisme (car c'est ainsi qu'on le nomme) ou l'indifférence ; il l'étend non seulement aux affaires de l'ordre civil, dont nous ne parlons point, mais même à celles de la religion ; elle enseigne que Dieu a donné à tout homme une entière liberté, en sorte que chacun puisse, sans danger pour son salut éternel, embrasser ou adopter la secte ou l'opinion qui lui plaît selon son jugement privé ». Le Souverain Pontife réfutait par la doctrine des Saintes Écritures, « cette sagesse du siècle, ce sens reprouvé, ce mystère d'iniquité », et rappelant la bulle (1)

---

(1) *Exsurge, Domine*, 1520.

de son prédécesseur Léon X contre Luther, le père de la fausse réforme et de toutes les erreurs modernes. « Que Dieu se lève, s'écriait-il, qu'il réprime, qu'il confonde, qu'il anéantisse cette licence effrénée de parler, d'écrire et de publier des œuvres pleines d'artifice et d'impiété ! ».

Après Léon XII, c'était Pie VIII qui dans l'encyclique *Traditi humilitati nostrae* dénonçait le même indifférentisme. « N'est-ce pas un prodige d'impiété, se demandait le Saint Père, d'accorder les mêmes louanges à la vérité et à l'erreur, au vice et à la vertu, à l'honnêteté et à la turpitude ? Ce système fatal de l'indifférence en matière de religion est repoussé par la raison elle-même, qui nous avertit que, de deux religions qui ne s'accordent pas, si l'une est vraie, l'autre est nécessairement fausse et qu'il ne peut y avoir société entre la lumière et les ténèbres ».

Ces principes libéraux, nous l'avons vu dans l'histoire du serment constitutionnel, étaient loin d'avoir pénétré dans la généralité du peuple belge. Mais l'amalgame politique et religieux, que Guillaume s'était plu à introduire dans la Loi fondamentale, et la liberté accordée par le gouvernement à une presse imprégnée de ces principes, entraînaient naturellement un certain nombre de catholiques à suivre le courant du siècle. Les loges, que les Papes considéraient comme le foyer le plus actif de la tolérance dogmatique, et qui furent favorisées par le roi, eurent aussi une influence considérable sur l'opinion publique. De plus, l'enseignement des Souverains Pontifes ne produisait pas tous les effets désirables, sous un gouvernement hostile à l'influence du Saint-Siège et qui exerçait abusivement le prétendu droit du *placet* sur les documents pontificaux.

D'autres causes neutralisèrent en partie l'effet de ces enseignements. D'une part, le gouvernement, en opprimant l'Église catholique et en favorisant les protestants, provoquait une réaction chez les belges et leur faisait désirer une situation moins inégale, un régime de liberté vraie, fût-ce la liberté pour le mal comme pour le bien. D'autre part, un prêtre breton, d'une éloquence remarquable et qui s'enga-

geu vers 1828 dans ce mouvement d'idées, obtint dans notre
pays une grande influence. C'était Lamennais.

Il s'était imposé à l'attention universelle par un *Essai sur
l'indifférence en matière de religion* (1818) ; dans cet ouvrage,
parmi des idées philosophiques peu sûres, on admirait des in-
spirations sublimes. Considérant l'histoire des temps modernes,
Lamennais dédaignait les observateurs superficiels : « Spectateurs des tempêtes qui agitent la société, du flux et du reflux
des événements dont se compose son histoire, ils expliquent
chaque vague par la vague qui la presse immédiatement, au
lieu de remonter d'abord à l'impulsion puissante et continue
qui les produit toutes » (1). Pour lui, en recherchant les causes
premières de l'indifférence religieuse qui envahissait le monde,
il en trouvait l'origine dans le protestantisme ; sans boussole,
sans guide, le libre examen avait dû se résoudre dans la néga-
tion des droits divins de l'Église du Christ. Puis considérant
les résultats de cette évolution protestante, Lamennais réfutait
les systèmes de l'indifférence politique, de la religion naturelle,
des articles fondamentaux et non-fondamentaux, et démontrant
la vérité et l'importance de la religion catholique : « La religion
qui peut seule nous sauver, disait-il (2), n'est pas cette vague
religion chrétienne que nous vantent quelques rêveurs, mais
la religion catholique, hors de laquelle le christianisme n'est
qu'un nom ». « Quelques gouvernements, dupes ainsi que leurs
sujets et plus que leurs sujets, semblent se plaire à secouer sur
leurs peuples le flambeau de la sagesse moderne, à la lueur
duquel il n'est rien qui ne paraisse indifférent ou faux, à com-
mencer par leurs propres droits... S'il pouvait y avoir quelque
chose de ridicule quand le sort des nations est compromis, ce
serait de les voir, contempteurs niais du bon sens et de l'expérience, prodiguer leur protection à toutes les folies soi-disant
religieuses, et former des collections de cultes, comme on
rassemble des tableaux dans un *museum*. Grâce à cette neuve

---

(1) Vol. I, ch. 1.
(2) Vol. II, préface.

idée, la religion publique n'est que l'assemblage des religions particulières : on paie des ministres pour enseigner que Jésus-Christ est le sauveur du monde, et on en paie d'autres pour le nier » (1). « La tolérance, disait encore Lamennais, est pour le christianisme un nouveau genre de persécution et d'épreuve, la dernière sans doute qu'il doive subir. Elle conduit à l'indifférence (2) ».

Cet ouvrage ne pouvait manquer d'avoir un grand succès en Belgique, au milieu des épreuves que nous traversions.

Un autre opuscule du même écrivain fut réimprimé plusieurs fois dans nos provinces : il traitait *de l'éducation du peuple* (3) et était encore de circonstance dans un pays où l'on supprimait l'éducation si chrétienne des Frères des écoles, et à une époque où l'on prônait, avec un prétendu enseignement mutuel, une neutralité religieuse, inadmissible dans l'Eglise, et une morale indépendante de la foi. « Un projet gigantesque, écrivait le comte de Robiano (4), a été conçu et se poursuit avec une ardeur inouïe... Un cri s'est fait entendre et un million d'échos le répète sans cesse. Au mépris du Fils de l'Eternel qui est *la lumière véritable qui éclaire tout homme venant en ce monde* (5), l'impie a osé s'écrier : Je suis la lumière ; hors de moi, il n'y a que ténèbres. Ce blasphème aurait dû répandre l'effroi ; mais les fils d'Eve, charmés à ces mots, comme leur mère à la voix du serpent, sont accourus en foule à la fausse lueur qu'on leur a présentée... Les empires, les transactions politiques, les institutions et enfin l'éducation ont dû subir son joug. De là ces constitutions, ces traités, ces codes sans Dieu, ces lois, ces

---

(1) Vol. I, ch. 2.

(2) Et Notre Seigneur, ajoute-t-il, a dit : Croyez-vous, quand je viendrai, que je trouve encore la foi sur la terre ? (Vol. 1, introd. p. XXXIII) Il traduit mal la parole du Sauveur : c'est la foi à l'imminence de sa seconde venue et du jugement, que N. S. ne trouvera point chez tous.

(3) App. bibl. nᵒˢ 71, 72.

(4) Le comte de Robiano traita le même sujet, c.-à-d. la méthode lancastrienne Cfr. app. bibl. nᵒ 73.

(5) S. Jean, ch. I.

universités, ces écoles, où sous des formes plus ou moins vives se retrouve toujours l'empreinte de ce funeste génie. » C'est d'Amsterdam, dit-il, que nous venait ce système d'écoles primaires non confessionnelles.

Lamennais avait engagé une lutte fort vive contre le monopole universitaire en France; ses manifestes, où il réclamait pour l'Eglise et pour les ordres religieux le droit d'enseignement (1), ses publications éloquentes contre les quatre articles gallicans de 1682 (2) et d'autres ouvrages du grand apologiste se répandirent partout dans le clergé belge (3).

Cependant ce prêtre dont Frayssinous disait : « C'est un génie, mais il n'est pas théologien, » faisait peur à Léon XII. En 1824, après avoir vu Lamennais, le Saint Père disait avec douleur qu'il avait discerné sur ce front la marque d'un chef d'hérésie (4). « Si l'on rejette mes doctrines, avait dit un jour l'orgueilleux écrivain, je ne vois plus le moyen de défendre la religion ; j'ai prié Rome d'examiner mes écrits ; si elle juge contre moi, je suis décidé à ne plus écrire » (5).

En 1825 (6) il défendait encore contre le gouvernement de Charles X la thèse catholique : « La plupart des gouvernements, disait-il, se sont placés entre les deux forces de la société, pour les combattre toutes deux. Ils combattent l'Eglise, *force de conservation*, parce qu'ils tiennent obstinément à un système d'indépendance absolue, qui, en abolissant la notion du droit, ébranle la souveraineté dans ses fondements. Ils se défendent, comme ils peuvent, avec la police et les baïonnettes, contre la *force révolutionnaire*, qui tourne contre eux leurs propres maximes. S'ils ne sortent pas, et bien vite, de cette position,

---

(1) 1814, 1817, 1818.

(2) *De l'éducation dans ses rapports avec la liberté; Lettre au Grand-Maître* (Frayssinous), 22 août 1823. *La religion considérée dans ses rapports avec l'ordre politique et civil*, 1825, 1826.

(3) En 1825, 1ᵉ partie, 3ᵉ édition, à Courtrai, Beyaert-Feys.

(4) *Kirchenlexicon* d'Hergenröther, *Lamennais*.

(5) 20 nov. 1820, à l'abbé Carron.

(6) *La religion considérée...* édition de Courtrai p. 259.

leur ruine est certaine ; car il est évident qu'aucun pouvoir ne saurait régner qu'en s'appuyant sur la première de ces forces... On peut le prédire avec assurance, si les gouvernements ne s'unissent pas étroitement à l'Eglise, il ne restera pas en Europe un seul trône debout... L'ordre social nouveau sera l'anarchie. »

Trois ans plus tard, voyant le ministère français s'obstiner dans la défense des quatre articles gallicans et, par les ordonnances du 16 juin 1828, exclure de l'enseignement les jésuites et les congrégations religieuses, Lamennais se sentit vivement contrarié dans ses revendications fort justes d'ailleurs ; il cessa de lutter « pour Dieu et pour le roi » et se déclara « le champion de Dieu et de la liberté. »

Le premier ouvrage (1), où il annonçait ce dessein nouveau, reçut un accueil empressé en Belgique ; les circonstances étaient bien faites pour lui assurer ce succès : car notre situation n'était guère différente, à plus d'un point de vue, de celle des catholiques français (2).

« L'œuvre de Dieu ne pouvant plus s'appuyer sur des dynasties périssables », Lamennais proposait la séparation de l'Eglise et de l'Etat : « L'Eglise, écrivait-il (3), avertie qu'elle n'a pas de paix à attendre du gouvernement jusqu'à ce qu'elle n'ait reconnu sa suprématie et ne se soit déclarée vassale de César, ne saurait sans méconnaître son existence même, tenter désormais de maintenir des rapports, qui déjà la constituent dans un état de dépendance, incompatible avec ses droits essentiels et avec les devoirs que lui a prescrits son fondateur... La liberté lui est nécessaire avant tout, liberté d'enseignement, de discipline, de culte ; et cette liberté, elle n'en jouira jamais,

---

(1) *Des progrès de la révolution et de la guerre contre l'Eglise.* Quatrième édition belge, d'après la 2ᵐᵉ originale. 1829. Louvain.

(2) Le baron d'Eckstein s'en occupa en 1829 dans *le Catholique* et le comte Félix de Mérode dans une brochure : *Un mot sur la conduite politique des catholiques belges, des catholiques français et sur l'ouvrage de M. de la Mennais : Des progrès..*

(3) *Des progrès...* éd. cit. chap. 9, p. 166.

aussi longtemps qu'elle la cherchera dans des transactions avec la puissance temporelle, qui n'aspire qu'à l'en dépouiller peu à peu. » Le fougueux apologiste ne conseillait pas, il est vrai, l'union ou l'entente du clergé avec le libéralisme, « principe essentiellement opposé au catholicisme, disait-il. et dont l'effet immédiat est de créer avec l'anarchie des esprits l'anarchie politique et d'établir... le despotisme et la servitude (1). L'Eglise ne saurait s'allier avec le libéralisme, que ses doctrines actuelles rendent l'ennemi le plus ardent de l'Eglise en même temps qu'elles renversent la base de la société et consacrent tous les genres de tyrannie et d'esclavage. Mais elle ne saurait s'allier, non plus avec le pouvoir politique, qui travaille à la détruire en l'asservissant, afin d'établir sur des ruines un despotisme absolu » (2). Que fera-t-elle donc ? « Que l'Église, évitant de lier ou de paraître lier indissolublement sa cause à celle des gouvernements qui l'oppriment, se fortifie en elle-même, au milieu de la lutte des peuples et des rois, sans y prendre aucune part directe !... Qu'elle se considère comme indépendante et veuille l'être en effet, qu'elle se montre telle en tout et toujours ! qu'au lieu de laisser mettre ses droits en compromis, elle en use sans timidité, sans hésitation, et bientôt elle reprendra un ascendant immense ; car elle est le seul pouvoir réel qui existe aujourd'hui » (3).

Cet esprit présomptueux donnait enfin des conseils au Pape lui-même : « C'est au pasteur suprême qu'il appartient de sauver la foi et la société, en rompant les liens qui arrêtent l'action de la puissance spirituelle » (4). Il fallait donc la séparation des deux puissances, de l'Eglise et de l'Etat.

Les fallait-il séparer définitivement ? Est-ce à l'état de thèse ou d'hypothèse que Lamennais voulait la rupture ? On pouvait considérer ses idées comme chimériques, comme funestes lors

---

(1) ib. p. 163.
(2) ib. p. 164.
(3) p. 167. chap. IX.
(4) ib. p. 167.

même qu'on ne voudrait les appliquer que transitoirement ; mais il serait injuste en 1829 de lui attribuer la thèse plus absurde encore d'une séparation définitive ; dans tout cet ouvrage il la réfute et il adhère pleinement à la bulle *Unam sanctam*, où la doctrine contraire se trouve établie (1). Ce qu'il veut, c'est ramener l'entente et l'union entre les deux puissances, en permettant, en favorisant une séparation qui ne peut qu'amener des maux extrêmes et faire sentir enfin la nécessité de l'union entre l'Etat et l'Eglise. Royauté ou démocratie, l'Etat se verra contraint de reconnaître la seule thèse vraie. Dans la lutte des peuples et des rois, dit-il, « les vainqueurs, quels qu'ils soient, tomberont un jour aux pieds de l'Eglise et la supplieront de leur donner, ce qui leur manquera toujours tant qu'ils seront séparés d'elle, un principe d'ordre et de stabilité, un lien moral, la vie » (2). Telle était en 1829 l'hypothèse de Lamennais.

L'Eglise est patiente et n'abandonne pas la cause de l'Etat malgré les fautes qu'il commet ; elle le soutient au contraire, parce qu'il est un des éléments nécessaires de l'ordre dans la société. L'esprit d'irritation et de vengeance qui égarait l'ardent apologiste n'a aucune prise sur le Saint-Siège. En ce moment même, Léon XII négociait l'exécution du concordat de 1827. Son envoyé Cappacini réussissait à faire nommer les évêques de Liége (Van Bommel), de Tournai (Delplancq) et de Gand (Van de Velde) ; préconisés le 18 mai 1929, ils eurent avis au commencement de septembre que leurs bulles reposaient au ministère de l'intérieur et que le *placet* royal ne tarderait pas de les mettre en possession de leurs sièges. Ils les obtinrent le 4 octobre (3). Quant aux trois nouveaux évêchés de Bruges, d'Amsterdam et de Bois-le-duc, érigés par le nouveau concordat, la nomination des titulaires fut différée.

____

(1) chap. II, p. 40.

(2) ch. IX. p. 167. Dans un ordre d'idées analogue, un esprit absolu, irrité des tracasseries que le pouvoir faisait subir aux religieuses des hôpitaux, proposait que toutes en un même jour abandonnassent leur ministère de charité ; l'Etat viendrait les supplier de le tirer d'embarras. Est-ce que la charité chrétienne peut agréer des propositions pareilles ?

(3) Daris, op. cit. IV, p. 341.

Parmi les trois nouveaux évêques le plus marquant était Van Bommel, âgé de 38 ans ; il était natif de Leyde, mais fixé dans sa famille à Anvers ; il avait refusé quatre ans auparavant la régence du collège philosophique ; il jouissait cependant de l'estime du roi. Nous le verrons entrer en scène pour défendre à la fois l'autorité royale et les droits de l'Église.

Parmi les trois nouveaux évêques le plus marquant était Van Bommel, âgé de 38 ans ; il était natif de Leyde, mais fixé dans sa famille à Anvers ; il avait refusé quatre ans auparavant

XVII. Union des catholiques et des libéraux.

Goubau avait été écarté en 1826 et le département des affaires du culte catholique avait été rattaché au ministère de l'intérieur, occupé alors par Van Gobbelschroy. Encore qu'il fut belge, le nouveau ministre n'inspirait aucune confiance : « Quels instruments employez-vous ? lui demandait-on (1). Goubau est-il resté sans influence ? Son bras droit a-t-il cessé un instant de frapper ? Comment, M. le ministre de l'intérieur, est-il possible que ce soit à un protestant que vous confiez la surveillance du département de nos affaires, et que ce soit encore à un autre protestant que vous confiez en votre absence la signature des pièces (2) ?... A quelle espèce de religion appartiennent les membres actifs, les membres influents, voire même la majorité des membres de cette commission ? Est-ce à la religion du Pape, ou à celle de Voltaire ?... Le ministère croit-il qu'en dépit de la Loi fondamentale, quatre millions de catholiques se laisseront dépouiller, par le régime des arrêtés, de tout ce qu'ils ont de plus cher ?... Trouvera-t-il que le clergé ait été trop exigeant, trop hautain, trop dominateur, parce que, après avoir souffert avec une invincible patience la plus injuste persécution, il aura fini par dire : Rendez-nous ce que toutes les lois nous accordent et ce dont vous nous avez injustement dépouillés ? (3) On nous accuse souvent, nous autres belges, d'être éternellement mécontents. Mais sommes-nous mécontents sans raison ? Assurément, les raisons d'être mécontents ne manquaient pas sous Joseph II ; eh ! dira-t-on qu'elles nous manquent aujourd'hui » ? (4)

(1) *Trois chapitres*, p. 74, app. bibl. n° 110.
(2) Le premier était Van Ewyck, le second Brock.
(3) P. 46, 47.
(4) Ib. p. 85.

Le mécontentement était provoqué par les arrêtés du 20 juin 1829. Un premier arrêté, il est vrai, était la réparation d'une grande injustice : conformément aux assurances données par le négociateur du Concordat, le comte de Celles, la fréquentation du collège philosophique devenait facultative. Il suffira de cette déclaration, avait-on dit, pour qu'il soit abandonné par la masse des élèves. Mais le même jour, le ministère, par un nouvel arrêté, détruisait les effets de cette concession. Ce n'était pas la première fois qu'avec une inconcevable déloyauté il retirait d'une main ce qu'il offrait de l'autre. Il excluait des grands séminaires les élèves qui, sans autorisation, avaient étudié à l'étranger et ceux qui, ayant fait des études dans le pays en dehors du collège philosophique, ne justifieraient pas, dans un examen public, des capacités requises. Ces stipulations contredisaient l'assertion faite par le Pape dans le consistoire, que désormais l'enseignement des jeunes élèves destinés au séminaire serait entièrement entre les mains des évêques. « Les catholiques, écrivit-on, sont convaincus qu'il y a un plan bien arrêté, non plus de les protestantiser, mais de corrompre l'orthodoxie, la pureté de leurs principes, afin de leur faire subir les conséquences du système de tolérance religieuse : soumission à la puissance civile en matière ecclésiastique et relâchement des liens qui les attachent au Saint-Siège » (1).

L'auteur de la brochure qui dénonçait si courageusement le plan du ministère n'était autre que Van Bommel, évêque nommé de Liège. Quand il vit que le gouvernement ne poursuivait ni l'imprimeur ni la personne responsable, il se fit connaître. Ajoutons que le roi ne s'en offensa pas et que dans une audience du 2 octobre il chargea Van Bommel de rédiger un arrêté conforme aux désirs de l'épiscopat ; celui-ci avait joint ses réclamations à celles de l'auteur anonyme. Le roi donna sa sanction à ce nouvel arrêté le même jour : les évêques pouvaient désormais ouvrir leurs séminaires, les organiser

____

(1) Ib. p. 22.

d'après le récent concordat et y recevoir même les élèves qui avaient étudié à l'étranger (1).

Grâce à l'intervention du nouvel évêque (25 décembre 1829), le roi nomma le baron de Pélichy de Lichtervelde directeur-général pour les affaires du culte catholique (2). C'étaient des concessions tardives. Nous aurons à en signaler d'autres, tardives aussi, mais qui consolaient la patience du Saint-Siège. Dans son message du 11 décembre (3), le roi assurait que le Pape avait témoigné sa reconnaissance pour l'arrêté du 2 octobre et ne trouvait dans ses dispositions royales aucune matière à objections.

Dans une nouvelle brochure anonyme (4) Van Bommel loua cet acte de justice royale, comme un premier acheminement vers la liberté illimitée de l'instruction : « Le roi, disait-il cependant, n'a fait qu'ôter les entraves, illégalement mises à l'exercice d'un droit qui, essentiel au culte catholique, était essentiellement garanti par la loi fondamentale (2ᵉ art. additionnel) ; ce n'est donc pas une concession, c'est un acte de royale justice. Tous les catholiques l'ont senti ; tous les vrais libéraux et les protestants de bonne foi le sentent comme eux ». Il demandait que le gouvernement allât plus loin et supprimât les certificats de capacité, dont la partialité des juges faisait une entrave à la liberté. « Revenons à l'idée seule juste, seule lumineuse dans la matière et seule vraie dans le système d'économie politique, que nous a tracé la loi fondamentale : *liberté illimitée*, et partant, *concurrence parfaite*. Non, jamais le certificat de capacité, lorsqu'il emporte privilège exclusif, fût-ce dans le dernier village du royaume, ne sera chez nous une garantie protectrice ; il ne sera partout et toujours qu'une entrave fatale à l'émulation et un attentat à la liberté ».

Le message du 11 décembre ne permit pas d'espérer la réali-

----

(1) Daris, IV, 345.
(2) Allard, *Van Gils*, p. 339, 430.
(3) de Gerlache, p. 177.
(4) *Essai sur le monopole*, p. 149, app. bibl. nᵒ 116.

sation de ce vœu des catholiques : cela était en opposition avec tous les principes d'autocratie d'un gouvernement protestant ; il avait cédé son prétendu droit sur les petits-séminaires ; admettre à côté de ses athénées des établissements d'instruction secondaire, c'était contraire à ses théories d'instruction publique : tout au plus toléra-t-il dans quelques villes secondaires le maintien d'une école latine libre.

Le revirement, que signalaient les récentes mesures, s'explique par les circonstances que le pays traversait. Le mouvement pétitionnaire, que nous avons mentionné plus haut (1) et que le gouvernement avait qualifié de *scandaleux*, s'accentuait de plus en plus ; il avait amené un mouvement d'opinion, que l'on croyait d'abord impossible, et une union que le gouvernement appellera *monstrueuse*. Il en faut décrire les premières phases.

Ce sont les catholiques de Bruxelles, qui au commencement de l'année 1829 déposèrent les premiers registres de pétitionnement. Iwan de Man d'Altenrode, L. F. de Robiano de Borsbeek et le vicomte Vilain XIIII rédigèrent une pétition en faveur de la liberté d'enseignement. Le comte de Mérode-Westerloo signa le premier, ses fils et plusieurs nobles signèrent après lui ; le 15 janvier, elle fut déposée chez le libraire Vanderborght et promptement revêtu d'un grand nombre de signatures. Le comte de Robiano engagea les membres du clergé à s'abstenir, par crainte de mesures sévères du gouvernement.

Le prince d'Orange, fort inquiet, fit sans retard des démarches auprès des nobles seigneurs et même auprès de l'envoyé pontifical Cappacini ; mais sans résultat. On demandait le redressement d'un seul grief. Presque simultanément, la presse libérale publia des pétitions sur divers autres objets.

C'est que le gouvernement, tout en persécutant les catholiques (2), n'accordait la tolérance aux libéraux que dans la

---

(1) Chap. XV, p. 158.
(2) Il soudoyait l'impie *Sentinelle* et le *National* qui attaquaient le clergé et la religion.

mesure où ils respectaient ses actes. Il s'offensa donc de la liberté avec laquelle leur presse critiquait et plaisantait ses lois, ses impôts et les sentences de ses magistrats (1) ; il commença à sévir contre elle plus rigoureusement que jadis. Un premier procès au chef de ce parti, Louis De Potter de Bruges, eut pour résultat de créer au gouvernement un adversaire plus redoutable que les catholiques, le parti libéral dont il s'était fait longtemps un allié contre l'Eglise.

Le Belge publia successivement trois nouvelles pétitions, la première (8 janvier) contre la loi sur la presse, la seconde (9 janvier) pour la suppression de l'impôt sur la mouture et une troisième pour le rétablissement du jury (10 janvier). On fit signer d'autres pétitions, en particulier pour l'égale répartition des emplois.

Depuis le mois d'octobre, le *Courrier de la Meuse* avait commencé à publier sur la partialité du gouvernement, à cet égard, des statistiques empruntées aux documents officiels, « et l'on put s'étonner avec Van Bommel que la patience des belges

---

(1) En 1828, Bellet et Jadus, rédacteurs de l'*Argus*, condamnés à un an de prison (1 juillet) pour avoir critiqué le nouveau code pénal : « Pauvre peuple, on vous pressura :... on vous pendra.

> Voilà la liberté, biribi
> A la façon de barbari, mon ami. »

Le roi, par forme de grâce, les bannit. Ducpétiaux dans le *Courrier des Pays-Bas* critique le ministère pour cette commutation de peine ; lui et Coché-Mommens l'imprimeur sont jetés en prison. — Jottrand et Claes critiquent Van Maanen dans le même journal, ils sont condamnés à 8 et 6 mois de prison (7 novembre). — De Potter écrit le 8 novembre dans le journal : « Jusqu'ici on a traqué les jésuites : bafouons, honnissons, poursuivons les ministériels, et mettons au ban de la nation quiconque n'aura pas démontré qu'il n'est dévoué à aucun ministre. » Il est jeté aux petits-carmes. — Un projet de loi sur la presse (22 décembre 1828) est rejeté par 63 voix contre 44 (3 décembre). Ducpétiaux est condamné à un an de prison (12 déc.) : son article et son acte d'accusation contre le procureur-général De Stoop avaient été approuvés par 23 avocats de Liège, 13 du Luxembourg, 5 de Bruges, 8 de Gand, 4 de Louvain et 9 de Paris. — De Potter, défendu par Van Meenen et Van de Weyer, est condamné à 18 mois de prison et 5000 fr. d'amende (19 déc.). L'hôtel Van Maanen fut assailli par la populace.

eût souffert tant d'injustices. « Pouvez-vous nier, écrivait-il (1), ces terribles statistiques, qui ont révélé votre criante partialité dans la distribution des dignités et des postes lucratifs de tout genre, non seulement dans la diplomatie et l'administration, mais encore à l'armée et dans le génie, et dont néanmoins, pendant les quinze premières années de la monarchie, la bonne foi et l'esprit de modération de ces belges, si *remuants* et si constamment, si déraisonnablement *mécontents*, ne leur avait pas permis de s'apercevoir ? (2) »

Dans l'armée seule, les hollandais qui ne formaient qu'un tiers de la population détenaient 2377 grades, les belges 400 ; la proportion n'était pas plus équitable dans les autres branches de l'administration. Ce n'était cependant pas là, disait Van Bommel, ce qui avait provoqué les manifestations de l'opinion catholique : « Vous pouvez frapper un peuple bon et loyal dans ses intérêts matériels, et le trouver longtemps soumis et résigné sous vos coups. Un peuple fort est toujours patient, il sait endurer l'injustice. Mais osez porter la main sur son cœur, sur ses parties vitales, attaquez-vous à ses intérêts religieux et moraux et aux droits qu'il tient de la nature ! Alors, s'il lui reste encore assez de vie pour se sentir lui-même et pour sentir le fer homicide dont vous cherchez à l'atteindre, il ramas-

---

(1) *Essai* cité. p. 165

(2) Le *Courrier de la Meuse* donnait la statistique suivante en 1828 ; celle de Van der Meulen (1829, II. 226) s'en rapproche.

	belges	hollandais
Ministres	1	6
Directeurs gén. des ministères	1	13
Employés supérieurs	11	106
Ministère de la justice	2	40
»　　　des finances	1	58
»　　　de la guerre	3	97
Offi. gén. d'Etat major	10	76
»　　d'Etat major	9	43
»　　d'infanterie	263	1451
»　　de cavalerie	93	816
»　　d'artillerie	33	360
»　　du génie	9	128

sera tout ce qui lui reste de forces et de vigueur, et il défendra
son existence jusqu'à la dernière extrémité contre son injuste
agresseur » (1).

C'est pour la liberté d'enseignement, base de sa liberté religieuse, que les catholiques avaient ouvert le pétitionnement :
ils n'avaient aucune arrière-pensée de résistance active ou de
révolution ; leur unique but était le redressement d'un grief
redoutable. Cependant, nous l'avons vu, les libéraux se joignirent à eux et revendiquèrent d'autres libertés.

Le succès des pétitions fut remarquable pour cette époque ;
rappelons-nous en effet que ce genre de manifestations était
oublié depuis les années de la révolution brabançonne. Dans
la session des Etats-généraux (25 février), un premier rapport
officiel renseignait 119 pétitions pour la liberté d'enseignement,
76 pour celle de la presse, 62 pour le jury, 41 pour l'inamovibilité des juges, 14 pour l'exécution du concordat, quelques-
unes pour la responsabilité des ministres et le libre usage de la
langue française. Le 16 mars, 96 nouvelles pétitions réclamaient
la liberté d'enseignement, 71 la liberté de la presse, 56 le rétablissement du jury, 47 l'inamovibilité des juges, 17 l'exécution
du concordat. Le mouvement continua au grand dépit du ministère. Un journal ministériel l'*Arnhemsche Courant* jeta un cri
d'alarme : Si le gouvernement a entrepris la réforme du clergé
catholique, n'était-ce pas pour le bonheur du pays ? Et les libéraux n'ont-ils pas grand tort de s'indigner et de tonner avec les
jésuites contre une si louable entreprise (2) ?

Le gouvernement avait bien lieu de s'inquiéter de cette coalition inattendue. Cependant, le roi, comptant sur l'effet que produi-
sent les réceptions officielles, fit pendant le mois de juin une
tournée de provinces (3) ; le clergé reçut de bonnes paroles, les

----

(1) *Essai* cité, p. 2.

(2) V. d. Meulen op. cit. II. 197.

(3) 26 mai à Malines, Anvers, 31 à Gand, 1 juin à Bruges, 3 à Ostende,
Hooglede, Ypres, 4 à Courtrai, Audenarde, 5 à Alost, Bruxelles. — 13 à Mons,
15 à Charleroi, 16 à Namur, 17 à Bruxelles. — 22 à Liège, 24 à Verviers, 25 à
Maestricht, Bois-le-duc, 29 à Diest, Louvain, 30 à Bruxelles.

autorités civiles furent respectueuses, quelques-unes flattèrent
le souverain. La décoration du Lion néerlandais récompensa
leur zèle. A Liége, le souverain prononça un mot malheureux :
il qualifia d'*infâme* la conduite des agents pétitionnaires. En
juillet, la pression gouvernementale écarta des Etats généraux
Vilain XIIII et de Muelenaere qui s'étaient signalés dans l'opposition et réussit à faire élire deux partisans du ministère ; une
médaille fut frappée en l'honneur des deux députés disgraciés,
avec l'inscription :

Le pouvoir les proscrit ; le peuple les couronne.

Pierre Rodenbach de Roulers, qui avait osé présenter au
roi, à son passage par Hooglede, une pétition en faveur de
Ducpétiaux, De Potter et autres écrivains, releva l'épithète
d'*infâme* que le souverain avait prononcée à Liége, et institua
en opposition avec l'ordre du Lion néerlandais, l'ordre de
l'*infamie*. Les nouveaux décorés, qui dépassèrent bientôt en
nombre ceux de Guillaume, portaient à leur chaîne de montre
une médaille en argent, indiquant l'article 161 de la Loi fondamentale sur le droit de pétitionnement, avec une inscription :
Infamia nobilitat, fidèle jusqu'à l'infamie : allusion peu heureuse
à la rébellion des *gueux* contre Philippe II leur souverain légitime !

C'est dans la Flandre que le mouvement prenait un caractère
violent, que l'on n'avait ni prévu, ni voulu.

A cette époque (juin 1829) paraissait une brochure, dont la
portée fut d'autant plus considérable qu'elle émanait d'un
écrivain frappé bien rigoureusement par les tribunaux et qui
subissait depuis neuf mois la prison à Bruxelles. Libéral jadis
haineux, aujourd'hui revenu à des sentiments de modération,
De Potter annonçait l'*Union des catholiques et des libéraux*.
« Il ne s'agit plus de savoir si les catholiques et les libéraux
peuvent s'entendre ; ils se sont entendus, c'est un fait, et un
fait n'a pas besoin de preuves » : ainsi débutait-il.

Sans entrer dans l'examen des multiples erreurs que l'opuscule contient sur des questions de doctrine, cherchons y

quelques données sur le rapprochement et l'union, que l'auteur affirmait si solennellement. « Tout comme leurs coréligionnaires de tous les pays, écrivait-il, les catholiques des Pays-Bas avaient anathématisé la liberté de la presse, celle des cultes et celle des opinions (1). Pour nous, leur disaient les libéraux, nous voulons la tolérance ; mais les catholiques sont intolérants par principe ; nous ne consentirons donc pas à être leurs jouets, et il est de notre devoir de proscrire une doctrine, qui, si nous la laissions dominer, nous proscrirait nous-mêmes (2). La terreur puérile des catholiques que l'on a eu l'art d'effrayer en ne leur montrant dans les libéraux que des jacobins, ennemis de Dieu et des prêtres, comme on avait réussi à effrayer les libéraux, en ne leur laissant voir dans les catholiques que des jésuites, ennemis de la liberté, contribua beaucoup à conserver et à nourrir un ancien et funeste préjugé, qui représente le catholicisme comme le soutien naturel et essentiel du pouvoir absolu. Ce préjugé est absurde (3). » D'autre part, De Potter l'avoue, « quelques libéraux, affectant une crainte probablement hypocrite, disaient : Il faut accorder la liberté à l'enseignement, mais déclarer les prêtres inhabiles à enseigner ». De Potter réfutait cette prétention. « Enlever ce droit à quelques citoyens, c'est commettre une injustice. L'équité seule est toujours utile. C'est là la vraie, l'éternelle garantie des faibles contre l'oppression des puissants, des peuples contre l'arbitraire des ministres et des rois » (4).

Que l'équité soit toujours utile, c'est là une belle et noble maxime. Si le gouvernement l'avait comprise et appliquée, si au lieu d'interpréter la loi fondamentale contre les catholiques il les avait au moins laissé bénéficier des libertés et de la protection qu'elle leur assurait, il aurait éprouvé combien est vrai cet autre principe : le catholicisme est le soutien naturel et essen-

_____

(1) *Union*, p. 15. App. bibl. n° 110.
(2) Ib. p. 5.
(3) Ib. p. 33.
(4) Ib. p. 38.

tiel de tout pouvoir qui se renferme dans les bornes de ses droits (1). Aujourd'hui, après quinze années de souffrance, les belges revendiquaient la liberté pour l'enseignement catholique tout d'abord ; ils ne s'abstinrent pas tous de signer les pétitions d'un caractère plus délicat. De Potter, pour les besoins de sa cause peut-être, ajoutait : « La liberté de la presse, celle des opinions et celle des cultes ont été formellement reconnues par les pétitionnaires catholiques et par les journaux, organes de leurs opinions. C'est une victoire solennelle remportée par l'équité et la raison sur des préjugés surannés... L'aveu des catholiques, et cet aveu est irrévocable, a banni pour toujours du sol de la Belgique toute intolérance relative aux opinions soit philosophiques, soit théologiques, et tout privilège de parti soit politique, soit religieux. La liberté et la fraternité de tous les citoyens ont été consacrées à jamais » (2).

Nous pensons que les assertions si catégoriques de De Potter ne résisteraient pas à un examen détaillé ; les pétitions pour le droit d'enseignement étaient notablement plus nombreuses que les autres. L'entente et l'union étaient loin en juin 1829 d'être aussi intimes que De Potter l'affirmait.

Plusieurs catholiques crurent qu'il était opportun d'arrêter le mouvement pétitionnaire. « Le souvenir des révolutions de France, d'Espagne, d'Italie et du Mexique leur faisait redouter des libertés dont l'abus avait causé dans ces pays tant de calamités et tant d'oppression. On leur expliqua que le pétitionnement ne tendait qu'à leur obtenir leurs droits et la liberté vraie et que sans faire de révolution ils pouvaient résister à des lois contraires à la loi divine et aux droits de l'Eglise ; il ne suffisait pas, leur disait-on, d'un arrêté (3) qui rouvrait les séminaires ; ils devaient pétitionner encore et recueillir des souscriptions pour obtenir la liberté générale d'enseignement (4).

---

(1) Cfr. arrêté du 7 mars 1814 ; voir chap. II, p. 16.
(2) *Union*, p. 35.
(3) Arrêté du 2 oct.
(4) *Iets over de vryheid, Een woord*... app. bibl. n⁰ˢ 107, 117.

De Mérode, d'Hoogvorst et de Robiano, dans une nouvelle pétition du 4 novembre, se félicitaient de la réouverture des séminaires, mais réclamaient une liberté fondée sur la loi de Dieu et de la nature, la liberté pour les parents de donner à leurs enfants l'éducation qu'ils jugeraient la plus convenable : « Nous voulons la pleine et entière liberté d'enseignement, sans aucune limitation. A l'obstination nous opposerons une persévérance, une volonté irrévocable... Nous réclamons l'abrogation d'un arrêté, qui punit les enfants, parce qu'ils auront obéi à leurs parents en se laissant conduire à des écoles de l'étranger ».

Comme les journaux du gouvernement faisaient valoir l'abstention du clergé, celui-ci se décida enfin à signer aussi ; à Anvers seulement il fournit 70 signatures (1). Le mouvement s'étendit à la Campine et au Brabant septentrional ; le 13 novembre, la pétition rédigée par le comte de Robiano fut soumise aux signatures à Turnhout ; le surlendemain, tous les villages de la Campine reçurent communication de la même pièce ; des agents la répandirent jusqu'à Bois-le-duc.

L'instigateur du mouvement était Pierre De Nef ; par l'intermédiaire du prêtre Buelens, d'Anvers, toutes ces pétitions étaient dirigées sur La Haye ; car on ne se fiait pas à la poste royale. Le *Courrier de la Meuse*, l'*Antwerpenaer* et les *Etrennes catholiques de Bruxelles* se faisaient renseigner sur le résultat de ce vaste pétitionnement (2). Deux mois auparavant, plusieurs nobles avaient fondé à Gand le *Vaderlander* pour propager le mouvement dans les campagnes des deux Flandres (3).

---

(1) V. d. Meulen, op. cit. II. 242.

(2) Voir *l'histoire du collège de Turnhout*, 1817-95, écrité sur documents par le P. Droeshout, tome 1, p. 57. Ce généreux citoyen agissait en même temps auprès des députés et auprès de l'abbé de Foere (directeur du couvent des dames anglaises à Bruges ; la fille de M. De Nef y recevait l'éducation) pour faire repousser le projet de loi récent sur l'instruction (26 nov. 1829).

(3) En septembre, éditeur-imprimeur De Neve, Gand ; rédacteurs en chef, le comte Vilain XIII de Wetteren et de Bazele, le marquis de Rodes, le vicomte de Jonghe et J. B. d'Hane ; le premier curé pétitionnaire fut Verhelst,

Le ministère usa de rigueurs contre les fonctionnaires afin d'arrêter le *scandale* du pétitionnement ; c'est alors que le *Courrier de la Meuse* (9 janvier 1830) proposa des souscriptions nationales en vue d'indemniser les victimes du despotisme. « Que nos quatre-cent mille pétitionnaires donnent deux *cents* par semaine, disait le *Catholique*, et nous disposerons de 200,000 florins ». Le 27 janvier ce journal suggéra un projet de confédération ; « en attendant un plan d'association et de collecte, on avait déjà levé des sommes considérables ». Le *Courrier des Pays-Bas* et le *Belge* adhérèrent au projet ; quelques jours plus tard De Potter souscrivit pour cent florins et proposa de créer une confédération plus vaste, dont tous les membres seraient indemnisés des pertes que leur ferait subir toute opposition à l'action illégale du pouvoir ; aux élections on ne donnerait son vote, les autorités religieuses elles-mêmes ne conféreraient de places qu'à des confédérés (1).

Dans une lettre du 22 février 1830, L. F. de Robiano de Borsbeek donna à son tour une déclaration des sentiments des catholiques. Il y dénonce la presse officieuse, dont les rédacteurs, la plupart français et autres étrangers, et parmi eux un galérien échappé Libri-Bagnano, ne cessent de vilipender le clergé, la noblesse et les belges en général. Après avoir critiqué les nouvelles lois sur l'instruction et sur la liberté de la presse, qui suffisent, disait-il, à ruiner la religion et la liberté, il joint ses réclamations à celles des libéraux. « Leur point de vue diffère du nôtre, dit-il ; mais ce que j'y trouve de louable, c'est leur aversion pour le despotisme ; en résistant au despotisme, ils obéissent à un sentiment inné au cœur humain, à une impulsion ancienne du christianisme, auquel le monde doit sa délivrance. Nous ne croyons pas d'ailleurs que leur haine de la religion soit sans remède ».

---

de Moorslede. Voir la chanson pétitionnaire des *infâmes*, et les lettres des vicaires De Haerne, Van der Stegen, De Cock, pp. 328-339, du tome II, *Procès... de Potter*, app. bibl. n° 118.

(1) *De l'administration...* p. 43. Voir app. bibl. n° 119.

C'était avant tout la liberté d'enseignement que les catholiques voulaient obtenir ; et le mouvement pétitionnaire grandissait toujours. Le 8 mai, le rapport officiel résumait 188 pétitions du Brabant, 187 du Hainaut, de Namur, du Limbourg et du Luxembourg, 143 de la Flandre orientale, 193 de la West-Flandre et 96 de Liège. 300,000 belges pétitionnaient sans provoquer de bruyantes manifestations, mais avec une persévérance et une ardeur, qui finirent par inquiéter le pouvoir.

Les députés belges aux États-généraux secondèrent le mouvement. « Les principaux griefs énoncés dans ces pétitions, disait de Gerlache (11 mars 1830), ont longtemps et inutilement retenti dans cette chambre, et l'on n'y a eu nul égard. Dès 1828, des pétitionnaires sont venus appuyer nos réclamations ; on s'est moqué de leur petit nombre. Depuis, la nation s'est en quelque sorte levée en masse ; alors on a crié à l'intrigue, à la faction, au lieu d'en accuser les mesures du gouvernement. Toutefois, on a fait des demi-concessions, assez pour prouver aux pétitionnaires qu'ils n'avaient pas tort, trop peu pour les satisfaire et pour les convaincre qu'on voulait rentrer dans les voies légales... Qu'est-ce qui a produit cette *union*, cette *association monstrueuse* comme on l'appelle, entre les catholiques et les libéraux, et qui effraie si fort aujourd'hui ? C'est l'union ancienne et menaçante du gouvernement avec une partie du royaume, au détriment de l'autre.... Partout où il y a communauté de position et d'intérêts, il y a nécessairement coalition ; s'il y a danger d'oppression, il y a ligue défensive. Je crois, par exemple, qu'il y a certains catholiques qui tiennent plus à la liberté d'enseignement, et certains libéraux à la liberté de la presse ; mais, comment pourraient-ils ne pas se réunir, quand l'enseignement et la presse sont menacés à la fois ? Cette association est un fait ; et vous ne la détruirez point, à moins que vous ne rentriez dans les voies de l'égalité et de la justice. (1) »

Le gouvernement, témoin de ces puissantes mais pacifiques

____

(1) *Histoire des Pays-Bas* t. III. p. 195.

démonstrations, s'irrita de voir le clergé y prendre une part
influente ; un orateur protestant jugea habile de rappeler à ce
clergé son opposition d'autrefois à la Loi fondamentale et en
particulier aux libertés qu'elle garantissait. « Mais, lui répondit de Gerlache, si vous connaissez les causes de son mécontentement en 1815, pourquoi renouveler, quinze ans plus tard,
des mesures qui alarment ses croyances ? Si, en 1815, la
teneur de certaines dispositions de la Constitution hollandaise
effrayait tant de votants, si l'approche d'un gouvernement
protestant leur inspirait tant de craintes, pourquoi les réveiller
par des projets de lois, qui ne prouvent que trop que l'esprit
intolérant de cette Constitution n'est pas éteint ? (1) » Puisque
la Loi fondamentale et ses libertés avaient été constamment
violées aux dépens du culte catholique, pouvait-on aujourd'hui
reprocher au clergé de revendiquer en faveur des élèves des
séminaires et de toute la jeunesse belge, une pleine liberté
d'enseignement ? N'était-il pas excusable de conclure, sous
réserve des principes, une coalition avec les libéraux ? Sans
doute une partie du clergé se sentait entraînée par les idées
de Lamennais et, comme celui-ci, se montrait moins attentive
aux enseignements invariables de l'Eglise qu'aux influences
de l'opinion et aux maux de la situation présente ; pouvait-on
cependant lui demander d'appuyer le gouvernement ou de se
tenir neutre à l'égard des revendications du peuple ? Devait-il
craindre que tôt ou tard les principes de ses étranges alliés
ne s'infiltrassent dans l'esprit d'un peuple, inébranlablement
attaché au Saint-Siège ? L'avenir répondra.

------

(1) Ib. III. p. 200.

XVIII. La révolution.

Au commencement de 1830, en dehors de quelques légers indices de mouvement révolutionnaire que nous signalions plus haut (1), rien ne permettait d'appréhender des troubles. Les trois nouveaux évêques avaient pris possession de leur siége ; ils organisaient leurs petits séminaires, dont l'ouverture faisait espérer prochainement un recrutement suffisant du clergé (2) ; ils multipliaient les tournées de confirmation. Le diocèse de Liège était depuis vingt ans sans évêque : aussi était-ce par milliers que les jeunes gens se présentaient pour recevoir ce sacrement (3).

Van Bommel, dans son premier mandement de carême, déplorait les suites du long abandon où s'était trouvé le diocèse, la violation habituelle des lois de l'Eglise et en particulier de l'abstinence, le petit nombre de confesseurs et de prédicateurs ; il pressa ceux-ci de se dévouer à l'occasion du jubilé du mois de mai et de préparer le mieux possible le peuple fidèle à recevoir les grâces et les indulgences accordées par le Souverain Pontife.

____

(1) Chap. XVI, p. 176.

(2) A Malines, il s'ouvrit le 1er mai 1830 dans les hôtels Hoogstraeten et Colomma, achetés des deniers de l'archevêque ; à Liège, le séminaire fut rouvert en avril 1830, avec les cours de philosophie ; ceux-ci ne purent être tranférés qu'en octobre 1831 à Rolduc ; à Bonne-Espérance, le 30 mai, on ouvrit les classes latines ; en octobre, le cours de philosophie ; Vandevelde ouvrit en janvier les petits-séminaires de Roulers et de S. Nicolas.

(3) Au mois d'août 1830, Van Bommel visita Tongres, Looz, Hasselt, Bissen et Galoppe : dans ces cantons, il confirma 21,000 personnes. (*Ami de la religion*, t. 65, p. 371.) Plunkett, évêque d'Elphin en Irlande, étant à Spa en 1820, prêtait son ministère au vicaire capitulaire Barrett, et confirmait 84000 jeunes gens et enfants : de plus il conféra les saints ordres à 184 séminaristes. (*Le catholique des Pays-Bas*, 18 mai 1827). Quant au diocèse de Tournai, Mgr Delplancq confirmait dans le seul arrondissement de Mons 40000 enfants et jeunes gens (Ib. 2 juin 1830).

Le 9 janvier, le roi annonça que le collège philosophique, d'abord déclaré facultatif, serait supprimé à l'expiration du cours académique. C'était une décision fort opportune ; car, comme de Méan l'écrivait au baron de Pélichy, des soupçons d'inconduite, d'immoralité et d'hétérodoxie pesaient sur les rares jeunes gens, qu'attiraient les libéralités et les bourses du gouvernement plutôt qu'une vraie vocation, et l'on osait à peine en admettre quelques-uns au grand-séminaire (1).

Quant à une extension de cette liberté d'enseignement aux humanités, il ne fallait pas encore y songer : quinze autres années de lutte n'y auraient pas suffi ; on avait persécuté les parents qui envoyaient leurs enfants étudier chez les jésuites à St-Acheul et à Fribourg ; quel espoir y avait-il qu'on permît aux jésuites belges ou même au clergé séculier d'ouvrir des collèges d'humanités ? Cependant, écrivait-on dès 1817 (2), « l'Eglise n'a jamais cessé de prescrire aux premiers pasteurs l'obligation de veiller à l'éducation des jeunes lévites, non seulement lorsqu'ils s'appliquent déjà aux études plus élevées, mais aussi lorsqu'ils s'y préparent dans un âge encore tendre et avant que l'empire des passions ait asservi ceux qui seront un jour obligés de les combattre dans les autres ».

Dans sa première lettre pastorale, Van Bommel manifestait une confiance, que le *Courrier de la Meuse* (3) ne partagea point. Après avoir établi le grand principe chrétien que le pouvoir vient de Dieu et que les sujets lui doivent obéissance, l'évêque exprime le désir qu'avec ce principe se propagent l'amour de l'ordre, le respect envers Sa Majesté royale et cet esprit de modération et de sagesse, qui sait concilier l'obéissance que l'on doit à Dieu avec celle que l'on doit au roi. « La religion, dit-il, est ennemie de l'anarchie, qui s'attaque au pouvoir, autant que de la tyrannie, qui opprime les consciences. Pour combattre l'anarchie, elle commande la soumission aux

---

(1) Claessens, Mgr de Méan *Revue catholique* t. 3, p. 394.
(2) *De l'état futur des séminaires*, p. 4 app. bibl. n° 63.
(3) 17 février.

puissances établies ; pour combattre la tyrannie, elle lui oppose
une résistance, que la vertu rend calme et pacifique et que la
foi rend invincible.... Tout annonce aujourd'hui à l'Eglise une
paix profonde assise sur des bases stables et solides. Que n'a
pas fait notre magnanime Souverain pour obtenir cet heureux
résultat ! A qui devons-nous le renversement de certains
obstacles à la confiance publique ? A qui le choix très récent
d'hommes si propres à la faire renaître ? Et savez-vous ce qu'il
est disposé à faire encore, pourvu qu'on le seconde, afin d'en
étendre à tout le royaume et d'en perpétuer les fruits ? Savez-
vous combien intime est l'union entre son auguste personne,
le Saint Siège et les évêques ? »

Cette lettre pastorale fut violemment attaquée par la presse
libérale ; mais nos autres évêques avaient recommandé les
mêmes principes : « Nous voulons, écrivait celui de Gand, que
l'on s'attache à inculquer non seulement un amour inviolable
pour la Sainte Eglise, mais encore des sentiments d'affection
pour les institutions du pays et surtout un amour vrai et sincère
du roi et de son auguste dynastie ». L'arrêté du 2 octobre
l'avait rempli de joie et de reconnaissance pour l'auguste
Souverain (1).

Van Bommel, que ses relations avec Guillaume pouvaient
tromper sur la valeur des promesses royales, fut représenté
comme vendu à la cour; il expérimenta bientôt lui-même, au sujet
de son petit séminaire (2), comment les ministres du roi entendaient respecter la liberté et les droits des évêques. Il avertit
Guillaume, il le pressa plus vivement en juillet, quand éclata
la révolution qui détrôna Charles X. On tarda encore ; ce ne
fut qu'en septembre que le roi démit enfin, et trop tard, son
ministre Van Maanen. Cet homme néfaste, nous l'avons entendu
signaler quatorze ans auparavant par un agent anglais (3) comme
formant avec une demi-douzaine d'autres calvinistes le parti

(1) Mandement, 2 déc. 1829.
(2) Daris t. cité, p. 353.
(3) chap. VIII p. 76.

du roi ; c'étaient les fauteurs convaincus d'un système religieux impossible dans nos provinces catholiques ; pour eux aussi bien que pour le roi, la Loi fondamentale était un chef-d'œuvre ; ils en maintenaient l'esprit plus fidèlement encore que la lettre.

Au mois d'avril, un procès, dont le retentissement fut immense et l'issue regrettable, souleva de nouvelles haines contre le gouvernement. Louis De Potter, que ses productions impies et obscènes (1) et ses liaisons avec Buonarotti (2) auraient dû rendre suspect et méprisable aux catholiques, avait d'abord appuyé le ministère et participé à ses bienfaits ; en janvier 1828, il lui avait encore recommandé son ami Tielemans, joséphiste comme lui et tout dévoué aux plans anticatholiques du pouvoir, et l'avait fait nommer référendaire aux affaires étrangères au traitement de 2000 florins (3) : c'est en cette même année que l'un et l'autre s'engagea dans le mouvement pétitionnaire. Traduit en justice pour deux articles du *Courrier des Pays-Bas* (4), « l'incorruptible De Potter » osa devant ses juges proférer ces cris : Guerre à mort à la corruption, aux corrupteurs qui l'organisent, aux lâches qui se laissent corrompre ! Du fond de sa prison, il entretint correspondance avec Tielemans, lança des articles de journaux et des brochures et, d'autant plus populaire dans son propre parti et chez les catholiques, qu'il subissait les rigueurs du pouvoir dans une captivité d'ailleurs relativement douce, il activa puissamment la résistance.

En février, le juge d'instruction J. Delecourt fit saisir ses papiers et sa correspondance, interrogea le prisonnier et ses prétendus complices Tielemans, Barthels, et les imprimeurs Ed. Vanderstraeten, De Neve et Coché-Mommens, et l'on instruisit leur procès (19-30 avril) ; les trois premiers étaient accusés « d'avoir excité directement les citoyens à un complot ou à un attentat dans le but de changer ou de détruire le gou-

---

(1) Vie de Scipion de Ricci, St Napoléon en paradis et en exil.
(2) Auteur de l'*Histoire de la conspiration pour l'égalité, dite de Babeuf*.
(3) septembre 1828.
(4) novembre.

vernement, » et les trois derniers « de s'être faits complices. »
La cour les condamna, De Potter à 8 années, Tielemans et
Barthels (1) à 7 et De Neve à 5 années de bannissement.

Il était difficile, devant un jury il eût été impossible d'établir
la certitude d'un complot ou d'un attentat ; comme De Potter
l'avait déclaré devant le juge d'instruction, il n'y avait dans la
confédération qu'une opposition légale ; dans la correspondance, que le gouvernement publia (2), on ne pouvait pas davantage trouver de preuves péremptoires d'une tentative d'insurrection. Aussi l'opinion publique avait-elle prononcé quasi d'une
seule voix un verdict d'acquittement.

Quel fut le résultat de ces rigueurs ? Comme l'avoue De Potter,
« l'opposition populaire, frappée de stupeur et de crainte,
fléchissait sensiblement ; le gouvernement, après lui avoir fait
subir sa toute-puissante colère, voulut bien montrer spontané-
ment quelque indulgence et concéder de légères faveurs, qu'elle
accueillit avec joie et reconnaissance (3). Il ne suffisait cependant
pas, ajoute-t-il, de frapper quelques hommes de plume et de
parole ; le peuple, s'il a une fois saisi une idée vraie ou éprouvé
un sentiment profond, n'en perd jamais le souvenir, quand
même ses prétendus guides cesseraient de les lui rappeler. » (4).
Il suffira de quelque circonstance favorable et de quelques
meneurs pour faire éclater un mouvement séditieux.

Le prince d'Orange entretenait cependant correspondance
avec Rome afin d'obtenir que le Saint-Siège intervînt auprès des

____

(1) Bartels, réfugié en France, confia le *Catholique* et le *Vaderlander* à
Beaucarne : les principaux rédacteurs étaient les abbés Jos. De Smet, De
Haerne, vicaire à Moorslede, Verbeke et Vandorpe à Courtrai, les Rodenbach
et Hélias d'Huddeghem, juge. Voir app. bibl. nº 118.

(2) Une phrase (*Procès* t. II. p. 124 app. bibl. nº 118) prêtait à l'accusation
quelque fondement : « Pour empêcher que le gouvernement ne se jette dans
les bras des catholiques, il faut pousser ceux-ci aussi loin que la liberté de
tous permet d'aller.... Plus ils demanderont, moins il sera tenté de les
satisfaire ; mais il faut de la prudence. Dans tous les cas, ils doivent être
poussés à leur insu et sans se douter du pourquoi. »

(3) De Potter, *Souvenirs personnels*, Bruxelles, 1840, p. 92.

(4) Ib. p. 94.

catholiques et les décidât à séparer leur cause de celle des libéraux. La proposition parut avantageuse au cardinal Albani, ministre de Pie VIII, parce que, écrivait-il (1), « elle ferme l'issue à des périls inconnus..... Je n'ai jamais caché que cette alliance, véritablement léonine, me paraissait une erreur, dont plus tard les catholiques payeraient tous les frais.... Le Saint-Père lui-même n'est pas rassuré sur l'état des esprits dans ce pays. La Révolution est un absorbant ; l'union constitutionnelle signée entre les deux partis peut très facilement engendrer des émeutes. En définitive aboutira-t-elle à consacrer la liberté en faveur de l'Eglise ? Nous savons ici, et de source certaine, que les catholiques et les libéraux se bercent de la même chimère ; elle serait à peine réalisable avec des anges : jugez, avec des hommes ! Les catholiques y apportent trop de bonne foi pour que les autres ne soient pas tentés d'y mettre un peu de duplicité. Le succès obtenu, si succès il y a, qu'arrivera-t-il ? Le roi des Pays-Bas ne peut être ni renversé, ni amoindri : ce serait porter atteinte aux traités et à l'équilibre européen, qu'ils garantissent. Mais le succès arrivé, savez-vous ce que fera Guillaume ? Il se penchera du côté vers lequel il penche naturellement, il redeviendra libéral et persécuteur. Dans ce cas-là, le libéralisme fera cause commune avec lui. Si, par des événements impossibles à prévoir, Guillaume était dépassé et entraîné, croyez-vous que les catholiques se trouvassent beaucoup mieux d'un nouvel état de choses ? Tout bien examiné, je pense que le contraire doit arriver : ils n'ont, Dieu merci ! aucun moyen révolutionnaire à leur disposition, ils aiment l'ordre, la paix et le bonheur du foyer domestique, ils n'agiteront pas, il ne tiendront pas le pays en éveil pour des questions irritantes ou oiseuses, ils resteront dociles et soumis au gouvernement. Ce sera donc laisser à leurs alliés d'aujourd'hui, qui seront évidemment leurs adversaires de demain, la victoire qu'eux, catholiques, n'oseraient pas disputer. »

---

(1) 8 juin 1830, au comte de Senfft de Pilsach. Crétineau-Joly, *L'Eglise romaine en face de la Révolution*, 1859, t. II, p. 178-180.

Le cardinal n'entrevoyait pas le danger imminent d'une révolution contre le trône ; il promit de porter au Saint-Père les propositions du prince d'Orange : « Je suis assuré d'avance, ajoutait-il, de son approbation ; car il a peur, avant tout, de tout ce qui est fièvre irréligieuse. Cependant nous pouvons bien imprimer un certain mouvement, mais c'est sur place même qu'il faut agir ; à quatre cents lieues de distance, on ne connaît ni les caractères, ni les faits ; on ne peut donc conseiller qu'en généralisant. »

Les conseils donnés à des personnages influents du pays, ou ne furent guère écoutés, ou arrivaient trop tard pour arrêter l'issue de l'union.

Cette issue, au mois de juin, nul encore ne la prévoyait. Il est fort intéressant de recourir ici aux dépêches diplomatiques du comte de Mier, ministre d'Autriche, pendant l'été de 1830. Nous y recueillons des appréciations fort justes, quoique énoncées sous l'impression des revirements récents (1).

« Depuis les dix années que j'habite ce pays, je n'ai vu que changement continuel de système, dans toutes les branches d'administration. Je n'ai vu que défaire et refaire ; s'aventurer, s'opiniâtrer, puis rétrograder et céder de mauvaise grâce ; proposer, modifier, retirer, puis représenter une mauvaise loi ; imposer la mouture, et l'abolir ; rendre obligatoire, puis facultatif le collège philosophique, et ensuite le détruire ; proscrire les études à l'étranger, et les permettre ; imposer une langue prétendue nationale, que la grande moitié de la nation ne comprend pas, et revenir avec mauvaise grâce sur cet acte despotique ; lâcher et ressaisir la presse ; — en un mot, de la stabilité en rien.

« Est-il donc étonnant que cet état de choses ait produit un mécontentement presque général, et que ces raisons jointes à plusieurs autres non moins importantes aient provoqué ce nom-

<hr>

(1) M. Poullet les a publiées et mises en œuvre dans ses articles de la *Revue générale* de 1897 : *Relations inédites sur les débuts de la révolution belge de 1830.*

breux pétitionnement, qu'on a d'abord qualifié de factieux, et qu'on a voulu plus tard tourner en ridicule ?

« Mais, ce pétitionnement pour le redressement des griefs a produit en grande partie l'effet que les auteurs avaient en vue, — et le gouvernement, tout en qualifiant ces griefs de *prétendus* et l'opposition de *faction*, a attesté la réalité de ces griefs en les redressant, a donné gain de cause à la faction en cédant à ses plaintes, et s'est donné un démenti à lui-même, en réparant aujourd'hui le mal, qu'hier il niait encore. C'est ainsi que grâce à ce pétitionnement l'impôt sur la mouture a disparu du budget de l'Etat, que l'établissement d'une accise sur le café a amené l'introduction d'un système moins défavorable aux intérêts agricoles des provinces du Midi, que la disposition qui frappait d'incapacité civique les employés auxquels le gouvernement n'accordait pas une démission honorable, est abolie. C'est enfin de la même manière que les arrêtés sur l'enseignement et la langue ont été extorqués. Tout cela ne doit-il pas déconsidérer ce gouvernement et son chef aux yeux de ses propres sujets, et le discréditer auprès des autres gouvernements (1) ? »

Contrairement à la pensée du comte de Mier, il nous semble que le gouvernement faisait mieux de réparer une faute, une erreur si l'on veut, que de s'obstiner dans une voie mauvaise. S'il avait pu accorder généreusement aux catholiques le droit d'ouvrir des collèges libres et répartir plus équitablement les emplois et les traitements officiels, nous croyons que jamais les catholiques n'auraient participé à un mouvement révolutionnaire. Mais accorder ce droit d'enseignement, qu'un Etat protestant considère comme son droit essentiel, semblait chose impossible ; sur d'autres questions, le roi, soucieux de garder son « accroissement de territoire, » se montrera disposé à transiger et à rétracter. De nouveaux codes seront votés par les Etats-généraux ; l'inamovibilité des juges, d'autres réformes longtemps sollicitées feront taire un instant les autres griefs. L'instruction demeurera réservée au roi.

---

(1) Dépêche du 21 juin 1830.

En juillet, l'exposition nationale de Bruxelles eut un légitime succès ; elle attestait les progrès de l'industrie et des beaux arts ; la prospérité matérielle du royaume (1) était un gage de tranquillité. Aussi le ministre d'Autriche ajoutait dans sa dépêche : « S'il n'y a pas de commotion violente en France, on peut compter avec assurance que ce pays ne bougera pas ».

Ce rapport était daté du 21 juin ; alors déjà l'on avait sujet de craindre à Paris une commotion des plus violentes. En effet, après avoir dissout la chambre des députés, le ministère de Polignac se trouvait placé par les élections du 5 devant une majorité, dont l'opposition était redoutable. Les concessions, faites deux ans auparavant par les ordonnances du 16 juin contre l'enseignement des jésuites, n'avaient pas satisfait les libéraux. Le ministère, sans appui dans la chambre, se jugea assez fort depuis le succès des armes françaises en Algérie (2) pour faire un véritable coup d'Etat : par de nouvelles ordonnances (26 juillet) il réprima la licence de la presse et introduisit un système d'élections à deux degrés. Ces actes de vigueur firent éclater la révolution de juillet (27-31) : Charles X fuyait en Angleterre, le duc d'Orléans était proclamé lieutenant-général du royaume (samedi 31), et quelques jours plus tard (7 août) il acceptait la royauté.

Le 30 juillet, à la première nouvelle des troubles de Paris, le ministre d'Autriche écrit : « Les nouvelles les plus désastreuses sont en circulation ; les gazettes libérales de ce pays les propagent, les enveniment par leurs remarques... Un bouleversement en France ne pourrait avoir que les suites les plus fâcheuses pour la tranquillité de ce pays ».

------

(1) En 1819, il n'y avait que 3 machines à vapeur à Gand. De Hemptinne, Coppens et Cappaert en firent venir cette même année d'Angleterre. En 1829, Gand en comptait 68 (*Catholique des Pays-Bas* 22 juin 1829).

En 1827, Anvers vit entrer 123 vaisseaux nationaux, 138 anglais, 120 divers. Ostende 501 vaisseaux, dont 173 nationaux. En 1829, Anvers en vit entrer 1028, Flessingue 1063, Rotterdam 1764, Amsterdam 1975 (ib. 2, 24 janv. 1828, 8, 12 et 18 janvier 1830).

(2) 14 juin-6 juillet.

Deux jours plus tard, il mande que « beaucoup de réfugiés français sont déjà partis pour Paris, les autres font leurs préparatifs pour s'y rendre : ce sont des jacobins des plus endurcis. Les esprits sont dans une grande fermentation; on se croit déjà à la veille d'être envahi par les armées françaises. Le roi est attendu dans peu de jours; il paraît que ce n'est qu'alors qu'on prendra quelques mesures de précaution ».

Le même jour, dimanche 1 août « le théâtre royal donna une première fois la *Muette de Portici*. Cette pièce, remplie d'allusions aux circonstances du moment, prouva, par l'effet qu'elle produisit sur les spectateurs, le mauvais esprit qui animait une grande partie de la population. C'est surtout la scène du massacre de la garde du roi par la populace de Naples qui donna lieu à l'explosion d'un enthousiasme, d'une fureur d'applaudissements et de cris effrayants ». La manifestation ne causa point de troubles. Il arrivait beaucoup de personnes qui se sauvaient de la France; par contre, la ville était déjà débarrassée de nombre de révolutionnaires français.

Le 4 août, le comte de Mier trouve que les journaux deviennent de jour en jour plus insolents; il doute que le gouvernement ait le courage de les faire poursuivre (1). La nouvelle loi sur la presse, votée malgré les pétitions par 93 voix contre 12 (22 mai), avait cependant armé la justice; elle se montra clémente.

Vers le 12 août « Bruxelles rentrait petit à petit dans son assiette ordinaire; on ne s'y occupait plus tant... des événements de la France; la conduite du duc d'Orléans n'inspirait qu'un mépris général, bien mérité », disait l'envoyé.

Le 10, le roi Guillaume visita l'exposition. Quatre jours plus tard, après avoir pris ses sûretés contre la France en donnant ordre de renforcer les garnisons de Philippeville et Marienbourg et de suspendre les congés dans l'armée, le malheureux Sou-

____

(1) « Le petit journal de Louvain écrivait : Il ne faut qu'une minute pour adapter une corde de chanvre à un cou royal. Il n'en a pas fallu plus pour attacher un Capet sur la planche de la guillotine ». De Gerlache, II, 34.

verain partait pour son château de Loo : « Sire, lui dit le comte Mercy-Argenteau, maréchal de la Cour, s'il éclate ici des troubles, qui est-ce qui prendra le commandement ? » — Impatient et pressé, trop confiant dans son sort : « Nous verrons, répondit Guillaume ; tout s'arrangera et peut-être mieux que vous ne le croyez ». — Le maréchal s'inclina : « Sire, dit-il, je l'espère aussi ». Le départ du roi fut un malheur (1) : il croyait pouvoir attendre les événements dans la solitude du *Loo* : c'est de là qu'il nous enverra bientôt ses deux fils, l'un avec le glaive, l'autre avec le rameau d'olivier.

A Bruxelles, on faisait les préparatifs d'une illumination du parc, à l'occasion de l'anniversaire du roi (24 août) ; malheureusement, pour couvrir cette dépense de 40,000 francs, la ville de Bruxelles avait maintenu la perception de l'impôt très impopulaire sur la mouture.

Le 23 août, le ministre d'Autriche constate que « cette forte dépense était généralement désapprouvée. On s'attendait à des désordres. Pour déjouer les mauvaises intentions et l'exécution d'un *coup monté*, on remit les fêtes jusqu'au retour de Leurs Majestés. » Depuis quelques jours, ajoute-t-il, on devient plus inquiet, plus remuant ; la classe ouvrière commence à se plaindre hautement de la cherté des vivres, les groupes dans les rues deviennent plus bruyants. Quelques journaux de l'opposition font leur possible pour échauffer les têtes et provoquer des troubles ; ils deviennent tellement hostiles contre le gouvernement qu'on ne conçoit pas comment jusqu'à présent il n'a pas eu recours à des mesures légales pour réprimer leur audace et faire cesser ce scandale. La chose est d'autant plus surprenante que dans ce moment même plusieurs rédacteurs de ces journaux sont poursuivis pour des articles qui désapprouvaient l'établissement de la haute cour à La Haye, objet par trop insignifiant en comparaison de ce qu'ils ont osé imprimer depuis ».

_____

(1) *Gedenkschriften*, p. 212.

Aux coins de quelques rues de Bruxelles, on avait trouvé des placards avec ces mots :

Le 24, illumination ; le 25, révolution (1).

L'illumination fut contremandée ; le *Te Deum* et la revue eurent lieu sans incidents ; mais on se promettait de manifester au théâtre, où l'on jouait le 25 la *Muette de Portici*. En effet, lorsque retentit le chant

Amour sacré de la patrie,
Rends-nous l'audace et la fierté,

un enthousiasme indescriptible s'empara de l'assistance. Au sortir du spectacle, la place de la Monnaie retentit des cris : Vive la liberté ! A bas Van Maanen ! On brisa des réverbères, on se porta aux bureaux du *National*, puis chez Libri, rue de la Madeleine, à l'hôtel de Van Maanen, au corps de garde, place royale, à l'hôtel du commandant Wauthier. Les excès, les dévastations et surtout l'incendie de l'hôtel Van Maanen frappèrent de terreur mais laissèrent dans l'inaction le gouverneur Van der Fossen et Germain, le commandant de la garde communale. La troupe était restée toute la nuit en rangs de bataille devant le palais royal.

Dès le matin, Charles Pletinckx, officier pensionné, se fit autoriser par le gouverneur à former pour le maintien de l'ordre une garde bourgeoise (26 août) ; elle s'organisa le même jour, et quoique insuffisamment pourvue d'armes, occupa des postes nombreux ; sauf le pillage de la maison de Knyff, elle put empêcher de nouveaux désordres. Mais la populace se porta vers les faubourgs ; les fabriques Rey à Cureghem, Wilson à Stalle, Bal et Fortin à Forest, furent dévastées ou brûlées. Ici, comme un mois auparavant à Paris, les installations mécaniques, qui augmentaient la production tout en diminuant le nombre des bras, attiraient la fureur aveugle des

----

(1) Vander Meulen, op. cit.

classes ouvrières : des centaines d'ouvriers se trouvèrent privés de travail.

La régence se hâta de publier la suppression de la mouture
et les deux jours suivants furent calmes. Des républicains
français avaient répandu des cocardes et fait arborer à l'hôtel
de ville le drapeau tricolore ; mais Ducpétiaux et quelques
courageux citoyens parvinrent à le faire remplacer par les
couleurs brabançonnes (1).

Le baron Vanderlinden d'Hoogvorst se mit le 27 à la tête de
la garde bourgeoise ; la troupe régulière se retira des divers

---

(1) Lucien Jottrand, dans le journal *Le Droit* (5 janvier 1875), raconte
comment le drapeau tricolore fut créé :

« Nous étions, Edouard Ducpétiaux et moi, le 26 août au matin, — lendemain de la grande émeute de Bruxelles, à la sortie de la *Muette de Portici* —
dans le bureau de la rédaction du *Courrier des Pays-Bas*, lorsqu'on vint y
rapporter que le drapeau tricolore français était arboré au balcon de la façade
de l'hôtel de ville, par une main demeurée inconnue ; nous comprîmes sur le
champ la gravité du fait et nous résolûmes de pourvoir, sans perdre de temps,
aux conséquences fatales qu'il pouvait entraîner.

« La question du « comment faire » nous jetait dans quelque perplexité.
Presque tout le monde, surtout parmi les jeunes Belges, avait oublié les
vieilles couleurs de la révolution des patriotes de 1789. Des souvenirs de
famille avaient, toutefois, servi à me faire garder la mémoire de ces couleurs,
tout à la fois nationales et démocratiques ; je possédais les insignes militaires
d'un parent qui avait servi dans l'armée du général van der Meersch ; ils
étaient aux trois couleurs : rouge, jaune et noir, de l'étendard de notre
république de 1789-90, la première importation, sur notre continent d'Europe,
des idées américaines : à preuve, l'appellation *République des Etats belgiques unis.*

« Je proposai à Ducpétiaux de réarborer notre drapeau d'alors. Il s'en
chargea et courut sur-le-champ vers l'hôtel de ville, acheta sur sa route,
dans un magasin d'aunages — celui des demoiselles Abts, alors au coin, à
gauche, de la rue de la Colline et du Marché-aux-Herbes —, trois bandes de
mérinos aux couleurs susdites, qu'il fit coudre à la hâte, et alla les arborer
au bout d'une perche grossière, à la place du drapeau français, qu'il abattit
sans opposition de personne.

« Ducpétiaux vint rendre compte, au bureau du *Courrier des Pays-Bas*,
des heureux résultats de son expédition improvisée. Cela s'était passé de 9 à
11 h. du matin ; je m'en souviens comme si c'était d'hier ; le soir tout
Bruxelles avait adopté les anciennes couleurs brabançonnes ».

postes, qu'elle occupait encore, et se cantonna près du palais royal.

Une députation de cinq bourgeois de Bruxelles (1) partait le 28 pour La Haye, avec une adresse, signée de 45 noms, demandant le redressement des griefs et la prompte convocation des Etats-généraux. Cependant le roi, ayant appris pendant la nuit du 27 au 28 les désordres de la capitale, avait déjà annoncé cette convocation extraordinaire pour le 13 septembre, et il envoyait ses deux fils, le prince d'Orange et le prince Frédéric, se mettre à la tête des troupes ; arrivés à Vilvorde le 30, ils avertirent le baron d'Hoogvorst ; celui-ci se porta au-devant d'eux (2) avec une députation de la bourgeoisie et pria les princes de venir s'assurer du rétablissement de l'ordre. Ils demandèrent qu'au préalable on retirât les couleurs brabançonnes et que l'on rétablît partout les armes royales ; mais, sur les représentations qu'on leur fit, ils n'insistèrent pas.

Cependant le peuple avait pris des mesures pour s'opposer à l'entrée des troupes ; des barricades s'élevèrent à toutes les portes, on dépava quelques rues, on abattit des arbres sur les boulevards. Toute la nuit fut employée à construire des retranchements.

Le 1 septembre, le prince d'Orange fit son entrée sans troupes, escorté de son état-major. Huit mille hommes de garde bourgeoise l'attendaient en bon ordre à la porte de Laeken. Quoique fort populaire, le prince ne reçut point, l'accueil cordial, auquel il était habitué : il entendit maintes fois les cris : Vive la liberté ! Le trajet fut lent. Selon le rapport du ministre de Louis-Philippe, « le prince, pâle, ému, entouré de couleurs ennemies, de visages pour la plupart irrités, semblait un criminel, qu'on conduit à l'échafaud, conservant néanmoins sa manière gracieuse et son affabilité. Son Altesse royale adressait de

----

(1) Joseph d'Hoogvorst, Félix de Mérode, Gendébien, Fréd. de Sécus et Palmaert, père.

(2) Le 31 août, baron Van der Smissen, chev. Hotton, comte Van der Burgh, Rouppe et Sylv. Van de Weyer.

temps en temps au peuple quelques paroles de sentiment et de bon goût... » (1). Rentré au palais royal, il persista dans son dessein de ramener la paix par la douceur.

Cependant des nouvelles peu rassurantes lui venaient de Louvain ; ici le peuple avait envahi la caserne et mis la garnison en fuite (2). Liège, Mons, Namur, Bruges, Courtrai et Tournai avaient suivi l'exemple de la capitale : un soulèvement spontané éclatait partout.

Le 3 septembre, le prince d'Orange reçut une délégation de liégeois : c'étaient les premiers volontaires, qui venaient, au nom de leurs concitoyens, offrir aux bruxellois les secours en hommes et en armes, que réclameraient les circonstances. Le même jour le duc d'Ursel, à la tête d'un comité autorisé par le prince (3), se rendit au palais (4) et énonça l'idée qu'une sépara-

---

(1). « Rue de l'hôpital (dit Vander Meulen) il rencontra une barricade, donna de l'éperon et sauta l'obstacle avec une telle rapidité, que son entourage ne put le suivre. Imprudence, qui aurait pu lui coûter cher et faire au peuple bruxellois une réputation de déloyauté et de trahison ». D'après le ministre de France, durant le trajet quelques misérables croisèrent des bâtons pour barrer le passage du prince, qui, conservant sa présence d'esprit, lança son cheval, franchit tout obstacle et s'éloigna au galop, accompagné de quatre cavaliers seulement. Le marquis de la Moussaye ajoute : Je quitte à l'instant le prince d'Orange, qui s'est jeté dans mes bras avec l'abandon d'un ami : « Eh bien ! vous l'avez vu, m'a-t-il dit, j'entre sans escorte, et pour prix de ma confiance, on a voulu m'assassiner ». Van der Meulen, bien renseigné, pensons-nous, dit que le prince arriva au palais de justice, que la sentinelle voyant un cavalier à la cocarde orange, cria : aux armes ! et mit en joue : ce que voyant, le prince baissa la tête, tira les rênes et se tint ainsi à l'abri d'un coup de feu : le sergent s'aperçut de l'erreur et commanda à la garde bourgeoise de présenter les armes. Le prince s'approchant de lui avec un de ses adjudants, le félicita et lui donna la main en disant : C'est bien, mes amis, c'est bien. Il poursuivit son chemin, rue Ruysbroeck, Sablon, pont de fer et entra à 3 heures au palais.

(2) 2 septembre. Voir le détail, Van der Meulen II, 340-344. Eenens, *Notice biographique de* J. de Neeff, *Messager* de Gand, 1881, 392-419.

(3) Les membres étaient Vanderfossen, gouverneur ; Wellens, bourgmestre ; Vanderlinden d'Hoogvorst, commandant ; duc d'Aremberg ; général d'Aubermé, plus 2 membres de la régence, Kockaert et Stevens, et 2 officiers de la garde, Rouppe et Van de Weyer.

(4) A dix heures. Van der Meulen II, 336.

tion administrative semblait le seul remède aux griefs des
belges. D'autres notabilités, convoquées par le prince (1), appuy-
èrent ce vœu et sollicitèrent le départ des troupes : tous jurèrent
de demeurer fidèles à la dynastie (2) ; ils ne voulaient pas la
réunion à la France. Crierez-vous avec moi : Vive le roi ?
demanda le prince d'Orange. Non, répondirent-ils, aussi longtemps que nos vœux ne seront pas exaucés : Vive le prince !
vive la liberté ! vive la Belgique !

L'attitude de ces hauts personnages était fière sans doute,
mais elle n'avait pas un sens insurrectionnel ; on se déclarait attaché à la dynastie, surtout au prince-héritier. Aussi
ce dernier donna-t-il ordre aux troupes qui gardaient le palais,
d'évacuer Bruxelles, et aux troupes du général Trip de suspendre
leur marche sur Louvain ; puis, laissant une proclamation où
il promettait d'appuyer les vœux du pays, il se rendit à La Haye
avec le duc d'Ursel et le ministre Van Gobbelschroy.

La séparation était devenue dans tout le pays, sauf Anvers et
Gand (3), une espèce d'idée fixe. Etait-elle réalisable ? « Nos
discussions religieuses l'ont rendue nécessaire, répondra-t-on (4) ;
on pouvait éviter cette cause de mésintelligence, mais on a
fait la faute énorme de laisser surgir d'interminables disputes
en matière religieuse ». « Nos quinze années de fusion, soi-
disant intime, dira un député hollandais, n'ont été, n'ont pu
être qu'une lutte constante ; les événements imposent la séparation (5). Le seul et unique moyen de salut pour tous est dans
la séparation pleine, entière et définitive des deux parties du
royaume (6) ».

Dans un message du 5 septembre, le roi en termes fort

____

(1) Comte de Celles, baron de Secus, comte Cornet de Grez, Barthélemy,
De Langhe, De Brouckere, les officiers supérieurs de la garde, les comman-
dants des huit sections, etc.
(2) Cfr. avec Van der Meulen, De Gerlache II, p. 49.
(3) De Gerlache III, 255.
(4) Fabri-Longrée, voir de Gerlache III, p. 257.
(5) Van Alphen, ib. p. 225.
(6) Lusac, ib. p. 232

modérés constatait la situation troublée des deux provinces de
Brabant et de Liège ; il se confiait en l'attachement des belges
à sa dynastie et exprimait l'espoir que d'une part les deux
princes, témoins des troubles, et d'autre part les Etats-généraux,
réunis à La Haye, trouveraient un remède aux griefs. Ce
message fut mal accueilli, parce qu'il passait sous silence le
vœu de la séparation ; le peuple de Bruxelles le lacéra en plusieurs endroits de la ville.

Le baron d'Hoogvorst et sept députés se rendirent auprès du
prince Frédéric (1) qui stationnait à Vilvorde avec des troupes
considérables. Au moment de partir pour La Haye, ils voulaient
détourner le prince de toute intervention armée ; de fait, il
dispersa ses troupes entre Anvers, Lierre et Malines et ne
maintint à Vilvorde qu'une compagnie de chasseurs et quelques
dragons (2).

A Bruxelles, un comité de sûreté nommé par la régence (3)
réussit à maintenir le calme, pendant que les Etats-généraux
de La Haye discutaient l'avenir du royaume. Deux questions
furent posées aux représentants du pays : 1° L'expérience
a-t-elle prouvé la nécessité de modifier les institutions nationales ? 2° Dans ce cas, les relations... entre les deux grandes
divisions du royaume devraient-elles, dans l'intérêt commun,
changer de forme ou de nature ?

Le résultat de longues et mémorables discussions fut l'expression de la volonté des belges (4). Sur les deux questions propo-

____

(1) de Brouckere, de Gerlache, de Langhe, Lehon, Huysman d'Anecroix,
Surlet de Chokier et d'Arschot.

(2) Van der Meulen II, 373.

(3) F. de Mérode, Van de Weyer, duc d'Ursel, Gendebien, prince de Ligne,
Fr. de Secus, Rouppe et Ferd. Meeus.

(4) Depuis cinq ans surtout, les lois contraires aux intérêts belges étaient
votées par les 55 députés du nord plus quelques députés du midi : Système
d'impôts (12 juillet 1821) par 55 holl. + 2 belges, contre 53 (1re chambre), par
19 holl. + 2 belges contre 17 (2e chambre). — Retrait des lois exceptionnelles
de 1815 (4 déc. 1828) par 53 holl. + 2 belges contre 43 + 1. — Jury en matière
de presse (13 avril 1829) rejeté par 46 holl. + 10 belges contre 1 + 40. —
Loi sur le café adoptée par 13 holl. + 47 belges contre 35 + 1 (15 mai 1830).

sées, le 29 septembre, quelques voix hollandaises se joignirent aux belges ; la première question fut résolue affirmativement par 50 voix contre 44 et 6 abstentions ; la seconde par 55 contre 43 et 3 abstentions. Quant à la haute chambre, elle vota l'affirmative par 31 voix contre 7 ; onze membres étaient absents (1).

Le sens de ce vote de révision constitutionnelle n'était pas douteux ; il impliquait la séparation de la partie catholique et de la partie protestante du royaume des Pays-Bas. Les difficultés pratiques qui embarrasseraient la réalisation du problème ne préoccupaient pas beaucoup les législateurs. Au surplus, pendant qu'ils délibéraient, la séparation s'effectuait par la violence.

Le signal définitif de la révolution fut l'entrée à Bruxelles du prince Frédéric avec ses troupes. Cette intervention a été blâmée par de Gerlache : « Lorsqu'on apprit à l'étranger que le prince bombardait Bruxelles, tandis que nos députés s'étaient rendus à La Haye pour tâcher d'y terminer les différends à l'amiable, un cri général d'indignation s'éleva contre les hollandais. Des gens même qui ne comprenaient rien à nos démêlés, n'hésitèrent pas à déclarer que tant de confiance d'une part, et si peu de bonne foi de l'autre, légitimeraient, s'il en était besoin, la révolution belge » (2). Encore que les actes de l'autorité royale eussent été de la part de la populace l'objet d'indignes outrages et que le baron d'Hoogvorst avec la garde bourgeoise parût impuissant à dominer la situation, l'entrée des troupes, le 23 septembre, provoqua une résistance armée, peu inquiétante d'abord ; mais, pénétrant par la porte de Schaerbeek, le prince prit position dans le parc. C'est là que les insurgés, retranchés dans les maisons et derrière les barricades, lui firent éprouver des pertes nombreuses ; puis, les volontaires accourant

---

Adresse au roi sur les pétitions belges adoptée par 6 holl. + 50 belges contre 40 + 3 (5 mars 1829).

(1) Le détail dans de Gerlache, III, pp. 266-272.

(2) T. II, p. 63.

de la ville et des campagnes, les liégeois s'adjoignant à eux
avec quelques pièces d'artillerie, ils obtinrent des avantages,
qui accrurent leur audace ; ils eussent été aisément réduits par
une stratégie habile : ils furent victorieux ; les « glorieuses
iournées de septembre » (23-26) contraignirent le prince à opérer
sa retraite. Ce succès inespéré électrisa tout le pays.

Un gouvernement provisoire (1) s'installa le 26. De Potter
rentrait le lendemain ; depuis Tournai, son voyage avait été
une marche triomphale ; à Bruxelles, on détela sa voiture : le
chef des libéraux fut adjoint au gouvernement provisoire. Les
bannis devenaient grand citoyens :

> Le pouvoir les proscrit, le peuple les couronne.

---

(1) Emm. d'Hoogvorst, Rogier, Fél. de Mérode, Gendebien, Van de Weyer,
Joly ; Van der Linden, trésorier, Copin et Nicolaï, secrétaires.

XIX. — Le congrès national.

La révolution avait éclaté soudainement, sans chefs, sans aucune prévision du résultat. Dénuée de toute organisation à l'intérieur et de toute alliance au dehors, elle devait échouer, semble-t-il, aussi bien devant la volonté de Guillaume que devant la diplomatie des grandes puissances. Celles-ci avaient constitué le royaume des Pays-Bas et ne toléreraient pas la destruction de l'équilibre européen; quant à Guillaume, il maintiendrait son « accroissement de territoire »; son armée, dont les cadres comptaient un nombre prépondérant d'officiers hollandais, le rendait maître de la situation. Nous n'avions ni cadres, ni armes suffisantes; même après le lamentable échec du prince Frédéric, le roi pouvait se promettre de réduire les belges.

Cependant, une fois réduits par la force des armes, que leur accorderait-il? Continuera-t-il, procédant dans la voie où il était entré depuis le mois de janvier, d'alléger ou de supprimer les causes de leur mécontentement? Leur accordera-t-il les libertés qu'ils réclament? Les députés du Limbourg et du Brabant septentrional, ayant les mêmes intérêts que nous, concouraient depuis quelques années à constituer une majorité, à laquelle ceux du Nord ne pouvaient résister indéfiniment. Dans cette majorité le roi trouvait un appui gouvernemental, plus que suffisant. Comment toutefois espérer d'un souverain, hollandais et calviniste, un revirement durable, et de la minorité intolérante une soumission à la suprématie nationale du Midi? La Hollande à son tour eût demandé la séparation.

Quelques-uns des chefs de l'insurrection comptèrent sur une réunion à la France; mais ici la révolution de juillet venait de donner naissance à une royauté constitutionnelle, encore mal assise et incapable, en face de l'Europe inquiète, de réaliser une annexion, destructive de l'équilibre établi en 1815 ; les partisans, peu nombreux, de la France ne pouvaient donc baser aucune espérance sur le concours de Louis-Philippe.

Assurément, la révolution belge était une entreprise désespérée ; et toutefois le sentiment national, longtemps comprimé, mais d'autant plus puissant aujourd'hui, réussissait à soulever toutes les villes et à les délivrer de la présence des troupes ; les hollandais, vers la mi-octobre, ne gardaient plus que Maestricht, Malines et Anvers. Mais ici, le brave Chassé conservait le commandement d'imposantes forces militaires ; ici, le prince d'Orange, entouré de députés belges fidèles au roi (1), multipliait les proclamations (2), accordant la pleine liberté d'enseignement et promettant plus que le roi ne voulait ; et sans doute, le prince n'avait pas perdu toute faveur populaire. Quand il se retira enfin d'Anvers, le 25 octobre, loin de rompre avec les belges, il annonça qu'il allait attendre ailleurs l'issue du mouvement politique du pays.

Quelle fut la conduite du gouvernement provisoire ? Tout le monde lui rendra ce témoignage que, parmi tant de périls du dehors et parmi les plus graves difficultés intérieures, il sut user de prudence et d'habileté. Un premier événement fâcheux vint servir la cause de la révolution. Deux jours après le départ du prince d'Orange, les volontaires accourus à Anvers, se rendirent maîtres de la porte rouge et de la porte de Borgerhout et forcèrent les postes hollandais à se retirer dans la citadelle. Une suspension d'armes se négociait ; or, tout à coup, pendant l'armistice, les belges, que le commandant Kessels essaie vainement de contenir, attaquent l'hôpital militaire et s'en emparent après un combat acharné. Le général Chassé, justement indigné, donne un ordre rigoureux : la citadelle, les forts, la flottille de l'Escaut tonnant à la fois lancent une grêle de bombes, d'obus

------

(1) d'Arschot, de Celles (Brabant), Collet (Liége), Surlet de Chokier, Ch. de Brouckere (Limbourg), Cogels (Anvers), Veranneman (Flandre occid.), Goethlens (Fl. or.), Lehon (Hainaut), Fallon (Namur), de Gerlache (Liége).

(2) Le 5, le 9, le 16 octobre.

et de boulets rouges sur la malheureuse ville. Sept heures de bombardement amoncellent des ruines sans nombre ; l'incendie de l'entrepôt dévore les richesses de vingt nations.

Un cri d'horreur s'éleva dans le pays ; la presse s'empara de ce nouveau brandon d'irréconciliable discorde et porta au plus haut degré les sentiments, bien ardents déjà, de notre jeune nationalité. Les malheurs d'Anvers fortifièrent le gouvernement provisoire devant le pays.

Résumons ses premiers actes.

Le 4 octobre, il annonça la convocation d'un Congrès national, et sans énoncer son opinion sur la forme de gouvernement ou sur la question dynastique, il se contenta de déclarer que « Les provinces belges violemment détachées de la Hollande, constitueront un État indépendant » ; à la même date, une commission (1) fut chargée de dresser un projet de Constitution, et tout d'abord d'organiser un mode d'élection en vue de nommer les membres du Congrès.

Quelques décrets provisoires, empreints des idées libérales, accordaient pleine liberté d'enseignement (12 octobre), pleine liberté d'association, des cultes et de la presse (16 octobre) et entière liberté des théâtres (17 octobre). Dans les premières joies de l'indépendance, ceux-là même que tant de libertés effrayaient, se rassurèrent. « Ces décrets, disaient-ils, prouvent une volonté nationale, dominant tout, de lever tout obstacle au triomphe de la vérité ; ils prouvent encore à quel degré l'amour de l'ordre est inné aux belges, puisque la liberté s'établit sans inconvénients, sur les bases les plus larges... Tandis que la Belgique est dans l'agitation de la révolution et qu'un gouvernement provisoire et sans force est aux prises avec la diplomatie de l'Europe, l'ordre s'établit à côté de la liberté » (2). On pouvait croire au surplus que le Congrès élaborerait plus lente-

---

(1) de Gerlache, président ; Van Meenen, vice-président ; Nothomb, secrétaire ; Lebeau, secrétaire adjoint, membres : Tielemans, Devaux, Ch. de Brouckère, Thorn, Balliu, Zoude, Dubus, Blargnies.

(2) *Mémoire pour la Belgique et projet de manifeste* par L. F. de Robiano de Borsbeek 22 juin 1832, p. 74, app. bibl. n° 123.

ment et avec la gravité convenable les lois constitutionnelles. L'arrêté du 16, en abrogeant toutes les dispositions législatives qui entravaient la liberté de conscience, déclarait que tout prêtre catholique pouvait donner ou refuser la bénédiction nuptiale aux citoyens, mariés ou non mariés devant la loi. » Personne ne blâma cette disposition. Les évêques déférèrent cependant au désir du gouvernement en exigeant que les curés n'admissent au mariage religieux que ceux qui avaient satisfait à la cérémonie civile, et que pour des cas exceptionnels ils recourussent à l'autorité épiscopale (1).

Une parole quelque peu rassurante pour le gouvernement provisoire vint de La Haye même. Le roi annonça aux Etats-généraux (2) qu'il « avait pris *pour la sûreté et la défense des fidèles provinces du Nord et de leur commerce*, les mesures nécessaires, relativement aux forces de terre et de mer, qu'il avait mobilisé les gardes communales et organisé le service *en cas d'attaque.* » Il s'armait donc pour la défense de son propre territoire, loin de songer à attaquer notre indépendance. Les hollandais eux-mêmes semblèrent peu empressés de reconquérir la Belgique ; car, en réponse au discours du trône, la seconde chambre exprima « le sentiment qui animait toutes les anciennes provinces, le désir d'être délivrées légalement et complètement d'une alliance, formée dans l'intérêt commun, mais qui n'avait conduit qu'à beaucoup de mal, pour être enfin rompue par la violence. »

A cette attitude pacifique de la Hollande, répondit celle des diplomates. Sur la demande de Guillaume, les ambassadeurs des cours souveraines d'Autriche, de France, de la Grande Bretagne, de Prusse et de Russie, qui par les traités de Paris et de Vienne avaient jadis constitué le royaume des Pays-Bas, se réunirent à Londres, et s'adjoignant l'ambassadeur de Hollande, dès le 4 novembre, ils proposèrent un armistice : les

---

(1) Mandement Vande Velde du 25 octobre ; pour Malines et Liège, *Ami de la religion*, t. 66, p. 216.
(2) 18 octobre.

troupes belges se retireraient en deçà de la ligne, qui avant 1814 séparait les provinces hollandaises des provinces belges, cédées par les traités comme « accroissement de territoire ».

Ces propositions, qui renfermaient déjà le principe de la séparation, furent acceptées de part et d'autre.

En les acceptant, le gouvernement provisoire résolvait, il est vrai, une grave question, il renonçait à soutenir un mouvement heureusement commencé dans le Limbourg et le Brabant hollandais, il renonçait à Maestricht et à la rive gauche de l'Escaut ; mais il devait s'estimer trop heureux d'avoir obtenu, sans la demander, une trêve à des hostilités qu'il ne pouvait continuer avec succès. Au sein du congrès, et jusqu'en 1839, il y aura sur cette question des frontières des discussions éloquentes, et la Belgique, déjà constituée, revendiquera fièrement 300 mille citoyens, qui avaient pris une noble part à la guerre de l'indépendance ; ce sera en vain.

Le protocole du 20 décembre 1830 prononça la dissolution du royaume des Pays-Bas : « Les événements des quatre derniers mois, disaient les diplomates, ont malheureusement démontré que cet *amalgame parfait et complet*, que les puissances voulaient opérer entre les deux pays, n'avait pas été obtenu, qu'il serait désormais impossible à effectuer. » C'était là un retour tardif sur les actes diplomatiques de 1815 ; nous avons signalé les auteurs responsables de la politique d'amalgame (1).

A l'union mal assortie entre un pouvoir protestant et un peuple catholique succédait l'indépendance, conquise par l'union des belges, libéraux et catholiques. Mais d'immenses difficultés surgissaient, qui pouvaient ruiner l'œuvre hâtive des « glorieuses journées de septembre. »

Quelle forme donnerait-on au gouvernement du pays ? Si l'on adoptait la monarchie, était-ce le prince d'Orange, un grand seigneur belge, ou quelque prince étranger que l'on investirait de l'autorité ?

Aurait-il, selon nos anciennes traditions nationales, la souveraineté législative, ou seulement un pouvoir limité par une

____

(1) Voir chap. V p. 40.

Constitution ? Des théories constitutionnelles récentes prévau-
draient-elles sur nos devoirs et droits constitutionnels d'autrefois ?

Une revue périodique française, fort répandue dans notre
pays, l'*Ami de la religion*, émettait en septembre (1) des considérations, empreintes de doutes inquiets. Comparant la révolution de septembre à la révolution brabançonne de 1790 :
« Dans les deux circonstances, disait-il, les belges étaient mus
par le désir de conserver leurs libertés politiques et religieuses.
Toutes leurs réclamations, sous Joseph II, roulaient sur leurs
privilèges civils et sur ceux de leurs églises et de leur clergé.
C'est encore ce qu'ils demandent aujourd'hui, quoique on ait
remarqué avec peine que, dans les pétitions parties de Bruxelles
et de Liège, il n'est point parlé d'objets relatifs à la religion ...
Les catholiques, vexés ou opprimés depuis quinze ans et
poussés à bout par la partialité et l'obstination du ministère,
ont vu dans l'alliance avec le parti libéral un moyen de se
préserver de l'arbitraire et de se soutenir contre leurs ennemis. Ils ont fait cause commune avec l'opposition libérale et
ont réclamé aussi la liberté, mais une liberté absolue : liberté
de religion, liberté d'enseignement, liberté de la presse. Leurs
journaux sont entrés avec ardeur dans cette voie ... Il faut
avouer que le ton de ces journaux est un peu différent du
langage timide et réservé qu'ils tenaient, il y a quelques
années... Ce n'est pas tout à fait ainsi que les premiers apolo-
gistes de la religion se défendaient contre des tyrans persécu-
teurs. Nous savons tout ce que les belges ont souffert, nous
avons gémi du système de dureté, de défiance et de taquinerie
qu'on a suivi à leur égard, et nous souhaitons que la religion
sorte chez eux de l'état d'humiliation et d'oppression, où on
l'a tenue. Mais l'alliance qu'ils avaient contractée, et le mouvement auquel ils viennent de prendre part, les mèneront-ils
à ce résultat ? C'est ce dont nous croyons qu'il est permis de
douter. »

____

(1) 9, 16 et 21, tome 65, p. 257.

Le parti libéral, moins puissant par le nombre de ses adhérents que par son influence prédominante dans la presse, exerça évidemment sur l'opinion des catholiques une action considérable ; la brochure de De Potter fit illusion : l'on crut que les libéraux seraient sincères et que le règne de l'intolérance prendrait fin à tout jamais. L'on espéra, peut-être, qu'ils se joindraient désormais à ce nouveau libéralisme, dont Lamennais venait de se faire l'organe (1).

L'*Avenir*, dans son prospectus du commencement de septembre, invitait les masses à se réconcilier avec les catholiques et à s'unir à eux sur le terrain commun de la liberté : La majorité, disait-il, demande la religion et la liberté ; aucun ordre stable n'est plus possible si on les considère comme ennemis de leur union naturelle, nécessaire, dépend le salut de l'avenir. Ceux qui redoutent la liberté comme ceux qui ont des préjugés contre la religion, doivent profiter des circonstances présentes et du revirement salutaire qui s'opère dans le libéralisme français. Il y a deux espèces de libéralisme ; l'ancien libéralisme ne respire qu'intolérance et oppression ; le jeune libéralisme, qui a refoulé l'ancien, se contente de la séparation de l'Eglise et de l'Etat ; cette séparation est nécessaire pour la liberté de l'Eglise, et tous les catholiques éclairés le reconnaissent. Le *Journal des Flandres* (2) reproduisait des articles de l'*Avenir* dans lesquels, récapitulant ses doctrines et ses vœux, Lamennais demandait « la séparation totale de l'Eglise et de l'Etat, la liberté de religion, pleine et universelle, sans distinction comme sans privilège... la liberté d'enseignement qui est la première liberté de la famille, la liberté de la presse, qui n'est qu'une extension de la parole et un bienfait divin, la liberté d'association qui est un droit naturel, enfin l'extension du principe d'élection de manière à ce qu'il pénètre dans le sein des masses ; le besoin de l'ordre, disait-il, n'existe nulle part autant que dans les masses. » Le publiciste, dépassant ses

---

(1) Avec collaboration de Lacordaire, Gerbet et Rohrbacher.
(2) 9 décembre 1830.

prévisions et ses hypothèses de 1829 (1), se jetait dans des théories extrêmes avec une fougue aveugle et désordonnée : « Ayons foi, disait-il, dans la vérité, dans sa force éternelle, et nous réduirons de beaucoup ces précautions soupçonneuses et ces vengeances contre la pensée, qui n'ont jamais étouffé aucune erreur. »

Nous ne dirons pas avec le baron de Gerlache (2) que plusieurs articles de notre Constitution semblent presque littéralement copiés des ouvrages de Lamennais ; le projet de Constitution avait été déposé le 27 octobre et le congrès s'était ouvert le 10 novembre, avant que Lamennais eût formulé ses nouvelles théories. Mais assurément la célébrité de l'écrivain et la diffusion de son éloquent journal rallièrent au jeune libéralisme beaucoup de catholiques (3). Comme lui-même dans le prospectus de son journal déclarait encore adhérer universellement et sans la moindre restriction aux doctrines du Saint-Siège, la plupart de ses lecteurs étaient favorablement prévenus ; pouvaient-ils cependant ignorer les doctrines du Saint-Siège, en particulier sur les maux de la liberté de la presse (4) ?

Nous ne ferons pas l'histoire du Congrès. Réunis depuis le 10 novembre 1830 jusqu'au 7 février 1831, nos deux-cents députés firent œuvre de conciliation entre eux et de réaction contre le despotisme hollandais. Les catholiques n'avaient pas seulement la majorité, mais une forte prépondérance. Toutefois de Gerlache, ayant décliné la présidence, la fit passer (11 novembre) par 106 voix à un libéral modéré, de Surlet de Chokier, que cette nomination conduisit à la régence (5). Le 22 novembre, après d'orageux débats, 174 voix opinèrent pour la monar-

---

(1) Cfr. chap. XVI, p. 165.

(2) II, 128.

(3) Voir de Robiano, *Ami de la religion* t. 66, p. 489.

(4) Pie VII, dans son bref à l'évêque de Troyes, le chargeait de faire des représentations à Louis XVIII contre l'article 23 de la charte sur la liberté de la presse (*Œuvres de Mgr. de Boulogne* I, p. CXIII). Pie VIII, dans sa lettre encyclique aux évêques en 1829, rappelait l'Index et les règles du concile de Trente.

(5) de Gerlache t. II, p. 90 note.

chie, 13 seulement pour la république : un républicain proposa
l'appel au peuple : cette motion fut repoussée. Le 23, l'exclusion des Nassau fut proposée par Rodenbach ; la proposition
n'obtint une forte majorité que par l'effet de l'irritation que
soulevèrent les menaces du comité diplomatique ; elle fut votée
par 161 membres contre 28 (1). Le sénat fut voté par 136 voix
contre 40 (2).

« Sur les autres points, dit de Gerlache, si la Constitution
exprime réellement les vœux de la nation, il faut convenir
qu'ils devaient avoir beaucoup changé en peu de temps. Si
l'on eût offert aux catholiques, en 1828, en 1829 et même au
commencement de 1830, de leur garantir la liberté des cultes,
de l'enseignement et l'indépendance des tribunaux ; si l'on eût
offert aux libéraux la liberté de la presse, la responsabilité
ministérielle et le jury, il n'y aurait eu qu'une voix dans toute
la Belgique pour accepter une aussi heureuse transaction....
Mais après les révolutions de juillet et de septembre, l'opinion
prit bien un autre élan. Alors Guillaume était tombé, et le
souvenir des injustices de son gouvernement vint se confondre
avec le souvenir des victoires populaires et avec l'enthousiasme
qu'excitait la naissante monarchie républicaine de Louis-
Philippe... Voilà comment les belges, dont Raoux disait en
l'an IV de la république (3) que la très grande majorité ne
voulait pas le système français de liberté, finirent par se montrer beaucoup plus aventureux que les français de 1830.

« Ce que les belges avaient constamment réclamé dès l'origine,
comme l'une des conditions essentielles de leur réunion à la
Hollande, ce qu'ils ont toujours voulu depuis, c'est la liberté
de leur culte. Rien n'avait occasionné plus de mécontentement
que l'intervention arbitraire du pouvoir calviniste dans le choix
des ministres du culte et dans leurs rapports avec leurs supérieurs ecclésiastiques. L'article 16 de la Constitution porte

---

(1) Parmi ceux-ci l'abbé de Foere, 5 députés du Brabant et 9 d'Anvers.
(2) 17 décembre.
(3) *La Belgique sous la domination française*, t. I, p. 139.

que « l'Etat n'a le droit d'intervenir ni dans le nomination, ni dans l'installation des ministres d'un culte quelconque, ni de défendre à ceux-ci de correspondre avec leurs supérieurs et de publier leurs actes. » C'était pour le culte catholique le retour aux règles canoniques. Comme corollaire de ce grand principe, on établissait la liberté d'enseignement et le droit d'association.

Il est vrai, les mêmes droits étaient accordés à tous les cultes, et leur liberté était consacrée par le principe de la séparation de l'Eglise et de l'Etat. Mais, reprend de Gerlache, « les catholiques se ressouvenaient de l'influence facile que le clergé avait exercée sur la population des campagnes en 1829 et 1830, pendant la fièvre du pétitionnement, et ils croyaient que leur ascendant resterait toujours le même. Ils ne voyaient pas qu'armé des principes qu'on venait de proclamer dans la Constitution, le parti démagogique, appuyé sur les masses, était destiné à devenir le maître du pays »…

Cette appréciation d'un homme, mêlé de si près à notre histoire intérieure et si sage dans ses jugements, date de 1842 : à cette époque, on avait quelque sujet de craindre les mouvements démagogiques qui allaient aboutir en France et ailleurs à la révolution de 1848. Mais en 1830 les catholiques se rassuraient, croyant pouvoir compter sur les sentiments religieux de la masse du peuple belge.

Nous avions résisté pendant vingt ans à l'esprit d'incrédulité de la France, nous étions restés inébranlables à la propagande calviniste de Guillaume ; malgré et peut-être à cause de l'hostilité du pouvoir, nous étions foncièrement catholiques et franchement pratiquants. Un écrivain français l'attestait encore en 1836 : « Les belges sont bien religieux… Jamais un belge ne passera devant une église ou une représentation de son culte sans ôter son chapeau. A Bruxelles même, en dépit de sa position de capitale, c'est-à-dire de sentine des vices, on ne trouverait qu'un petit nombre de familles nationales, capables d'oser faire gras le vendredi ; le dimanche, les lieux de prière sont tellement remplis que les hommes entendent communément la messe sur la place. C'est un beau spectacle que cette masse noire et compacte, la tête découverte, silencieuse et recueillie, qui d'un mouvement spontané, à l'élévation, pose un genou en terre et courbe le front. Est-il nécessaire d'ajouter, dit le même écrivain, que les prêtres disposent de cette population ? Ce sont les prêtres, ennemis naturels d'une dynastie protestante, qui ont rendu la révolution possible en combinant leurs forces avec celles des révolutionnaires. » (1)

On s'explique l'illusion d'une grande partie du clergé et des catholiques : que pouvaient-ils redouter pour l'avenir ? En dehors d'une petite partie de la population des villes, l'esprit religieux s'était bien conservé ; la mauvaise presse n'avait pas atteint toute la bourgeoisie. Des recherches dans les archives de Malines (2) nous ont prouvé que l'accomplissement du devoir pascal était partout en honneur (3) dans les provinces du Brabant et d'Anvers ; dans les autres provinces il en était de même, pensons-nous.

Notre Constitution de 1831 fut véritablement dans les intentions du Congrès et dans l'opinion du peuple belge, selon la lettre et selon l'esprit, une œuvre de réaction contre quarante ans de tyrannie. Il n'est pas juste d'apprécier cette législation sans tenir compte des circonstances et du peuple pour lequel elle fut faite.

Le cardinal de Méan, dans une lettre au Congrès (4), ne demandait pour l'Église aucun privilège : « Une parfaite liberté

---

(1) Schoelcher, citation du *Bien Public*, 1897, n° 353.

(2) *Visitationes decanales* 1829.

(3) Ces statistiques sont incomplètes pour Anvers, Bruxelles, Louvain A Malines (S. Catherine, S. Jean-Baptiste) 200 sur 5500 communiants, à Nivelles 100 sur 3000, à Tirlemont (S. Germain) 20 sur 2500, à Diest 107 sur 6255 manquent au devoir pascal. Sur 120 paroisses de 18 doyennés, 26 ne comptent aucune abstention : dans les autres, il y a une moyenne d'abstention de 1 pour 500 communiants.

(4) 13 décembre 1830. *L'Ami de la religion,* si peu favorable aux libertés modernes, la donnait, le jeudi 23, *in extenso* et la louait : « Elle pourrait aussi, disait-il, s'appliquer à ce qui se passe chez nous, et offrir une réclamation contre un système d'oppression qui se manifeste de plus en plus ».

avec toutes ses conséquences », tel était l'unique objet de ses
vœux. Entendait-il cette liberté dans le sens d'une séparation
de l'Etat, radicale et absolue ? Assurément il émettait le vœu
que le Congrès consacrât la liberté du culte catholique, accordée
par les deux arrêtés du 16 octobre ; à cet effet il désirait voir
stipuler l'*indépendance* de ce culte *dans son exercice public
et dans son régime*, il souhaitait encore la pleine liberté de
l'enseignement ; mais il recommandait que l'on « assurât les
traitements ecclésiastiques et les autres avantages dont l'Eglise
avait joui sous le gouvernement précédent. » (1) Ces avantages
supposaient une certaine union.

Qui ne sait qu'en dehors des intérêts temporels et des
intérêts spirituels, qui forment respectivement la sphère propre
des deux pouvoirs, il se présente des questions d'ordre mixte ?
S'il convient de garantir leur indépendance mutuelle dans leur
sphère propre, il est absurde de permettre à l'un d'eux des
empiètements et une influence exclusive dans les choses qui
sont de leur domaine commun : ici il faut l'union, l'entente et
un esprit de transaction : telle l'instruction publique, si l'Etat
est autorisé à l'organiser, telles les manifestations religieuses,
les immunités ecclésiastiques, le mariage quant au contrat
religieux et aux effets civils, la sépulture etc. Dans la question
du mariage catholique on a vu les évêques s'entendre avec le
gouvernement provisoire. Le Congrès n'admit pas davantage
dans les autres points de contact la subordination des cultes à
l'Etat, non plus que leur séparation radicale et absolue. Un
groupe de libéraux essaya, sous la conduite de Defacqx, de
faire prévaloir la suprématie de l'Etat (23 décembre) et de
rejeter l'article 12, qui interdit toute intervention de la loi et
du magistrat dans les affaires d'un culte quelconque. « Nous
ne nous attendions pas, dit l'abbé Verduyn, en venant ici
d'avoir encore à combattre pour la même cause que sous

____

(1) Cfr. *Revue catholique de Louvain* 1864, p. 235 l'opinion du cardinal
Sterckx.

l'empire ou sous les hollandais ». La motion Defacqx fut repoussée par 111 voix contre 59 (1).

L'esprit des constituants s'affirma du reste dans une suite d'actes officiels et dans toute l'histoire des vingt premières années de notre indépendance. L'intervention de la législature, des magistrats et de l'armée dans les *Te Deum* et dans les cortèges religieux, l'exemption du service militaire accordée aux candidats du sacerdoce, le traitement assuré aux ministres du culte (art. 117), tout un ensemble de mesures (2) et, par-dessus tant d'autres lois, la loi de 1842 sur l'instruction primaire, soutenue par le ministre de l'intérieur, Nothomb, partisan d'ailleurs de l'indépendance des deux pouvoirs (3), toute cette longue tradition nationale atteste l'esprit de la Constituante.

En 1832, le comte de Robiano de Borsbeek, dont nous avons maintes fois invoqué le témoignage, écrivait ces paroles (4) : « La Constitution sagement et lentement élaborée par le Congrès, au milieu de grandes difficultés, est un monument de sagesse, malgré ses imperfections... Les belges veulent la royauté, ils l'ont prouvé en rejetant toutes les tentatives de république ; ils veulent l'ordre et la liberté, et leur espoir de jouir de l'un en même temps que de l'autre, ils le fondent sur les progrès de la religion au moyen de la liberté. C'est le secret de la civilisation ; la nation, qui le comprend, mérite estime et confiance. S'il existe quelques partis en Belgique, s'il est des hommes qui y rêvent un régime qui conduirait à la licence, la majorité des citoyens attachés au bien et à l'ordre de choses établi est tellement grande que le calme est assuré. »

Le parti libéral, plus ardent et plus habile dans son ambition que le parti catholique, rompra bientôt l'union qui fit la force du pays en 1830 ; il faussera l'esprit et dénaturera le

---

(1) *Ami de la religion*, t. 66 n⁰ˢ 1733, 1735.

(2) Mʳ Nyssens, dans *L'Église et l'État dans la Constitution belge*, 1880, ch. III, § 2 et 3.

(3) *Essai sur la révolution belge*, 1833, 2ᵉ édition, p. 315.

(4) *Mémoire* cité, p. 74 app. bibl. n⁰ 125.

sens de la Constitution ; un parti radical surgira qui annoncera
hautement le dessein de la détruire et qui emploiera la liberté
de la presse et de la parole pour corrompre un peuple toujours
aisé à séduire. Mais au moins les catholiques apprendront à
profiter des libertés constitutionnelles. « Pour vous, leur
disait-on en 1832 (1), pour vous, catholiques belges, dont le
monde religieux a admiré la courageuse résistance et la noble
opposition aux volontés despotiques d'un pouvoir persécuteur,
votre position vous est marquée par vos principes. Citoyens,
soutenez de tous vos efforts le trône que vous-mêmes avez élevé.
Hommes religieux, membres de cette société qui ne périt pas
parce qu'elle est fondée sur la vérité, restez dans votre noble
indépendance du pouvoir terrestre ; mais en même temps ne
craignez pas de vous précipiter dans la carrière que la liberté
vient d'ouvrir devant vous. Ecrivez, enseignez, formez des
associations ; c'est le droit commun des citoyens. Montrez que
dans vos doctrines se trouve le mouvement et la vie. Songez
aussi que le temps est venu où la vérité et l'erreur, mises
en champ clos et combattant à armes égales (2), c'est-à-
dire sous l'égide d'une liberté commune, doivent engager une
lutte décisive et qui sera la dernière (3). C'est la pensée de
l'illustre écrivain, qui vous a servi de guide et de soutien
dans vos longs malheurs ».

Lamennais a eu son influence dans notre clergé, c'est incontestable ; on l'abandonnera lorsqu'il tombera dans de plus
graves erreurs et que Grégoire XVI les condamnera ; mais
ses idées de 1830 ne prévalurent pas absolument dans la Constitution. Plus tard, le plus fougueux des ennemis de l'Eglise,

---

(1) *La révolution vengée ou considérations politiques sur les causes,
les évenemens et les suites de la révolution belge*, par un catholique
patriote de Bouillon. Louvain, mars 1822 ; p. 96.

(2) Les armes ne sont pas égales, on le sait ; l'erreur les emploie sans honnêteté, bonnes et mauvaises, légitimes et illégitimes ; l'Eglise n'exploite ni
la diffamation, ni le mensonge.

(3) Nous avons cité à la page 163 le passage de Lamennais, avec la prédic-
tion pessimiste, basée sur une fausse interprétation de l'Evangile.

le guide des doctrinaires, Laurent en fera l'aveu : « La majorité du Congrès eut soin de ne prendre des idées de Lamennais que ce qui était avantageux à l'Eglise. Les catholiques cumulèrent les bénéfices de la liberté avec les avantages de la dépendance », disons mieux : de l'union.

La Constitution belge, on doit en convenir, est encore largement imprégnée de nos traditions séculaires et renferme des éléments précieux. Si elle a fait quelques concessions regrettables aux erreurs du temps, elle ne suppose cependant pas la séparation absolue de l'Eglise et de l'Etat, moins encore l'hostilité de l'Etat contre l'Eglise. Elle est loin des erreurs de la démagogie ; elle ne met pas les pouvoirs législatifs, administratifs et judiciaires à la discrétion du peuple souverain ; les pouvoirs émanent en un certain sens de la nation, mais la mobilité de ces pouvoirs n'est pas la loi suprême de l'Etat, il n'y a point de souveraineté permanente, inaliénable, des masses populaires.

Interpréter la Constitution dans un sens révolutionnaire, radical, anti-chrétien, c'est méconnaître les vues et l'esprit des Constituants de 1830 ; c'est jeter la patrie en dehors de la voie, où, avec l'ordre, la justice et la religion, elle a trouvé jadis une sage liberté.

M. Nothomb terminait un ouvrage remarquable (1) sur l'histoire de la révolution par ces mots qu'il est utile de rappeler après plus de soixante ans : « Notre révolution se recommande par un caractère tout national qu'on a calomnié ou méconnu : elle n'est ni anti-sociale, ni anti-monarchique, ni anti-religieuse .... C'est à la raison d'achever ce que l'enthousiasme a commencé, à l'union de conserver ce que l'impulsion populaire a fondé. Nos pères n'ont connu que la province et la commune : combien notre horizon s'est étendu ! Au dessus de la commune nous apparaissent la nation et l'Europe : nous avons quatre

---

(1) *Essai* cité. Le baron de Keverberg (*du royaume des Pays-Bas*, 1834, La Haye, in-8, 3 tomes) en a contesté quelques parties, sans en reconnaître les mérites.

ordres d'idées à combiner et à concilier. Ne proscrivons pas ce vieil amour des libertés communales et provinciales ; mais que l'esprit de localité se meuve dans la sphère secondaire qui lui est assignée ! »

NATIONAL.

ordres d'idées à combiner et à concilier. Ne proscrivons pas ce vieil amour des libertés communales et provinciales ; mais que l'esprit de localité se meuve dans la sphère secondaire qui lui est assignée ! »

Epilogue.

La loi fondamentale de 1815, interprétée conformément aux vrais intérêts du royaume et du roi, n'eût point porté de funestes résultats ; dénaturée et appliquée dans un esprit antinational et anticatholique, elle devint un instrument d'oppression en Belgique et y prépara la révolution. La patience dans le peuple, la résistance passive dans le clergé, les négociations de Rome eussent-elles amené le roi à gouverner plus sagement ? Son successeur, du moins, eût-il rendu le royaume plus uni, plus heureux ? Combien il est difficile de répondre à ces questions !

Laissant au lecteur le souci de formuler son jugement, contentons-nous, avant d'abandonner notre étude sur la domination de Guillaume I en Belgique, de porter un coup d'œil sur la suite de son règne et sur les vicissitudes de nos frères de Hollande (i). Leur histoire fait contraste avec la nôtre.

Les catholiques hollandais avaient pétitionné avec les belges, insistant par dessus tout sur la liberté de donner à leurs enfants un enseignement conforme à leur conscience. Après la révolution, rien ne vint leur rappeler leurs généreuses démonstrations, si ce n'est un redoublement de dureté de la part du gouvernement et d'injures de la part de la populace protestante ; il ne fut plus question de pétitionner, et les démarches de leurs vicaires apostoliques n'obtinrent rien de Guillaume I. Après l'abdication du premier roi des Pays-Bas, son fils prit les rênes du gouvernement (1840) ; ses antécédents et son esprit d'équité firent naître quelque espoir ; de fait, il nomma le 12 novembre 1840 une commission chargée de lui faire un rapport sur les

____

(1) Nous empruntons cet aperçu rapide à un opuscule remarquable de 1849. *Mémoire sur la situation des catholiques dans les Pays-Bas depuis leur émancipation en 1798 jusqu'à nos jours*, par un électeur néerlandais. Bruxelles, Greuse. In-12, pp. 85.

griefs de ses sujets catholiques ; mais l'unique résultat fut l'arrêté du 2 janvier 1842, qui maintenait le monopole de l'enseignement aux mains du pouvoir et faisait triompher l'arbitraire sur le bon droit.

Le roi aimait son peuple au-delà de toute expression, et il voulait la justice ; mais il ne put vaincre la résistance du parti réactionnaire. Il voulut régler l'exécution du Concordat de 1828, qui était resté lettre-morte en Hollande : l'opposition protestante déjoua ses intentions, et le força d'ajourner l'établissement des sièges épiscopaux ; la Hollande restait pays de mission, et un million de catholiques n'avait que trois vicaires apostoliques, tandis que la petite secte janséniste d'Utrecht avait trois évêques. Le *Tyd*, journal catholique d'Amsterdam, éditait en 1847 des statistiques détaillées, preuve accablante de l'oppression qui pesait sur les deux cinquièmes de la population : dans l'ensemble des emplois rétribués pas le gouvernement, il constatait l'énorme disproportion de 25 employés protestants pour 2 catholiques. (1) Le ministère persévéra dans sa politique d'injustice ; l'enseignement des universités était surtout funeste à la jeunesse catholique.

Guillaume II fit très opportunément réviser la Constitution en 1848 ; les démonstrations, pacifiques mais énergiques, obtinrent quelque chose : le *placet* royal fut supprimé, les catholiques purent désormais communiquer librement avec le Saint-Siège ; mais l'enseignement demeura soumis au contrôle de l'Etat, et des lois organiques menaçaient de détruire en fait ce que la Constitution accordait en droit. Sur les entrefaites, Guillaume II vint à mourir. Il avait reconnu maintes fois que le trône s'appuyait sur deux grandes forces : l'armée et ses sujets catholiques. Ceux-ci, toujours victimes des pas-

______

(1) Hauts dignitaires de l'Etat 149 protestants, 27 catholiques ; employés des ministères 437 contre 41 ; haute cour etc. 90 contre 8 ; corps savants, 153 contre 8 ; armée, officiers, 114 contre 18 ; marine, officiers, 577 contre 28 ; enseignement supérieur, 169 contre 4. De plus, parmi les employés et fonctionnaires provinciaux, 3000 protestants, 402 catholiques.

sions fanatiques d'un calvinisme étroit, regrettèrent un roi dont la loyauté et les intentions généreuses ne faisaient aucun doute.

Le règne de son successeur leur fut plus favorable.

Pendant ces vingt premières années de la séparation, la nationalité belge se consolida. Le parti libéral, infidèle à l'union de 1830, se fortifia, il est vrai, et devint menaçant pour les catholiques et pour l'œuvre de 1830 ; mais, sous l'égide de la Constitution et fidèles à l'esprit national, les catholiques après quarante années d'indépendance reconquirent le pouvoir en 1870 et sauf une courte interruption (1878-84) continuèrent de diriger les destinées du pays. Puisse l'union faire leur force et nous préserver d'une démagogie socialiste !

APPENDICE BIBLIOGRAPHIQUE.

VARIA BELGICA 1814-1831.

1. La réunion de la Belgique à la Hollande serait-elle avantageuse ou désavantageuse à la Belgique ? par A. B. C. Bruxelles, Weissenbruch. In-12, pp. 83. — Favorable à la réunion ; la question religieuse n'en est pas une pour l'auteur : toutes les religions sont bonnes. La partie historique est d'un homme peu versé dans l'histoire (J. J. Van Boeckhout, Biogr. nation. II, 574.)

2. Bouclier opposé aux traits anti-religieux d'un agresseur inconnu. In-12 pp. 16. — 18 avril 1814, C. Van Beughem réfute *La réunion*.

3. La vérité vengée ou Réfutation d'une brochure intitulée : La réunion... Par M. E. J. Van Wamel, jurisconsulte, greffier.. Anvers, Delacroix, 1814. — Fidèle à l'Autriche, sous laquelle la Belgique s'est gouvernée d'après ses lois constitutionnelles, l'auteur réfute la partie historique de A. B. C., apprécie sagement Philippe II, et le traité de Westphalie, si oppressif pour nous ; il montre les taxes, légères sous l'Espagne et l'Autriche, en Hollande au contraire le « zielverkoopery » peuplant les colonies ; il expose fort bien (p. 56) le régime constitutionnel de la liberté avant la domination française.

4. Observations historiques, politiques, critiques et impartiales sur la brochure intitulée : *La réunion...* — 6 juin 1814, H. Vander Noot repousse l'union : Anvers serait sacrifié à Rotterdam.. Il voudrait recouvrer les vols de Louis XIV sur la Belgique (p. 20). La masse désire rentrer sous l'Autriche et a déjà fait parvenir ses vœux à François II (40) ; il n'y a que les employés et acquéreurs de biens domaniaux qui redoutent l'Autriche ; en 1807 ils ont irrévocablement uni leur sort à la France (65).

5. Réflexion sur la constitution des Pays-Bas catholiques par L. F. M. J. des comtes de Robiano de Borsbeek. Bruxelles, De Haes

1814. In-8 pp. 10. — 21 Juillet 1814. Cette excellente brochure loue nos anciennes constitutions, que vingt ans d'éducation moderne n'ont pas fait oublier.

6. Lettre de Son Exc. Pierre Van Eupen en son vivant secrét. gén. du congrès belgique à Son Exc. H. Van der Noot ci-devant Père de la Patrie etc. Bruges. Se vend à Bruxelles, Berthot. In-8, pp. 15. — Pamphlet contre les Observations de Van der Noot par un orangiste (Van Boeckhout).

7. Discipline ecclésiastique. Par le chan. Alf. Muzzarelli... traduit de l'italien d'après la 4e édition à Rome 1807. Roulers, Beyaert-Feys, 1814. In-12, pp. 111. — Cet excellent opuscule était de circonstance : l'Etat n'a pas le droit de bouleverser la discipline et les lois de l'Eglise et de ne respecter que le dogme.

7bis Mémoire remis à LL. MM. I. et R. L'Empereur d'Autriche, l'Empereur de Russie, le Roi de Prusse et LL. AA. RR. le Prince Régent d'Angleterre, et le Prince Souverain des Pays-Bas, Le 22 juin 1814. Bruxelles, Lemaire. 1815. In-8, pp. 15. — J. L. D. P. N. A. publie ce mémoire, signé, dit-il, par 80 membres des Etats de nos différentes provinces et tendant à obtenir le maintien de nos anciennes constitutions et l'intégrité de notre territoire, dont une partie a déjà été cédée à la France.

8. Mémoire adressé à S. M. le Roi des Pays-Bas... Bruxelles, Lemaire. In-8, pp. 56. — De Eckstein, plusieurs fois chargé de missions par Lottum et Delius, expose ses vues sur l'organisation constitutionnelle du 19e siècle, et réfute les cosmopolites qui rejettent l'Etat ou la patrie et la hiérarchie de l'Eglise comme aussi les trois ordres. Il repousse la fausse tolérance et souhaite que l'Eglise soit tenue inébranlablement debout en Belgique. 1814.

9. Unité des catholiques attaqués par deux agresseurs inconnus... et reconnue, soutenue, professée par Ch. Van Beughem, secrét. de feu le Card. Franckenberg. Bruxelles, Dehaes. In-12, pp. 20 — 28 juin 1814, réfute l'auteur (V. Boeckhout) de la brochure *De la confédération des belges et des bataves* et, plutôt que d'appartenir à une puissance protestante, demande le retour à l'Autriche.

10. Antidote contre le somnambulisme ou Discussions sur quelques traits extravagans d'Epiménide et de son associé inconnu, Faites par Ch. Van Beughem, secr. de feu le Card. Francken-

berg. Bruxelles, Vleminckx. In-16, pp. 18 — 20 sept. 1814, réfute le *Réveil d'Epiménide* (Voir plus haut, p. 36).

11. Mémoire adressé le 3 octobre 1814 aux Hautes Puissances, assemblées dans le congrès de Vienne, par MM. les vic. gén. du diocèse de Gand, dans l'absence et selon l'intention expresse de Mgr le Prince de Broglie évêque de Gand. Gand, Poelman. In-8, pp. 20. — L'affabilité, la bonté du Prince d'Orange ne leur sont pas une garantie suffisante pour la conservation de leurs droits religieux ; ils souhaitent un pacte inaugural qui assure la religion : ainsi réciproquement a-t-on agi en faveur des protestants en Saxe (1697), Hesse (1754) quand les souverains y devinrent catholiques ; ils déterminent 8 points. Ce mémoire fut attribué à l'influence des jésuites par M. Defacqx grand-maître de la franc-maçonnerie (lettre à M. Nothomb, 1845).

12. Vœu du peuple belge pour le salut de sa patrie. Emis au mois de juin 1815. Gand, juin, 1815. In-8, pp. 15. — L'auteur (avoc. Serlippens, anc. échevin), après l'équipée de Waterloo, demande aux alliés comme garantie contre les fureurs du prétendu peuple français ses forteresses de première ligne depuis Calais jusqu'au Rhin, territoire jadis confisqué par la France.

13. Wensch van het belgisch volk voor het behoud van zyn vaderland. Gand, Juny 1815. In-8 pp. 16. — Traduction du n° 12.

14. Den waeren vaderlander tegen de partyhouders, wederleggende hun gestel ten voordeele van het koningryk der nederlanden. Gend 1815. In-8, pp. 59. — Combat les partisans des idées françaises.

15. Avis aux notables de la Belgique choisis par S. M. pour voter le rejet ou l'acceptation de la nouvelle constitution, au nom des Belges. Juillet 1815. In-8, pp. 12. — Par Le Surre.

16. Projet de loi fondamentale pour le royaume des Pays-Bas. Aux bureaux du journal de la Belgique. Bruxelles, MDCCCXV. In-8, pp. 36. — Précède : Rapport de la commission avec signatures.

17. Ontwerp van eene grond-wet voor het koningryk der Nederlanden. Zoo ende gelyk het zelve ter goedkeuringe der Notable is voorgedraegen. Naer de origineele uytgave. Gend, Bogaert-De Clercq en Begyn. In-8, pp. XVI-41. — Rapport signé 13 July 1815.

18. Les droits de la religion catholique et de son clergé maintenus

en Belgique ou le vrai sens de la proclamation de S. M. le Roi des Pays-Bas, en date du 18 juillet 1815. In-8, pp. 17. — Contrairement à la promesse, le clergé n'est pas représenté à La Haye, dans l'élaboration de la constitution ; les notables sont désignés par les intendants. Les plénipotentiaires de Londres n'avaient pas le droit de fixer les conditions de la réunion ; l'art. 2 assurant à tous les cultes une protection égale est inadmissible en Belgique. Cette tolérance serait la ruine de la vraie religion.

19. De rechten van den catholyken godsdienst en van deszelfs geestelykheyd gehandhaeft in 't nederland... 1815. In-12, pp. 16. — Traduction du n° précédent.

20. Instruction pastorale de S. Alt. Mgr. l'évêque de Gand, prince du S. Empire romain, Relativement au projet de la nouvelle constitution du royaume des Pays-Bas. Herderlyke onderwyzinge van Z. H. den Prins de Broglie, 1815. Gand, Poelman. In-8, pp. 43. — La trad. fl. en regard : 2 août 1815. Boussen. chan. secr.

20bis. Aan de Heeren Notabelen van het Artsbisdom van Mechelen, die gekosen zyn... 7 augusti 1815 J. Forgeur, vic.-gén. | A Messieurs les Notables du Diocèse de Malines, choisis pour voter le rejet ou l'acceptation de la nouvelle constitution.

Feuillet in-4 à 2 colonnes.

21. Instruction pastorale de Mgr l'évêque de Tournay concernant le projet de loi fondamentale du royaume de la Belgique. In-8, pp. 8. — Le 11 août 1815, Hirn regrette que le clergé ne fût pas représenté dans l'élaboration de la Constitution, il condamne dans le Projet, l'art. 190, 191, la protection civile de toutes les communions chez nous, contraire à l'enseignement de Pie VII (1808), à la promesse des alliés (7 mars 1814), les art. 192, 193, et surtout 196 soumettant les cultes à l'Etat. L'équité du Souverain (18 juillet 1815), la conscience des notables le rassurent.

22. Gewigtige samenspraek over de tegenwoordige tydsomstandigheden tusschen eenen geleerden Raedsheer van Brussel, eenen treffelyken Notabelen van Antwerpen en eenen Eerw. Dominé van Rotterdam... 11 Aug. 1815. In-8, pp. 30. — Il faut repousser la constitution, surprise à la bonne foi de Guillaume I ; les évêques ont parlé. Les abstentions seront comptées comme vote

approbatif ; les catholiques hollandais ont repoussé la constitution hollandaise à cause de l'art. 139, conférant au gouvernement le droit de surveiller les affaires ecclésiastiques. Ils
rejetteront les articles 190-193, 196, 226, 227, le 2ᵉ art. additionnel.

23. Lettre pastorale de Mgr l'évêque de Namur sur les principes
de la Foi catholique, relatifs à la liberté des opinions religieuses
et des divers cultes religieux. In-4, pp. 16. — Imprimé clandestinement à Gand (Raepsaet, VI, p. 188). 15 août 1815 ; son
mandement fait sur celui de Gand, du 2 août, a été confisqué le
11 août malgré la liberté des opinions religieuses de l'art. 190
du Projet de loi fondamentale. Il condamne l'indifférence religieux par l'Ecriture sainte, par l'enseignement de Pie VI et
Pie VII, et de son prédécesseur de Lichtervelde.

24. Jugement doctrinal des Evê- | Onderwyzende Uytspraek der
ques du Royaume des Pays- | Bisschoppen.... nopens den eed.
Bas, sur le serment prescrit
par la nouvelle constitution.
In-8, pp 27.

25. Réfutation de l'objection tirée de la lettre de M. le B. Van Capellen, tendant à prouver que l'assentiment des notables n'affecte-
rait point ce qu'il y a dans la constitution de relatif aux
conditions de Londres — feuillet in-8, pp. 2.

26. Second avis aux notables ; feuillet cm. 20 larg. $\times$ 15 long, —
Le serment n'est pas justifie par la considération que les puissances alliées l'imposent.

27. Een pakxken Varia, met korte bemerkingen op elk stuk, tot
nut der Nederlandsche catholyken (1 october 1815). In-16, pp.
64. 2ᵈᵉⁿ druk. — Réfute les erreurs ou examine les assertions
contenues dans : Un mot sur les nombreux pamphlets et
libelles. . 30 août 1815, dans les proclamations royales du 18
juillet et 24 août ; dans : Verklaeringe van 9 geheymen :
Londres nous inonde de brochures hérétiques : il faut que dans
douze ans la foi soit réléguée dans le petit peuple ; dans le Discours de M. D. B. (De Bast) à l'audience du 15 sept. ; dans la
Lettre de M. Van Hoobrouck (9 sept.) ; dans le Besluyt van
19 sept. : Un seul ministre catholique : nous sommes 3 fois
plus nombreux que les hollandais ; Besluyt it. sur la commission eccl. de Bruxelles et le *Placet*, et dans les Réflexions sur

l'intérêt général de tous les belges ; c'est d'un rose-croix. Les notables ont pâli en prêtant serment à Bruxelles : Millé a osé chanter le Te Deum. — Cette brochure très spirituelle se termine par un extrait de Sanderus, sur l'origine du schisme anglican.

28. Apologie des évêques du royaume, en réponse à un libelle intitulé : Réflexions sur l'intérêt général de tous les belges, 20 oct. 1815. In-8, pp. 34. — L'auteur suit pas à pas le libéral anonyme, montre le droit des notables et des évêques de repousser la Loi fondamentale, l'origine protestante du libéralisme et de la tolérance ; il réfute aussi le *Vigilant*. Au moins en France la religion catholique est religion de l'Etat.

29. Coup-d'œil rapide sur quelques questions de politique, relatives à la situation présente et future de la Belgique. In-8, pp. 47. — Du *Spectateur belge* 1815, t. I ; de Foere profite de l'arrêté du 21 sept. sur la liberté de la presse pour proposer ses idées, fort saines : unité religieuse en Belgique, constitution séparée de la Hollande ; le code pénal est un code de terreur ; les contributions françaises étaient féroces.

30. Réclamation respectueuse et légitime des droits de la nation belge sur son ancienne Constitution. In-8, pp. 15. — Le clergé n'est pas représenté dans le comité convoqué pour la constitution ; la moitié des membres du comité est hollandaise et protestante ; dans l'autre, la majorité est libérale. Il faudrait deux parlements séparés ; et dans le nôtre les trois ordres, clergé, noblesse et tiers-état. L'amalgame est impossible, vu la différence de religion ; rappelle les promesses du 18 juillet (1815).

30bis Sur l'éducation. In-8 pp. 15. — Oct. 1815, demande au roi une éducation et instruction religieuses.

31. Epître au bon sens par un Tournaisien. 3 nov. 1815. In-8, pp. 12. — Réfutation humoristique de la « liberté des opinions religieuses » et du serment à la Loi fondamentale ; ce serment dont les fripons se moquent, afflige les catholiques, qui n'en font aucun légèrement et répugnent à émettre un serment désapprouvé par l'autorité religieuse.

32. Un petit mot de réponse. — Un petit mot raisonné en réponse à un petit mot de commande. In-12, pp. 12. — Contre un éclaireur des idées libérales, qui excuse sans distinction tous les notables : le 16 mars 1815, le roi ayant *pris* le sceptre, tout est

bien pour ce libéral. Suit un apologue en vers : Chacun doit faire ici-bas son métier.

33. Correspondance entre M. Forgeur, Vic. gén. du dioc. de Malines et M. Millé, pléban de Ste-Gudule, depuis le 18 sept. jusqu'au 14 nov. 1815. In-12, pp. 41. — Millé essaie de se justifier en publiant sa correspondance au sujet du Te Deum.

34. Première lettre à M. L. Millé... au sujet de sa correspondance. Liége, libraires associés, déc. 1815. In-8 pp. 31. — Wamesius réfute Millé et demande réparation du scandale. L'auteur est Lesurre (Raepsaet, VI, 199).

35. L'ami du prince et de la nation ou Dissertation sur les points constitutionnels communs à toutes les Provinces de la Belgique. 1815. In-8, pp. 42. — Préface : cette dissertation par un savant administrateur parut il y a 25 ans. Aujourd'hui, malgré les tristes fruits de l'irréligion, on veut écarter la base des anciennes constitutions, la religion.

36. Recueil de quelques écrits, qui ont rapport à la loi fondamentale des Pays-Bas... Lille MDCCCXV. In-12, pp. 56. — Dédié au Prince d'Orange ; en commentant ces écrits ou discours, l'auteur justifie le jugement de de Broglie sur la Loi fondamentale, et critique les notables. de Méan et Millé.

37. De l'installation des Etats-provinciaux, 14 Mars 1816. In-8, pp. 7. — Réfute ceux qui accepteront le serment avec restriction et réserve des points condamnés dans le Jugement doctrinal. Il n'y a qu'un seul serment, il porte sur le n° 145 ou articles 190 etc. Le ministre de la justice avait il y a peu de mois déclaré qu'on ne demandait pas l'assentiment des notables aux articles concernant les cultes ; malgré cela, le 24 août, dans son arrêté le roi déclara que ces articles ne pouvaient être omis dans la Constitution sans remettre en problème l'existence de la monarchie. Vous ne pouvez accepter une place où vous serez fauteur de toutes les hérésies.

38. Dialogue entre Jean de Lessines et un habitant de Bruxelles, relatif à la restitution. 20 mars 1816. In-8, pp. 17. — Se félicite d'avoir recouvré une partie de ses biens de la part d'un acquéreur révolutionnaire, devenu consciencieux.

39. Breve. Pius PP. VII... Accepimus litteras. R. ap. S. M. M. 1 maii 1816. Inscriptum erat : Ven. Fr. Mauritio, episc. Gandavensi. Trad. fr. en regard, flamande à la suite. In-12, pp. 12.

Impr. B. Poelman. — Le Pape remercie de Broglie de l'envoi des pièces concernant le serment à la Loi fondamentale ; il écrit au Souverain, auquel il espère pouvoir envoyer un délégué résident.

40. Essai historique sur le progrès des lumières dans le Royaume des Pays-Bas et en particulier sur la liberté indéfinie des opinions religieuses, 1° partie. Gand. B. Poelman. In-8, pp. 175, plus 6 pp. de notes. — (L'abbé Le Surre) montre l'origine, le développement et les maux futurs de la philosophie révolutionnaire.

41. Vindiciae de universitatis Lovaniensis unitate, authore J. C. Jacobs, medicinae licent. Lovaniensi. Bruxellis, Picard. MDCCCXVI. In-8, pp. 11. — 29 juillet 1816.

42. Observations critiques et historiques sur un écrit ayant pour titre, Exposé des motifs qui militent en faveur du rétablissement du siège central de l'Instruction publique pour les départements de la Belgique dans la ville de Louvain. Bruxelles, Cuelens, 1816. In-8, pp. 109. — L'*Exposé* ne voulait pas de la faculté de théologie, mais un esprit tout différent de celui de l'ancienne université, qu'il traite de fanatique. La réfutation (Van de Velde) est assez faible (Voir *Spectateur*, t. 9, 117).

43. Courtes dissertations sur quelques intérêts religieux, politiques, sociaux et individuels, et examen de la garantie qu'on peut attendre à leur égard du Projet de Loi fondamentale, rejetté par les belges le 14 août 1815. 1816. In-12, pp. 163. — Réclame deux constitutions, les trois ordres dans la représentation nationale belge, l'unité religieuse en Belgique (p. 85), pour arrêter l'irréligion : tolérance, soit ! mais protection égale aux sectes : non ! Le système sera avantageux aux catholiques hollandais, mais ici il le sera aux protestants et impies. Il proteste contre le tirage au sort et la garde nationale (p. 138) : tout citoyen est soldat ; pendant 5 ans, on tire au sort ! En Hollande la liberté de la presse et l'éducation aux mains du roi sont admissibles ; pas ici.

44. Cologne, 3 novembre 1816. Communication importante. In-12 pp. 8 non chiffr. — C'est un long extrait de la note du 19 mars, de Consalvi à Reinhold, ministre de Guill. I à Rome. La gazette de Hambourg, 3 mai, en avait donné le sens : l'auteur justifie les évêques belges et ceux qui refusent le serment.

45. L'esprit de la franc-maçonnerie dévoilé, Relativement au danger
    qu'il renferme... par feu l'abbé B** ancien Professeur de Théo-
    logie. Nouvelle édition. Paris, Liége, Duvivier, 1816. In-8 pp.
    54. — (Baissié) expose fort sobrement l'esprit d'indifférence,
    esprit antichrétien, propre aux loges, favorisé par la philan-
    tropie.

46. De la tolérance, par L. De Foere. Paris 1816. In-8, pp. 64. —
    J.-C. n'a pas proposé une opinion, mais la vérité éternelle : una
    fides. Mélanchton, Grotius, Leibnitz ont vainement cherché à
    arrêter la tolérance dogmatique ; Stolberg, Schelling, Werner
    ont retrouvé l'unité ; d'autres tombent dans l'athéisme (Dict.
    encycl. p. 30). L'Eglise, en dehors des questions de foi, est
    d'une tolérance et d'une charité modèle.

47. De la promulgation des bulles doctrinales du S' Siége et du droit
    de placet attribué en cette matière à la puissance temporelle.
    Bruxelles, 1816. In-8, pp. 95. — Proteste contre l'arrêté du 15
    sept. 1815.

48. Saemen-spraek tusschen eenen vader en zyne kinderen of ant-
    woorde op de Proef op den dans uytgegeven door den Meyer
    van Bassevelde (Peers). Roulers, Beyaert, 1816. In-12, pp. 28.

49. Mislukte proef op den dans, ofte bemerkingen over een schan-
    delyk schriftjen... Gent, Begyn. In-12, pp. 52. — (Ryckewaert,
    vic. gén.) rapporte les décisions très sévères des évêques en 1697,
    1685, 1693, 1629, 1677 contre la danse.

50. Den Autaer en den troon verdedigd tegen hunne vyanden.
    Hasselt, Van Langenacker, april 1816. In-8, pp. 143. — Jos.
    De Volder, chanoine de Gand. Excellente apologie de l'Eglise
    catholique, avec des détails sur le gouvernement anti-catholique
    de Guillaume I.

51. L'Autel et le Trône ou les droits et les devoirs des deux puis-
    sances, eu égard à la situation de l'Eglise belgique, au commen-
    cement de l'année 1817. In-8, pp. 263. Traduction du n° 50.

52. Lettre au sujet du dernier mandement de Mgr. l'Evêque de
    Namur. In-12, pp. 7. — Désapprouve les prières publiques
    pour hérétiques. En note msc. : Plus des trois quarts des curés
    ont refusé d'obtempérer.

53. Extrait d'une réponse de S. Em. le Card. Consalvi... en date du
    6 fév. 1817 adressée à Mgr l'Evêque de Namur. In-12, pp. 4.
    Impr. La Fontaine. — Autorise les prières ordonnées par le

mandement du 1 déc. pour le roi et la princesse d'Orange,
quoique non catholiques. Armes et signatures.

54. Remarques sur le serment prescrit aux avocats etc. par le décret
du roi, 25 fév. 1817.... et sur l'opinion qui le déclare licite
sans restriction. In-16, pp. 10. — Contre les soumissionnaires.
On ne peut pas jurer, sans restriction, soumission passive à la
Loi fondamentale : le roi rejette toute restriction : on cherchait
à autoriser par les dictionnaires le serment de *déférence* à la
Loi.

55. Préservatif contre les Remarques sur le serment... dans une
lettre écrite par un curé du diocèse à un de ses amis. In-16,
pp. 14 non chiffr.

56. Representations respectueuses des Evêques de Gand, de Namur,
de Tournai et des Vicaires-Généraux de Malines et de Liège à
S. M. le Roi des Pays-Bas, touchant l'érection des nouvelles
universités dans les provinces méridionales du Royaume. 22
mars 1817. In-12, pp. 30. — Rappellent les promesses royales
du 18 juillet, 16 sept. et 27 sept. 1815, que contredisent l'arrêté
du 25 nov. (sept.) sur l'instruction publique et le choix des
auteurs classiques (Dewez) ; ils reconnaissent le droit du roi
dans les universités protestantes (p. 16).

57. Examen critique de la Lettre de Mgr le comte de Méan, ancien
prince-évêque de Liège du 3 juillet 1817. In-8 pp. 31. — Contrairement au Jugement doctrinal, de Méan en septembre 1815
avait prêté le serment, prêt, disait-il, à le rétracter si le S. Père
le condamnait. Le 19 mars, une note du min. d'Etat de Pie VII
déclara que le prélat avait scandalisé toute la Belgique. Depuis
dix mois De Foere est condamné sans qu'on déclare la *note*
fausse. Aujourd'hui dans sa Lettre il veut prouver que le
serment n'est pas condamné, qu'il suffit d'une déclaration explicative. Mais cette déclaration est une rétractation formelle du
serment, pris dans son sens naturel.

58. Reglement op de inrigting | Règlement sur l'organisation
van het hooger onderwijs in | de l'enseignement supérieur dans
de zuijderlijke provincien | les provinces méridionales du
van het koningrijk der Ne- | royaume des Pays-Bas.
derlanden.

Gand, Houdin, 1817. In-8, pp. 176. — Arrêtés des 25 sept. 1816,
17 juin et 19 août 1817 sur les 7 athénées et les 3 universités ;

suit le discours latin du recteur Van Rotterdam : tout l'enseignement se donnera en latin, langue négligée depuis 20 ans.

59. Maurice Jean-Magdelaine de Broglie.... à MM. le Président et
Juges de la cour d'assises du Brabant méridional. In-12, pp. 8.
— D'Amiens, le 9 oct. 1817, il proteste contre l'acte d'accusation
du 25 sept., qui montre bien le prétendu esprit de tolérance ; il
a fait son devoir, il a été approuvé par le Pape ; il ne relève
pas de l'Etat dans son enseignement. Il rappelle l'excommuni-
tion qui frappe ses juges (Conc. de Trente sess. 13, c. 8 ; sess.
24 c. 5 de reform. sess. 25, c. 20). Note msc : Copie de cette
déclaration a été insinuée au proc. gén. Van der fosse par
huissier ; elle a été arrachée à l'huissier ; l'évêque a dû envoyer
un nouvel acte au Président et Conseillers de la cour d'assises.

60. Un mot aux hommes de bonne foi sur la prétendue Lettre des
Evêques de la Belgique à S. M. le Roi des Pays-Bas. In-8, pp.
21. — Attaque la lettre des évêques au Roi au sujet du bref
1 mai 1816, publiée par De Foere (Spect. V. 305) ; affaiblit le
sens du bref et loue ceux qui ont prêté le serment. D'après
l'Exhortation catholique, p. 37, c'est du supplément au Journal
de Bruxelles ; d'après la *Nouvelle théologie* (p. 5) c'est du journal
officiel d'oct. 1817, répandu gratis par milliers d'exemplaires.

61. Mémoire et consultation pour Mgr l'Evêque de Gand, à présenter à MM. les Président et Conseillers de la Cour d'assises,
le 10 de ce mois. In-12, pp. 24 — 1817.

62. Exhortation Catholique, Apostolique et Romaine, à MM. les
Juges de la Cour de Bruxelles qui.... ont condamné à la déportation S. A. Mgr M. de Broglie... très glorieux Evêque de
Gand... In-12, pp. 40. — Bruxelles 19 nov. 1817. — Très énergique et sage protestation (de Lesurre), contre leurs considérants ; p. 13 : Pays-Bas : 1er exemple de tolérance ; p. 18 : histoire
du Te Deum, approuvé par Mazio à Liège en mars 1817, refusé
auparavant.

63. De l'état futur des séminaires et des petits séminaires diocésains dans la Belgique. Bruxelles. In-8, pp. 23. — Spectateur IV,
p. 35. Après l'arrêté du 23 août fixant pour les provinces septentrionales l'organisation de l'instruction.

64. Extrait du Bref de S. S. Pie VII. En date du 31 Décembre
dernier, relatif au serment. — Feuillet in-12, pp. 3 non chif-
frées. Le bref improuvait la lettre de l'archev. de Méan, du 8
juillet.

65. Le triomphe de la religion contre les prétendus Philosophes et
les Novateurs qui font des vains efforts pour détruire la religion
catholique. Bruxelles, libr. Le Charlier, impr. Remy, 1818.
In-12, pp. 36.

66. Réclamation respectueuse adressée à S. M. le roi des Pays-Bas,
par M. J. Le Surre, 1ᵉʳ vic.-gén. de Gand, contre l'arrêté de
S. M. du 16 mai, par lequel il lui est enjoint de quitter le
royaume. In-8, pp. 22 — 1 juin 1818. Les fonctionnaires publics
seuls étaient astreints à la naturalisation ; Le Surre fut expulsé
sans jugement, parce que son évêque, ayant condamné le serment était mort civilement... De Méan a dû rétracter son serment au sens naturel ; les fonctionnaires, De Becker, juge-de-
paix d'Aerschot, qui ont fait le serment avec cette même
restriction, ont été destitués. L'Observateur Belge lui-même a
blâmé l'arrêté contre de Broglie.

67. Cas de conscience, 2ᵉ édition. Cas van Conscientie of Gewis-
geval. Bruges, Bogaert. In-8, pp. 61. — Dissertation concluant
à l'obligation d'absoudre ceux qui ont prêté le serment dans le
sens de la tolérance civile, sens que le Pape a admis pour de
Méan ; le roi refuse toute restriction, mais c'est par scrupule ;
il sait que la constitution est purement et simplement civile ; le
sens du serment doit donc l'être aussi.

68. Appendix au cas de conscience. Appendix tot het Gewis-geval.
Bruges, Bogaert. In-8, pp. 31. — Applique à son cas la devise :
In necessariis unitas, in dubiis libertas, in omnibus caritas.

69. Nouvelle théologie à l'usage des assermentés ou Examen d'un
cas de conscience proposé et résolu en leur faveur. Octobre
1818. In-8, pp. 51. — De Méan aurait dû avouer humblement
sa faute, pour répondre au désir du Pape. Le cas de conscience,
résolu par axiomes, est répandu gratis par le gouvernement.
L'Église devrait donc tolérer toutes les lois civiles, sous prétexte
qu'elles ne sont que civiles : tels l'Enoticon de Zénon, l'Etèse
d'Héraclius, la constitution civile du clergé. L'auteur prouve
bien que ce n'est pas la tolérance civile, mais l'indifférentisme
légal que la Loi fondamentale consacre. La tolérance civile
suppose une religion dominante et la tolérance d'une religion
autre que celle qui est établie par la loi (dict. Acad.). Cette
tolérance, loin d'approuver les autres religions, exclut toute
approbation. La loi fondamentale va plus loin, l'art. 196 assu-

jettit l'Eglise. Les fonctionnaires assermentés de Bruges déclarent Corselis intrus à S' Sauveur (p. 45 ; 7 fév. 1818) ; ceux de Gand font le schisme contre l'évêque et le chapitre.

70. Réclamation respectueuse adressée par S. A. le Prince M. de Broglie à LL. MM. les emp. d'Autriche et de Russie et à S. M. le roi de Prusse relativement à l'état des affaires religieuses en Belgique. Paris, Lyon 1819. In-8, pp. 166. — Ce magnifique document est appuyé de documents et de notes historiques du plus grand intérêt.

71. De l'éducation du peuple par M. l'abbé F. de la Mennais. Gand, Poelman. In-12, pp. 24, 1818 — L'éducation à la mode, de Lancaster, neutre, insuffisante, doit céder à celle de l'abbé de la Salle.

72. Item. Gand, De Neve, 1828. — In-12, pp. 15.

73. Des systèmes actuels d'éducation du peuple, par L. F. M. J. de Robiano de Borsbeek. Bruxelles, Heyvaert, janvier 1819. In-8, pp. 35. — Jésus-Christ la lumière véritable étant méconnu, on veut éclairer, illuminer tous les hommes par un enseignement, qui est sans Dieu comme les constitutions ; mais cela coûte, on a recours à l'enseignement mutuel, méthode de Lancaster, méthode d'abstention et d'indifférence religieuse. Il faut les écoles dirigées par le clergé, les frères des écoles chrétiennes, les Sœurs de S. Vincent de Paul. Les frères ont fait merveille à Dinant et Namur.

74. De l'état actuel du royaume des pays-bas et des moyens de l'amé- riorer. 1re partie. Bruxelles, Aug. Wahlen et Cie MDCCCXIX. In-8, pp. 359. — Item 2me partie, pp. 102, 2 pages d'errata. Suit table analytique des matières que contiendra le 2e volume. — L'auteur (Van der Straeten) fut condamné à une amende de 3000 fl. Il rédigea ensuite l'*ami du roi et de la patrie* et fut condamné à une année de détention.

75. Redevoering over de oorzaeken der ongeloovigheid door.... De la Luzerne, uyt het fransch vertaeld door F. Antwerpen, Roosen, 1820. In-8, pp. 39.

76. Remarques sur l'arrêté de S. Exc. le Gouverneur de la Flandre Orientale, du 18 nov. 1820, portant suspension de dix curés ou desservans. In-8, pp. 7. Lille en Flandres, 1820.

77. Contre-remarques, en réponse à des remarques dirigées sous la rubrique de Lille en Flandres contre l'Arrêté de M. le Gouv.

de la Fl. or. du 18 nov. 1820, portant suspension de dix Curés.
Lille, en Flandres, 1820. In-12, pp. 35. — 30 déc. 1820,
approuve le gouvernement et considère de Broglie comme justement condamné.

78. A tous les catholiques romains du Royaume des Pays-Bas.
Bois-le-duc, Langenhuysen. In-8, pp. 26. — Prospectus de la
Société catholique d'Utrecht, fondée pour la publication d'opus-
cules d'apologie etc.

79. La direction supérieure de la Société catholique pour encourager
les sciences religieuses et les bonnes mœurs dans le Royaume
des Pays-Bas, à tous les catholiques de la Belgique. In-12, pp.
8. — Encouragée par Pie VII, 9 déc. 1821, contrariée par le
gouvernement, elle indique ses administrateurs : Van Nooy,
archipr., Buelens pr. à Anvers, Coppieters à Bruges, baron
Coppens à Binche, comte d'Oultremont à Liege, (l'abbé de Villers
à Bruxelles, note msc.).

80. Bondigen oogslag op den zegeprael van het kruys van Jesus-
Christus, gepredikt door den vicaris-generael F. G. Verheylewegen in de kerk van den H. Rumoldus te Mechelen, den 4
Meert 1821, alsmede Den steen des aenstoots wechgeruymd,
betrekkelyk deeze zaek... Loven, Van Linthout 1821. In-8, pp.
35. — Le vic.-gén. avait prôné, au scandale des fidèles et pour
plaire à l'opinion, une certaine tolérance plus ou moins dogmatique ; il envoya son sermon à Rome. La 2ᵉ partie *Den steen*
est un discours sur les prêtres hérétiques : Judas, Luther, Car-
lostadt, Muncer, etc... (Sur le procès de Hanicq éditeur du
sermon cfr. *Spect. belge* XVII p. 195).

81. Antwoord in form van aenmerkingen op het sermoen op den
Zegeprael van het kruys. Verheylewegen. Antwerpen, Roosen,
1821. In-8, pp. 24. — Traite l'orateur avec plus d'indulgence
et ne l'accuse pas de déisme.

82. Samenspraeken waer in de geloofs stukken.... welke in den
Zegenprael van het kruys.... zyn voorgesteld, met grootere
klaarheyd... worden uytgelegd door J. B. Buelens R. C. P.
tweeden druk. Antwerpen, Janssens, 1821. In-8, pp. VIII-
80. — Trois dialogues. Le vic. gén. est libéral. Un abbé tâche
de l'excuser. Les incrédules triomphent et louent l'orateur.

83. Vierde Samenspraek......... Buelens R. C. P. Antwerpen,
Janssens, 1821. In-8, pp. XII-92.

84. Vrais principes catholiques sur les moyens de salut chez les
    infidèles, les mahométants, les hérétiques et les schismatiques.
    Louvain, Van Linthout, 1821. In-8, pp. 28. — Publié quarante
    ans auparavant, fait connaître le vrai sens de l'oracle : Hors de
    l'Eglise point de salut.
85. Kort begryp van het leven van zyne hoogheyd den prins M. J. M.
    de Broglie, bisschop van Gend, overleden te Parys. Vertaelt
    uyt het fransch, 1821. In-8, pp. 14. — Extrait de l'Ami de la
    religion et du roi.
86. Opinion émise par M. Surmont de Volsberghe, député de la
    Flandre Orientale aux Etats généraux, le 6 juillet 1822, dans
    la discussion du dixième titre du code civil intitulé : de la dis-
    solution du mariage. Gand, Poelman 1825. In-8, pp. 15. — Il
    repousse le divorce ; depuis 25 ans, les belges n'en font pas
    usage ; le hollandais ne peuvent l'imposer : ce n'est pas la
    volonté générale.
87. Wetten voor het departement Gend der Maatschappij : Tot nut
    van 't algemeen. Gend, Steven 1824. In-8, pp. 11.
88. Berigt van hoofdbestuurders der Maatschappij : Tot nut van
    't algemeen. In-12. pp. 24. — Sur cet avis répandu à foison dès
    1820 par H. Ravekes, secrét., en faveur d'une société anticatho-
    lique et déiste, fondée vers 1785 à Amsterdam par un protestant
    Nieuwenhuysen, l'auteur fait des observations très sensées.
    Le *Godsdienstvriend* (t. IX, p. 188, X et XI) avait également
    prémuni les belges contre cette entreprise antichrétienne.
89. Extension du petit sermon de l'abbé Félix prêché le 15 janvier
    1825 en l'église de Ste-Gudule à Bruxelles, ou réflexions dans
    sa solitude de Tournay. Tournay, Cambier. In-8, pp. 53. —
    Attaque les « vues sordides » de quelques membres du clergé.
    Cet abbé français, qui faisait l'apologie du gouvernement et la
    satire de nos prêtres, fut frappé d'interdit par de Méan.
90. Discours prononcé à l'ouverture des cours de l'université de
    Gand, le 3 oct. 1825, par M. L. V. Raoul, prof. de philosophie
    et de belles-lettres, recteur sortant. Traduction libre du latin.
    Gand, de Goesin, 1825. In-8, pp. 24. — Fait l'éloge des mem-
    bres défunts, des élèves, « dont pas un seul ne s'est écarté du
    respect dû aux mœurs et à l'ordre public », des professeurs
    et surtout du roi, qui persuadé que des institutions libérales
    sont la garantie la plus sûre de la dignité des rois et du bonheur

des peuples, etc. etc. Il parle de Grégoire de Saint-Vincent,
dont les ambitieux successeurs (les jésuites) sont heureusement
repoussés des frontières de la Belgique,

91. Qu'est-ce que le collège philosophique ? Louvain, Michel, oct.
1825. In-8, pp. 28. — Favorable à l'arrêté du 14 juin 1825.

91². Entrerai-je au collège philosophique ? Louvain, Michel, oct.
1825. In-8, pp. 15. — Favorable.

91³. Lettre ou avis d'un diplomate sur le libelle intitulé : Qu'est-ce
que le collège philosophique. In-12, pp. 23. — Excellente réfutation des deux opuscules précédents.

92. Discours prononcé par M. de Gerlache, député de la province
de Liège, dans la séance de la seconde chambre des États-généraux, du 13 déc. 1825. Gand, Poelman, 1825. In-8, pp. 16. —
Attaque les arrêtés du 14 juin, sur la fermeture des écoles
latines non reconnues et l'établissement du collège philosophique ;
l'éducation doit être libre aux mains des parents, nationale,
oui, mais on se nationalisait sans contrainte ; il regrette les
frères des écoles chrétiennes, ignorantins qui enseignaient
la science de Dieu, notre seule consolation, mais non les
jésuites.

93. Opinion émise par M. Surmont de Volsberghe.... 13 déc. 1825.
Gand, Poelman, 1825. In-8, pp. 15. — Même sujet : l'adresse
au roi a rencontré de ce chef une opposition de 16 voix, alors
que les adresses étaient toujours votées à l'unanimité.

94. Opinion de Léopold de Sasse d'Ysselt, émise le 14 déc. 1825 à
l'occasion du budget annal. Gand, Poelman. In-8, pp. 24. —
Proteste contre les deux arrêtés, fait l'historique des séminaires,
déplore la gêne et les entraves qui remplacent le libéralisme.

95. Verzameling der Redevoeringen uytgesproken in de zittingen
der tweede Kamer (13 en 14 déc. 1825)... 2ᵉⁿ druk verbeterd
door B. R. P. (Buelens) Antwerpen, Heirstraeten. In-88, pp. 40.

96. Vervolg van de Verzameling... In-8, pp. 48.

97. Du droit exclusif sur l'enseignement public. Gand, Du Neve,
1827. In-8, pp. 111. — Contre un docteur de l'université de
Gand, K. correspondant du Journal de Gand ; les libéraux
veulent s'emparer de la jeunesse ; des établissements d'éducation catholique ont été supprimés ; la société *Tot nut van 't algemeen* sème les doctrines d'indifférentisme, qui prévalent dans les
écoles neutres du gouvernement ; en Amérique, des idées vrai-

ment libérales donnent le droit d'enseigner aux catholiques. Le système exclusif est contraire à l'Eglise, au droit des parents, à la Constitution. Suivent deux dialogues.

98. Observations sur les libertés de l'église belgique. Bruxelles, Th. Lejeune (impr. De Vroom) 1827. In-8, pp. 101. — (P. Van Geert, de Baarle-Nassau), commissaire spécial pour le culte catholique romain; il mourut repentant en 1854. Cet écrit, tout joséphiste, fut envoyé aux magistrats : il fallait, selon Van Maanen, « mettre un frein à l'insolence du clergé belge. » (H. Allard, op. cit. p. 261).

99. Lettre au pape Jules III par trois évêques réunis à Bologne en octobre 1553. — 1827. In-8, pp. 27. Editée en Belgique, par Fabry (Liège), empruntée au *Censeur Européen*, qui la prenait de Llorente (*Histoire critique de l'inquisition*) en 1820, avec une application aux pères de la foi, missionnaires ou jésuites déguisés, et aux séminaires et corps enseignants, non soumis à l'autorité séculière.

100. Sermoen over de godsdienstige opvoeding der katholyke kinderen gepredikt in de parochiale kerk van St-Nicolaes (Land van Waes) den 24 sept. 1827 ter gelegenheyd der opregting van het knegtjens weezenhuys. Door B. De Smet, Superior van het Seminarie der H. Barbara te Gent. Van Ryckegem, In-8, pp. 10. — L'auteur fut condamné à 3 mois de prison (Vander Meulen, II. 146) par le considérant que l'instruction publique est la prérogative *exclusive* du gouvernement, etc.. — En appel, Beyens le fit acquitter (17 avril 1828).

101. Réfutation des Observations sur les libertés de l'Eglise belgique, par un catholique belge — Alost, Spitaels. In-12, pp. 116. — A l'approche du concordat.

102. Extraits du Catholique des Pays-Bas. Louvain, Van Linthout. In-8, pp. 16. — Prospectus ; le journal paraissait depuis décembre 1826. Quelques extraits révèlent l'hypocrisie de la secte libérale, respectueuse comme les jansénistes, mais destructive de la Révélation.

103. Magistri Joannis epistola prima. In-8, pp. 8. — Critique du discours d'inauguration du collège philosophique par le prêtre Fréderic.... le 17 octobre. L'auteur est Van Brabant, chapelain des Dames de Berlaymont (Daris, H. de Liège IV. 164).

104. Concordaet tusschen Z. M. den koning der Nederlanden en Z.

H. den Paus van Roomen, benevens de aenspraeke van Z. H.
in het geheym Consistorie den 17 sept. 1827, en de Bulle van
Z. H. van den 16 sept. 1817, alsook het concordaet van 1801.
Gent, Begyn. In-8, pp. 14. — Le concordat de 1801 était rendu
applicable aux provinces septentrionales, chaque évêché aurait
son chapitre et son séminaire ; les chapitres, à la vacance d'un
siège, proposeront au roi des candidats ; si le roi les agrée, ils
choisiront parmi eux et enverront au Pape le procès informatif.
Le pape nommera. Par sa bulle, Léon XII créait 3 nouveaux
évêchés : Bruges, Amsterdam et Bois-le-duc. Les élèves des
séminaires seraient sous la direction exclusive de l'évêque.

105. Mémoire présenté à la seconde chambre des Etats-généraux,
par A. P. Van Langenhuysen. Traduit de la langue nationale
par T. Olivier-Schilperoort. La Haye, Louvain, Van Linthout,
1828. In-8, pp. 50. — Cet auteur avait édité en hollandais
l'ouvrage de Ch. de Volder, L'autel et le trône, et quelques
opuscules de Le Sage ten Broeck ; arrêté au mois d'août 1827,
acquitté en novembre, il demande qu'on abroge la loi du 10
avril 1815, l'arrêté du 20 et la loi du 6 mars 1818 contre ceux
qui suscitent la désunion ou la discorde dans l'Etat.

106. Les jésuites et l'université. Coup d'œil rapide sur l'instruction
publique depuis 1789 jusqu'en 1828, par l'abbé Martin DuTheil.
Bruxelles, librairie catholique Weissenbruch impr. 1828. In-8,
pp. 88.

107. Iets over de vryheyd in het algemeen, en over de vryheyd der
belgen in het bezonder. In-12, pp. 21. St-Nicolaes, Rukaert. —
Il définit la liberté une situation où rien n'empêche l'homme de
tendre à sa perfection morale. La concession faite pour l'ouverture des séminaires ne doit pas arrêter le pétitionnement.

108. Trois chapitres sur les deux arrêtés du 29 juin 1829, relatifs au
collège philosophique, par un père de famille pétitionnaire.
Bruxelles, Vanderborght, septembre 1829. In-8, pp. 89. —
Une pièce confidentielle du ministre de l'intérieur aux gouver-
neurs (p. 78) montre la mauvaise foi du gouvernement. Van
Bommel, évêque nommé de Liège, est l'auteur de cet écrit
célèbre, imprimé par les soins de Peyrotte et Cassier, d'Anvers.
(Voir Daris IV, 344).

109. Appel au jugement de tous les esprits impartiaux et de tous les
habitans honorables du royaume des Pays-Bas contre les égare-

mens présens de quelque côté qu'ils proviennent. Bruxelles, Laurent. 1829. In-12, pp. 47. — De Chabannes, français, attaque de clergé, la justice et publiera à son retour en France un plan régénérateur. On avait voulu le colloquer.

110. Union des catholiques et des libéraux dans les Pays-Bas par De Potter 2ᵉ éd. Bruxelles. Coché-Mommens, 1829. In-8, pp. VII-38. — Devant le danger d'une église nationale, il faut demander avec les libéraux la liberté pour tous, l'émancipation de toutes les doctrines. L'union est pour les catholiques la dernière planche de salut. Cette union est, non pas monstrueuse comme le dit le pouvoir, mais naturelle. Les libéraux sincères ne peuvent redouter les opinions, les dogmes catholiques. Les catholiques sont désarmés contre les libéraux en ce siècle de tolérance et ne doivent plus espérer que la liberté. Les catholiques ont voté pour des libéraux philosophes (p. 23). Rome ne saurait désapprouver l'union. Il est injuste aux libéraux de punir le prêtre qui bénit un mariage (p. 24) ou de transporter au gouvernement la direction intellectuelle qu'ils refusent au pape (p. 32). La loi ne connaît ni opinions, ni prêtres : elle n'est pas athée, mais elle fait abstraction, parce qu'elle ne peut rien hors de la sphère des actes (p. 33). Les pétitionnaires catholiques reconnaissent la liberté de la presse, des opinions et des cultes (p. 35).

111. Le collège philosophique en opposition à la loi fondamentale, par un patriote père de famille. Bruxelles, Renaudière 1829. In-8, pp. 63. — Attaque surtout l'enseignement de droit canonique de Winssinger.

112. Lettres d'un vicaire campagnard à Monsieur le Docteur Winsinger sur la préface d'un livre intitulé Corpus juris ecclesiastico-civilis. Gand, Van Ryckegem 1829. — In-8, pp. 65. (L. Buysse, vic. de Beveren) avait publié ces lettres dans le *Catholique.*

113. Coup-d'œil sur la doctrine enseignée dans le collège philosophique à Louvain. Par l'abbé D. A. J. J. Bruxelles, Renaudière 1829. In-8, pp. 79. — Réfute l'enseignement de Winssinger favorable à la liberté de tous les cultes, au placet royal, etc.

114. Exposition de la doctrine hétérodoxe enseignée dans la préface d'un livre ayant pour titre : Corpus juris ecclesiastico-civilis... par l'abbé D. A. J. J. Bruxelles, Renaudière. In-8 pp. 41.

115. Du droit canon au collège philosophique. Bruxelles, Renaudière.
In-8, pp. 27. — Même sens que les précédents.

116. Essai sur le monopole de l'enseignement aux Pays-Bas. Anvers,
Janssens, octobre 1829. In-8, pp. 174. — (Van Bommel) réfute
ce monopole par la raison, l'histoire et la Loi fondamentale;
prône l'union pour « la liberté illimitée, notre unique planche
de salut » sous le roi, père commun de la patrie (p. 168).

117. Een woord aen alle myne vryheydlievende medevaderlanders
tot welzyn van kerk en staet. Antwerpen, Saeyens. In-8, pp. 18.
— Encourage le pétitionnement, même après l'arrêté du 2
octobre.

118. Procès porté devant la cour d'assises du Brabant méridional
contre L. De Potter, F. Tielemans... accusés d'avoir excité
directement à un complot ou attentat ayant pour but de changer
ou de détruire le gouvernement du royaume des Pays-Bas. In-
8, pp. 208, 348. Bruxelles, Brest van Kempen, 3 mai 1830.

121. De l'administration de la justice aux Pays-Bas sous le ministère
de C. F. Van Maanen avec une analyse des principaux procès
criminels depuis l'an 1815 jusqu'au 15 août 1830. Gand, Van
Ryckegem. In-8, pp. 120. — Ce sont les articles de Hélias
d'Huddeghem du *Catholique*, réunis par l'auteur.

122. Un mot sur l'intervention étrangère et sur l'indépendance de la
Belgique. Gand, Van Ryckegem. In-8, pp. 16.

123. De l'esprit de vie et de l'esprit de mort, par le comte Henri de
Mérode et le marquis de Beauffort. Louvain, Van Linthout,
1831. In-8 pp. 124. — Ils exposent la théorie de l'ordre social
catholique et la théorie du philosophisme; aperçu sur l'histoire
de l'ère chrétienne et sur notre révolution.

124. La révolution vengée ou considérations politiques sur les causes,
les événemens et les suites de la révolution belge, par un catholique patriote de Bouillon (l'abbé Louis). Louvain, Van Linthout.
In-8, pp. 96.

125. Mémoire pour la Belgique et projet de manifeste par L. F. de
Robiano de Borsbeek. Louvain, Van Linthout. In-8, pp. 84. —
Contre les 24 articles de la conférence de Londres, 15 nov. 1831.

126. Gedenkschrift voor Belgenland en voorwerp van Verdedings-
schrift. S. Nicolaes, Rukaert. In-12, pp. 134. — Traduction
du n° précédent.

TABLE DES MATIÈRES.

TABLE ALPHABÉTIQUE DES MATIÈRES

DES 4 TOMES.

I. Joseph II et la révolution brabançonne.
II. La Belgique et la révolution française.
III. La Belgique sous Napoléon I.
IV. La Belgique sous Guillaume I, roi des Pays-Bas.

ERRATA.

I. p. 70. 1. 6 fille de Louis XV.
130. 5 suspect.
12 peuple.
II. 135. 11 c'étaient.
209. 12 Van Ganzen.
III. 190. 2 Pazzi.
208. 7 a fine : part de 50 m.
9. 17. 1814.
IV. 23. 20 François II.
62. 8 a f. pourrait.
68. 5 a f. Pisani.
113. 18 François II.